本书是国家社科基金一般项目
"当代西方马克思主义失业理论研究"（15BJL002）的成果

清华·政治经济学研究丛书

主编：李帮喜 刘震

当代西方马克思主义失业理论

渊源·内核·启示

Contemporary Western Marxist Unemployment Theory

Origin·Core·Inspiration

黎贵才 王碧英 著

社会科学文献出版社

SOCIAL SCIENCES ACADEMIC PRESS (CHINA)

清华·政治经济学研究丛书

丛书主编：李帮喜（清华大学）

刘　震（清华大学）

丛书顾问（按姓氏拼音）：

白暴力（北京师范大学）

蔡继明（清华大学）

方　敏（北京大学）

刘凤义（南开大学）

卢　荻（英国伦敦大学）

孟　捷（复旦大学）

邱海平（中国人民大学）

荣兆梓（安徽大学）

王生升（南开大学）

张　衔（四川大学）

张忠任（日本岛根县立大学）

赵　峰（中国人民大学）

丛书支持单位：清华大学社会科学学院经济学研究所

丛书出版说明

"清华·政治经济学研究丛书"是清华大学社会科学学院经济学研究所与社会科学文献出版社共同策划的系列丛书。本丛书秉持马克思主义的核心指导思想，作为国内外中青年政治经济学学者优秀成果和国外优秀政治经济学译著的学术出版平台，内容涵盖马克思主义政治经济学、后凯恩斯主义经济学、中国特色社会主义政治经济学等方面的基础理论及经验研究。我们希望这套丛书能推动国内政治经济学研究的创新、发展，提升学科的国际化水平，总结建设中国特色社会主义实践中的经验，对相关问题进行研究和探索，力求有所创新和突破；同时成为国内政经"青椒"（青年教师）展现和交流优秀学术成果的一个窗口。

序　言

　　失业问题一直是马克思主义经济学研究的重要内容。马克思主义经典作家虽没有撰写失业理论方面的专著，但工人阶级的劳动就业状况，一直是他们讨论的重要论题。当代西方马克思主义者对马克思主义经典著作中的失业论题进行了深入挖掘，吸收和借鉴经济学其他理论传统的研究方法，对资本主义劳动过程和失业机制进行了深入阐释，形成了具有马克思主义理论特色的理论体系，这就是当代西方马克思主义失业理论。

　　因此，西方马克思主义失业理论不是单纯的逻辑推演，而是对资本主义现实就业问题的理论阐释。因而，研究当代西方马克思主义失业理论，就不能不研究资本主义的演进历程及其特征，就不能不对作为当代资本主义运作主逻辑的新自由主义做深刻剖析；也不能不研究资本主义生产过程中资本家对劳动者的压榨问题，也就不能不考察资本主义生产组织形式的特征。

　　自资本主义诞生以来，自由主义一直是资本主义意识意态中占主导的意识形态，也是资本主义国家的执政理念和它们对内对外的政策原则。古典自由主义由于在 20 世纪 30 年代的大萧条中表现无能，被凯恩斯的国家干预主义所取代。然而，毕竟自由主义体现了资本主义的本质内核，符合资本主义价值取向中占统治地位的资产阶级的价值取向。而自由主义自由放任的政策主张，在资本主义的任何历史时期，都是资本为攫取超额利润而需要自由流动的最本质要求。因此，在 20 世纪 70~80 年代的资本主义滞涨中，自由主义很快就以"新自由主义"的面目复活。

为应对资本主义滞涨，英美首先推行新自由主义。而到 20 世纪 80 年代末期"华盛顿共识"出笼时，新自由主义已成为垄断资本全球运作的主逻辑。换言之，此时的垄断资本不仅榨取本国雇佣工人的剩余价值，还通过资本输出不断榨取资本输入国雇佣工人的剩余价值。尽管中国在改革开放进程中保持了较强的独立性，但作为全球第二大外商直接投资接收国，中国的工人同样遭受了国际垄断资本的压榨和剥削。

新自由主义不仅在生产环节榨取国内外工人的剩余价值，而且在社会经济活动的各个方面都对工人造成了不利影响。"市场化""私有化"和"金融自由化"是新自由主义最为显著的三个特征。就劳动力市场而言，"市场化"表现为劳动力市场中工资与就业的"弹性化"，在劳动力过剩的情况下，这种"弹性化"市场将严重压低雇佣工人的工资水平，导致社会需求萎缩，加剧劳动力过剩；"私有化"加强了资本力量，削弱了劳动议价能力，使工人在劳资关系中处于更加弱势的地位；"金融自由化"则加强了金融资本在时间和空间上对资本主义生产过程的直接控制，从而加重了对工人的剥削。

由此可见，攫取全球垄断利润是垄断资本全球扩张的目的，达成这一目的则是以新自由主义的全球运作，即以加强对工人的压榨和剥削为手段。然而，压榨和剥削的加深，必将加剧遭受垄断资本掠夺国家的工人阶级的贫困化，从而导致其社会购买力下降。购买力不足必然引起生产过剩、投资萎缩，从而导致资本主义经济衰退，产业后备军规模也必然随之不断扩大。因此，产业后备军规模的不断扩大，不是某个资本主义国家的局部问题，而是全球性问题，它是垄断资本全球性扩张的后果，同时也是垄断资本赖以生存的物质基础。

这就不难理解，面对失业问题，西方占主流地位的新自由主义理论关心的只是资本的增殖，而不是工人的切身利益。换言之，新自由主义针对资本主义失业采取的策略是，在争取资本利润获得最优的条件下，降低工资水平以扩大就业，而不是改变生产的技术结构，以保障工人的权益。

在这里，新自由主义理论主要采用的是原子的、均衡的分析方法，而不是结构的、差异的分析方法，这样即可回避对资本主义内在矛盾的讨论。当代西方马克思主义经济学（或者称之为激进政治经济学）则与之截然不同，它们继承了马克思的制度和阶级分析方法，将资本主义的劳动就业问题置于以新自由主义作为运作主逻辑的资本主义发展的历史进程中加以考察，并将失业问题与资本主义危机、劳动过程等联系在一起。前者是当代西方马克思主义的宏观失业理论，后者则是当代西方马克思主义的微观失业理论。

因此，要研究当代西方马克思主义的失业理论，必须深入考察它们与马克思主义经典作家的失业理论的渊源关系，必须对作为资本主义运作主逻辑的新自由主义本质做深刻揭示，也必须对资本主义劳动过程、生产组织演进中的劳动压榨现象做深刻剖析。而现有的西方马克思主义失业理论文献，在宏观方面，没有将资本主义失业问题置于以新自由主义为运作主逻辑的资本主义历史发展背景下去研究；在微观方面，没有系统考察资本主义生产组织结构的演进过程。而且这些研究没有形成统一的分析体系，学术界对这些理论进行系统研究的文献也相对较少，本著作则试图弥补现有文献的这些不足。

具体而言，本著作试图对这些理论分宏观和微观进行系统梳理，探讨这些理论与马克思主义经典作家理论的渊源关系，考察这些理论的基本内核，挖掘这些理论的现实意义，以凸显这些理论的洞见与局限。本著作的基本思路是：首先，沿着资本主义的发展脉络对这些理论的源起和流变进行梳理，分析它们与马克思经济学的渊源关系；其次，在此基础上，对它们的理论观点进行分类、提炼和综合，并构建统一分析框架对这些理论进行模型重构，以便对它们进行比较；再次，在此框架下将这些理论与西方主要经济学派的失业理论进行比较分析；最后，根据前面的讨论，分析中国经济发展模式变革中的就业问题。

目　录

第一章　马克思主义经典作家的
失业理论

　　马克思主义创始人对劳动力失业问题的讨论，散见于马克思经济学的各种论著。从《经济学哲学手稿》《雇佣劳动与资本》《工资、价格和利润》《共产党宣言》到《资本论》等，处处都揭示了资本家对劳动者的压榨，以及资本主义生产和积累对产业后备军形成及其贫困化的影响。可以说，有关劳动力失业问题的研究贯穿马克思整个理论体系，马克思的劳动力失业理论是马克思经济学理论体系中不可或缺的重要组成部分。

第一节　马克思的相对过剩人口理论

　　马克思主义创始人对劳动就业问题的分析，是在对资本主义剩余价值的生产、资本主义积累和剩余价值的再分配分析以及对资本主义制度的剖析中展开的。正如马克思和恩格斯在《共产党宣言》中所指出的那样："在资产阶级社会里，活的劳动不过是增殖已经积累的劳动的一种手段。"① 马克思主义经典作家的失业理论主要在马克思的相对过剩人口理论中得到充分体现，这里着重对这一理论进行讨论。

　　马克思从制度角度来揭示资本主义失业问题或者说相对过剩人口问题，即阐释过剩人口产生的制度和经济根源。马克思认为，相对过剩人

---

① 《马克思恩格斯全集》（第 4 卷），人民出版社，1958，第 481 页。

口的产生是资本主义制度下的经济现象，是资本主义生产方式得以存续和不断发展的必要条件。相对过剩人口的产生内生于资本主义生产方式和资本主义的雇佣劳动制度，是资本主义制度和经济运行的必然产物。马克思的失业理论区别于其他失业理论的一个重要特征就是，将资本主义生产中运行的资本划分为不同的两部分即不变资本和可变资本，并且讨论这两部分在资本运行过程中不断增殖、相互影响和相互作用的辩证关系。

这一辩证关系体现为：一方面，作为预付资本一部分的可变资本，尽管用于支付劳动报酬，但也要保证创造剩余价值，从而实现整个预付资本的自我增殖；另一方面，可变资本是作为劳动力费用来支付的，这一支付额越低，则意味着利润率就越高。换言之，资本主义生产必须将尽可能少量的资本的一部分用于支付活劳动的报酬，而同时又必须确保从这一尽可能少量的支付中榨取更多的利润，资本积累过程就是在这种不断对抗中进行的。①

一 马克思对相对过剩人口产生原因的论述

马克思在两个时期即 1857～1858 年和 1861～1863 年的《经济学手稿》以及《资本论》中都对相对过剩人口问题进行了深入讨论。马克思在这两期《经济学手稿》中主要从剩余价值生产和资本增殖角度分析了过剩人口产生的必然性。在这两期手稿中，马克思讨论了剩余价值生产的两种形式，即绝对剩余价值生产和相对剩余价值生产。前者是资本家力图延长工人的劳动时间，并力图雇用更多工人来扩大剥削范围；后者则是力图缩短工人的必要劳动时间，以相对延长剩余劳动时间。对于前者，资本家在主观上虽有增雇工人的愿望，但在客观上由于需求的制约而导致过剩人口的增加；后者导致生产相同剩余价值所需要的劳动力数量减少。这两个方面都会造成过剩人口的增加，形成产业后备军。

---

① 〔苏〕尤·希什科夫：《马克思关于失业的学说和当代》，舟粟译，《国际经济评论》1983 年第 12 期。

在《经济学手稿》中，马克思主要讨论了后者对产业后备军形成的影响。马克思指出："剩余价值的第二种形式是相对剩余价值，它表现为工人生产力的发展，就工作日来说，表现为必要劳动时间的缩短，就人口来说，表现为必要劳动人口的减少"。① 在这里，马克思将相对剩余价值生产视为产业后备军形成的主要原因。

马克思在《资本论》中进一步从资本有机构成不断提高趋势的角度阐述了产业后备军形成和规模不断扩大的资本积累的必然趋势。马克思指出，随着资本积累的不断进行，资本有机构成将呈现不断上升趋势，即相对于不变资本，资本家投入的可变资本将不断减少，而且这种减少将随着资本积累而不断加快，从而导致雇用的必要劳动人口减少，使得一部分人口变成过剩人口，成为产业后备军。

马克思在《资本论》中指出："资本主义积累不断地并且同它的能力和规模成比例地生产出相对的，即超过资本增殖的平均需要的，因而是过剩的或追加的工人人口。"② 相对过剩的人口既是资本主义积累的必然产物，"反过来又成为资本主义积累的杠杆，甚至成为资本主义生产方式存在的一个条件"，因为这种"过剩的工人人口形成一支可供支配的产业后备军，它绝对地从属于资本……不受人口实际增长的限制，为不断变化的资本增殖需要创造出随时可供剥削的人身材料"。③ 马克思在这里说明了资本有机构成提高是资本主义积累的必然趋势；而相对过剩人口的增加则是有机构成提高的必然结果，同时又是资本主义生产方式存在的条件。综上，马克思的相对过剩人口理论主要可以概括为以下四个方面。④

第一，资本主义剩余价值的生产是相对过剩人口产生的最根本原因。正如前文分析，剩余价值生产和资本增殖是马克思分析相对过剩人

---

① 《马克思恩格斯全集》（第46卷·下册），人民出版社，1980，第291页。
② 马克思：《资本论》（第1卷），人民出版社，2004，第726页。
③ 马克思：《资本论》（第1卷），人民出版社，2004，第728~729页。
④ 高峰：《马克思的相对过剩人口理论与现代美国的失业问题》，《天津社会科学》1983年第S1期。

口产生的理论基点。马克思把资本主义剩余价值生产划分为两种，即绝对剩余价值生产和相对剩余价值生产，后者是资本主义上升时期所采用的最根本的剥削手段。这种剩余价值生产方法主要特征是，在工作时间保持不变的情形下，通过缩短必要劳动时间以延长相对剩余劳动时间，从而生产出相对更多的剩余价值。这种方法从雇佣劳动量角度看，则体现为在生产的剩余价值量保持不变的情况下，必要劳动时间的缩短必然导致资本家所雇用必要劳动人口数量的减少。这就说明，必要劳动人口的相对减少，对应的则是过剩人口的相对增加，因此，相对过剩人口的产生是资本主义相对剩余价值生产规律发生作用的必然结果。

这里，马克思所揭示的人口变动规律体现了深刻的辩证法。一方面，资本家采用绝对剩余价值生产方法，力图延长工人劳动时间，并力图雇用更多的工人以扩大剥削范围。马克思指出："资本只有在一个工作日之外，同时使用另外的工作日，即从空间方面增加大量同时并存的工作日，才能超越一个人的活的工作日所形成的自然界限。"① 另一方面，资本家通常采用相对剩余价值的生产方法，旨在缩短资本主义生产的必要劳动时间，从而减少雇用的必要劳动人口。这样就产生了两种相反的雇佣人口变动倾向：前者促使被生产资本所雇用的工人数量的必然增长；后者则造成被生产资本所抛弃的工人数量必然增长。马克思将此概括为，资本积累的趋势是"既要不断扩大工人人口，又要不断减少工人人口的必要部分，即把一部分人口变成过剩人口，造成人口过剩"②。这种矛盾运动反映了资本主义上升时期所特有的人口变动特征。

马克思还从分工角度分析了剩余价值生产对相对过剩人口产生的影响。马克思认为，一方面劳动分工能促进就业。具体而言，对于简单协作，处于同一劳动过程中的资本可以雇用更多的劳动力；而对于工场手工业分工，技术的改进也需增加雇佣劳动量。另一方面，劳动分工会对工人就业产生不利影响。首先，劳动分工将导致劳动力市场分割（或者

---

① 《马克思恩格斯全集》（第 46 卷·上册），人民出版社，1979，第 379 页。
② 《马克思恩格斯全集》（第 47 卷），人民出版社，1979，第 552～553 页。

说劳动分化），因而劳动分工就成为资本家剥削劳动力的重要手段，导致活劳动长期依附于死机器；其次，劳动分工弱化了工人的劳动技能，导致单一技能的雇佣工人一旦失业，就很难再次获得工作机会。

第二，相对过剩人口是资本主义制度运行和资本运作的必然产物，也是资本积累的必然产物。相对剩余价值生产的本质特征随着资本主义的资本积累程度的不断提高而日趋明显，相对过剩人口也日趋增多。原因是，伴随着资本积累水平的上升，资本的有机构成也在上升。这样，资本积累规律会导致资本雇用劳动力的增长，严重落后于资本积累所催生的劳动力供给的增长，从而造成资本主义劳动力市场严重供过于求，资本主义的相对过剩人口由此产生。因此，马克思把资本积累视为相对过剩人口产生的直接推动力。

就劳动力需求而言。劳动力需求的变化可以从质和量两个方面来考虑：在量的方面，资本家在生产过程中所使用可变资本量的变化必然会影响劳动力需求量的变化；在质的方面，在追求剩余价值的内在动力和资本相互竞争的外在压力双重力量的驱使下，资本家将不断地提高技术水平，以提高劳动生产率。因此，伴随着资本积累水平的提高，资本有机构成也在不断上升，从而导致可变资本相对于不变资本的不断减少，与此对应，资本雇用的劳动力数量必然相对减少。正如马克思所指出的："资本积累最初只是表现为资本的量的扩大，但是以上我们看到，它是通过资本构成不断发生质的变化，通过减少资本的可变部分来不断增加资本的不变组成部分而实现的。"①

就劳动力供给而言。劳动力供给由劳动力的经济活动人口数量和劳动的参与率两个方面来决定。在资本主义生产条件下，这两个方面除取决于人口自然增长率和人口年龄构成外，还受到资本积累的影响。资本积累除能刺激人口的较快增长外，也由于技术的进步和机器的采用，使得受资本直接统治的人口不断增多。换言之，资本积累能刺激劳动参与

---

① 马克思：《资本论》（第 1 卷），人民出版社，2004，第 725 页。

率上升，即雇佣劳动者的比重上升。与此同时，这一过程还"把大批手工工人抛到街头上去"①。同时还有"大批小产业家和小食利者"被推到无产阶级队伍。② 随着越来越多的手工业者和破产产业资本家加入无产阶级队伍，资本主义劳动力市场上的劳动力供给必将超过劳动力需求。换言之，积累过程中资本雇用劳动力的绝对增长，由于资本有机构成提高所造成的资本对劳动力需求的相对减少，而相对趋缓。综合而言，劳动力需求的增长低于劳动力供给的增长必然导致不能被资本雇用的失业工人的数量增加。③

第三，资本有机构成提高是促成相对过剩人口产生的内在的、发挥主要作用的机制。正如前文分析，资本积累之所以会产生相对过剩人口，关键在于随着资本积累程度的提高，资本有机构成也必将提高。资本构成理论是马克思经济理论的重要内容。马克思在把资本区分为不变资本和可变资本基础上，提出了资本有机构成概念，用以阐释资本主义资本积累的一般规律。值得指出的是，资本有机构成的提高虽是以生产技术水平的提高以及由此带来的劳动生产率的提高为物质基础，但根源仍是由以追求剩余价值为目的的资本主义生产的本质特征所决定。改进技术和提高劳动生产率虽也是出于外部竞争压力，但根源还是在于追求剩余价值的内在动力被资本家当作榨取剩余价值的手段。

产生相对过剩人口的原因除有机构成提高外，还包括童工、女工的使用，失地破产而流入城市的农民的增加，由于竞争而破产由中小资本家变为无产者队伍的扩大，以及资本主义的经济危机，甚至还包括劳动强度的提高和劳动时间的延长。这些因素对相对过剩人口的产生都有重要影响，而且在一定程度上会加快资本有机构成提高的速度。不过，起决定性作用的仍然是资本有机构成的提高。

---

① 《马克思恩格斯全集》（第6卷），人民出版社，1961，第504页。
② 《马克思恩格斯全集》（第6卷），人民出版社，1961，第505页。
③ 高峰：《马克思的相对过剩人口理论与现代美国的失业问题》，《天津社会科学》1983年第S1期。

　　因为，童工和女工的使用、劳动强度的提高或者劳动时间的延长，这些因素都有一定的限度，资本主义发展水平越高，这些因素所能起的作用就会越小。在资本主义发展初期，农民和破产的小生产者是产业后备军的重要来源。但随着资本积累水平的提高，他们向产业后备军转移的人数不仅相对地而且是绝对地减少，因此在相对过剩人口的形成上，所起的作用日趋减弱。资本主义周期性经济危机，对加剧相对过剩人口的形成有重要影响，但经济危机毕竟是阶段性的，而非经常性的。因此，对相对过剩人口的形成起经常的、决定性的作用的依然是资本有机构成的提高。

　　第四，随着资本主义资本积累水平的上升，相对过剩人口的规模有扩大趋势。马克思指出："随着已经执行职能的社会资本量的增长及其增长程度的提高……资本对工人的更大的吸引力和更大的排斥力互相结合的规模也不断扩大，资本有机构成和资本技术形式的变化速度也不断加快……因此，工人人口本身在生产出资本积累的同时，也以日益扩大的规模生产出使他们自身成为相对过剩人口的手段。"[1] "资本主义积累不断地并且同它的能力和规模成比例地生产出相对的，即超过资本增殖的平均需要的，因而是过剩的或追加的工人人口。"[2] 但马克思认为相对过剩人口的增长与资本的扩张并不是严格的正比例关系。因为，资本扩张和技术改进存在相互矛盾的两种趋向，即既存在吸纳工人趋向，又存在排斥工人趋向。这两种趋向相互作用导致不同部门、不同时期表现出的相对过剩人口的变动趋向各不相同。

　　从以上对马克思失业理论的分析中可以看出，马克思失业理论的核心部分是相对过剩人口理论。而马克思对相对过剩人口的分析，是与马克思的剩余价值生产过程理论、工资与利润对立运动理论、资本积累与资本有机构成提高理论、利润率下降规律与经济危机理论等紧密结合在一起的。因此可以说，马克思的失业理论贯穿马克思经济学整个理论

---

[1]　马克思：《资本论》（第1卷），人民出版社，2004，第727～728页。

[2]　马克思：《资本论》（第1卷），人民出版社，2004，第726页。

体系，是马克思经济学的核心组成部分。

二 马克思对相对过剩人口存在形式的分析

在《资本论》第一卷第二十三章中，马克思在分析了相对过剩人口产生的原因之后，接着分析了相对过剩人口存在的各种形式。在这里，马克思将处于闲置和半闲置状态的劳动力均视为相对过剩人口："每个工人在半失业或全失业的时期，都属于相对过剩人口。"并指出，在资本主义经济周期的不同阶段，相对过剩人口呈现不同的特征："工业周期阶段的更替使相对过剩人口具有显著的、周期反复的形式，因此，相对过剩人口时而在危机时期急剧地表现出来，时而在营业呆滞时期缓慢地表现出来。"除经济周期性特征所表现的相对过剩人口外，马克思认为："过剩人口经常具有三种形式：流动的形式、潜在的形式和停滞的形式。"①

第一种是流动的过剩人口。马克思认为，在现代工业中心，资本的流动和扩张，会造成部分工人"时而被排斥，时而在更大的规模上再被吸引"②。也就是说，有部分工人暂时从生产过程中游离出来，但有可能再次被吸收到生产过程中。这种相对过剩人口处于流动中，因而被称为流动的过剩人口。

马克思指出，构成这种流动人口的一个重要因素就是未脱离少年期的男工。他们在少年期被某些工厂雇用，但跨过少年期以后，常常被解雇而沦为流动的过剩人口。这种过剩人口随着工业规模的扩大而增长。随着资本主义经济周期性波动，这部分人口以矛盾的形式出现，即既时常不能满足资本积累的需要，而又同时超过这种需要，因而导致资本主义结构性失业。这正是马克思所指出的："在成千上万的人手流落街头的同时，有人却抱怨人手不足，因为分工把人手束缚在一定的生产部门了。"而构成流动过剩人口的另一个重要因素就是进入中年后的雇佣工人。因为，"资本消费劳动力是如此迅速，以致工人到了中年通常就已

---

① 本段引文均参见马克思《资本论》（第1卷），人民出版社，2004，第738页。
② 马克思：《资本论》（第1卷），人民出版社，2004，第738页。

经多少衰老了"，他们通常"落入过剩者的队伍，或者从较高的等级被排挤到较低的等级"。这就导致无产阶级的绝对增长表现为，"它的成员迅速损耗，但是它的人数不断增大"，从而导致"工人一代一代地迅速更替"。① 这就形成了资本主义特有的人口变动规律。

第二种是潜在的过剩人口，这种过剩人口主要存在于农业部门。这是因为当资本主义生产方式扩展到农业部门时，就会导致农业部门所需要的雇佣劳动力的减少，即这部分农业工人人口会"随着在农业中执行职能的资本的积累而绝对地减少"，从而导致农业部门人口的过剩。但这部分过剩人口"不像在非农业的产业中那样，会由于更大规模的吸引而得到补偿"，而只有滞留在农业部门，从而"经常准备着转入城市无产阶级或制造业无产阶级的队伍，经常等待着有利于这种转化的条件"。② 这部分剩余人口因而被称为潜在的过剩人口。

在资本主义发展初期，"相对过剩人口的这一源泉是长流不息的"。但是，"它不断地流向城市是以农村本身有经常潜在的过剩人口为前提的，这种过剩人口的数量只有在排水渠开放得特别大的时候才能看得到"。此时的"农业工人的工资被压到最低限度"，使得"他总是有一只脚陷在需要救济的赤贫的泥潭里"。③ 在资本主义进入相对发达时期后，潜在的过剩人口就会减少。这一思想后来被美国经济学家刘易斯纳入新古典主义框架下来讨论，这一特征后来被学界称为"刘易斯拐点"。

第三种则是停滞的过剩人口。这部分过剩人口是"现役劳动军的一部分，但是就业极不规则"，基本长期处于失业半失业状态，仅依靠做杂活维持生计，"劳动时间最长而工资最低""生活状况降到了工人阶级的平均正常水平以下""正是这种情况使它成为资本的特殊剥削部门的广泛基础"。这批过剩人口，"不断地从大工业和农业的过剩者那里得到补充，特别是从那些由于手工业生产被工场手工业生产打垮，或者

---

① 本段引文均参见马克思《资本论》（第1卷），人民出版社，2004，第739页。
② 本段引文均参见马克思《资本论》（第1卷），人民出版社，2004，第739~740页。
③ 本段引文均参见马克思《资本论》（第1卷），人民出版社，2004，第740页。

工场手工业生产被机器生产打垮而没落的工业部门那里得到补充"。这部分过剩人口的数量"随着由积累的规模和能力的增大造成的'过剩'工人的增长而增加"。因此,这部分过剩人口"为资本提供了一个贮存着可供支配的劳动力的取之不竭的蓄水池"。①

当然,以上的三种过剩人口都是在资本积累过程中产生的。由此可见,无产阶级的悲惨命运是资本主义制度的必然产物。恩格斯在为《英国工人阶级状况》所写的英文版序言中指出:"工人阶级处境悲惨的原因不应当到这些小的欺压现象中去寻找,而应当到资本主义制度本身中去寻找。"②

从以上的分析中可以看出,马克思在分析相对过剩人口产生的原因时,着重揭示了资本积累及由此所带来的资本有机构成的提高对相对过剩人口形成的影响,并讨论了工人失业所导致的无产阶级贫困化问题。马克思在《资本论》第三卷中进一步分析了无产阶级贫困化对社会消费力进而对经济危机和失业所造成的影响。马克思指出:"一切现实的危机的最后原因,总是群众的贫穷和他们的消费受到限制,而与此相对比的是,资本主义生产竭力发展生产力,好像只有社会的绝对的消费能力才是生产力发展的界限。"③ 马克思还在《资本论》第二卷中从资本更新、社会再生产等角度分析了有效需求不足产生的结构原因。

可见,马克思对失业问题的分析贯穿马克思经济学的整个理论体系,马克思的相关理论成为当代西方马克思主义者分析失业问题的重要思想来源。

第二节　马克思的生存工资理论与相对过剩人口

马克思的生存工资理论是马克思相对过剩人口理论的重要理论支

---

① 本段引文均参见马克思《资本论》(第1卷),人民出版社,2004,第740~741页。
② 《马克思恩格斯全集》(第22卷),人民出版社,1965,第313页。
③ 马克思:《资本论》(第3卷),人民出版社,2004,第548页。

撑。马克思的生存工资理论是马克思经济学的重要组成部分，马克思通过对资本主义的工资与利润的对立运动规律的分析，揭示了资本主义生产方式下资本对劳动的剥削，以及无产阶级贫困化及其被奴役的命运。

一　马克思发展中的生存工资理论与相对过剩人口

马克思在《1844 年经济学哲学手稿》中将工资与资本利润和地租并列在一起讨论，认为"工资决定于资本家和工人之间的敌对的斗争"，并认为"最低的和唯一必要的工资额就是工人在劳动期间的生活费用，再加上使工人能够养家活口……的费用"。① 这里，马克思首次提到了类似于工人"生存工资"的相关概念。马克思在这里是将工资与异化劳动放在一起加以讨论的。马克思在这里指出："随着资本的积累，工人日益完全依赖于劳动，依赖于一定的、极其片面的、机器般的劳动。随着工人在精神上和肉体上被贬低为机器，随着人变成抽象的活动和胃，工人越来越依赖于市场价格的一切波动，依赖于资本的运用和富人的兴致。"② 导致的后果就是："工人之间的竞争加剧了，因而他们的价格也降低了。在工厂制度下，工人这种状况达到了顶点。"③

在这里，马克思所阐述的是，在资本主义制度条件下，工人的劳动被异化了，它不仅生产出作为异己的、敌对的力量的生产对象和生产关系，而且生产出工人本人与他产品的关系，生产出资本家以及资本家的私有财产。工资则是异化劳动的直接结果。这表明，工人与劳动产品的关系是异己的关系，"劳动产品越来越作为某种异己的东西与工人相对立"④。这就意味着，工人耗费的劳动越多，由他们所创造的资本家所积累的资本就越多，从而由他们所创造的反对自身的力量就越大，从而工人也就越贫困。马克思在这里还分析了资本积累所导致的危机及其对

---

① 《马克思恩格斯全集》（第 42 卷），人民出版社，1979，第 49 页。
② 《马克思恩格斯全集》（第 42 卷），人民出版社，1979，第 52 页。
③ 《马克思恩格斯全集》（第 42 卷），人民出版社，1979，第 52 页。
④ 《马克思恩格斯全集》（第 42 卷），人民出版社，1979，第 53 页。

工资和过剩人口所产生的影响。马克思指出，积累将"发生生产过剩，而结果不是有很大一部分工人失业，就是工人的工资下降到极其可怜的最低限度"。[①]

1845 年，恩格斯在《英国工人阶级状况》中进一步从竞争和危机角度对"生存工资"进行了阐发，并在 1847 年的《共产主义原理》中指出"劳动和任何其他商品一样，也是一种商品，它的价格和其他商品的价格一样，也是由同样的规律决定"，并认为"商品的价格平均起来总是和这种商品的生产费用相等……而劳动的生产费用也正好是使工人能够维持他们的工作能力并使工人阶级不致死光所必需的生活资料的数量。工人的劳动所得不会比为了这一目的所需要的更多。因此，劳动的价格或工资将是糊口所必需的最低额"。[②] 这里，恩格斯从价值规律角度揭示工资的运动，与马尔萨斯和李嘉图的以人口论为基础的生存工资理论有着根本的区别。但在这一时期，马克思和恩格斯的生存工资理论并未突破劳动力价格的传统认识，只是这一价格由于竞争规律的作用，最终总是表现为最低工资。[③]

1847 年 4 月，马克思在《哲学的贫困》中开始从劳动价值论角度阐述工资。在这里，马克思认为劳动力的相对价值或工资也由生产工人的必需的劳动量来决定，工资可以还原为生产工人所需的一切生活资料的必要劳动时间。[④] 此后，马克思在阐述工资问题时，均以劳动价值论为基础。同年 12 月，马克思在《雇佣劳动与资本》中从工资与利润的对立角度揭示了工资的运动规律。在此，马克思认为，资本的积累，生产过程中机器的采用，失业大军的产生，进而失业大军与产业工人之间的竞争，这一序列的演变调节了工资的波动。而在《工资》手稿中，马克思还具体揭示了工资与相对过剩人口之间的关系。马克思指出，工

---

① 《马克思恩格斯全集》（第 42 卷），人民出版社，1979，第 53 页。
② 《马克思恩格斯全集》（第 4 卷），人民出版社，1958，第 359 页。
③ 孟氧：《马克思的工资理论与拉萨尔的工资铁则》，《马克思主义研究》1985 年第 3 期。
④ 《马克思恩格斯全集》（第 4 卷），人民出版社，1958，第 94～95 页。

人的竞争与资本家的竞争有着本质不同。资本家的竞争很大程度上仅是利润多寡的竞争，而工人的竞争则是生存竞争。"去技能化"技术的采用，导致劳动的技术含量下降，工人间的竞争加剧，工人的动荡和不安定性日益加强。①

在这里，马克思讨论了与工资相关的工人竞争、生产力提高以及分工深化对工人状况尤其是就业的影响。马克思指出，工人之间的竞争导致的是，工资下降，工人的工作量增加；而生产力提高的后果则是，工资越来越以世界市场为转移，工人状况变得相对恶化和不稳定，熟练劳动越来越变为简单劳动，劳动需求相对下降；分工深化的后果则是"劳动日益简单化。劳动的生产费用日益减少。劳动变得日益低廉。工人之间的竞争日益加剧"②。而机器的采用则导致，机器替代工人，工人之间的竞争更加激烈。③ 在分工日趋完善的情况下，随着购置原材料的资本的增加，工人的工作量必定增加。但是，"资本主义积累不断地并且同它的能力和规模成比例地生产出相对的，即超过资本增殖的平均需要的，因而是过剩的或追加的工人人口"④。

由此，马克思从分析资本与劳动的对立关系中得出，作为真正的资本的资本即作为生产资料的生产资本，与作为工资的资本即作为消费资料的生产资本相比，会不成比例地增长；换句话说，就是在工人之间分配的那部分生产资本占生产资本总量的比重日趋下降。由此，工人的竞争必然加剧。

二 马克思成熟的生存工资理论与相对过剩人口

马克思和恩格斯在 1848 年的《共产党宣言》中仍把工资看成雇佣劳动的价格，认为："雇佣劳动的平均价格是最低限度的工资，即工人

---

① 孟氧：《马克思的工资理论与拉萨尔的工资铁则》，《马克思主义研究》1985 年第 3 期。
② 《马克思恩格斯全集》（第 6 卷），人民出版社，1961，第 641 页。
③ 马克思：《资本论》（第 1 卷），人民出版社，2004，第 453～463 页。
④ 马克思：《资本论》（第 1 卷），人民出版社，2004，第 726 页。

维持其为工人的生命所必需的一份生活资料。所以，雇佣工人靠自己劳动结果所占用的东西，只能勉强维持他的生命的再生产。"① 不过，在这里，马克思和恩格斯已是用生产和再生产劳动力的生活资料价值作为衡量工资的标准。到1865年发表的《工资、价格和利润》和1867年出版的《资本论》，马克思的工资理论已趋于成熟。在这里，马克思将工资理论与劳动价值论、资本积累理论和相对过剩人口理论有机地结合在一起。因为马克思的《1863~1865年经济学手稿》是《资本论》的第三个手稿，这里主要对马克思《资本论》中的工资理论展开分析。

1. 以劳动价值论为基础的工资理论

科学的马克思的工资理论是建立在劳动价值论基础之上的。马克思在《资本论》第一卷中首先从劳动价值论的角度讨论了工资的质的规定性。马克思在这里指出，工人的工资是劳动力价值或价格的转化形式，但在形式和观念上往往表现为劳动本身的价值或价格，这种歪曲的表现形式掩盖了资本主义真实的生产关系。马克思由此指出："这种表现形式掩盖了现实关系，正好显示出它的反面。工人和资本家的一切法的观念，资本主义生产方式的一切神秘性，这一生产方式所产生的一切自由幻觉，庸俗经济学的一切辩护遁词，都是以这个表现形式为依据的。"②

在量的规定性上，马克思认为，工资作为劳动力价值的转化形式，自然由生产和再生产劳动力所必要的劳动时间来决定。而劳动力要生存和延续，必然要消耗一定数量的生活资料。由此，马克思指出，"生产劳动力所必要的劳动时间，可以归结为生产这些生活资料所必要的劳动时间"③，从而得出：劳动力的价值就是维持劳动力存续所必要的劳动时间，也就是维持劳动力存续的所必要的生活资料的价值④。

构成劳动力价值的内容主要有三项：一是维持劳动者本人所需的

① 《马克思恩格斯全集》（第4卷），人民出版社，1958，第481页。
② 马克思：《资本论》（第1卷），人民出版社，2004，第619页。
③ 马克思：《资本论》（第1卷），人民出版社，2004，第199页。
④ 马克思：《资本论》（第1卷），人民出版社，2004，第199页。

生活资料的价值；二是维持劳动者家庭所需的生活资料的价值；三是为使劳动者获得一定的技能所需的教育和训练的费用。就第三项而言，马克思指出"要有一定的教育或训练，而这又得花费或多或少的商品等价物"①。

当然，作为衡量劳动力价值的必要生活资料的价值，会随着生产和再生产劳动力的生产力水平和其他社会条件的变化而变化。因此，可以从生产力和生产关系的两个维度及其相互关系角度对它进行考察。就生产力维度而言，随着消费资料亦即生活资料的生产率水平的不断提高，劳动力价值会不断地下降。这也正是资本主义从事相对剩余价值生产所必需的物质前提。而从生产关系维度来看，就作为工人生存所必需的生活资料而言，马克思指出，不同国家，不同文明状态会呈现不同的结果。②马克思在《资本论》中更具体地指出，作为工人必不可少的生活资料范围，"本身是历史的产物，因此……取决于自由工人阶级是在什么条件下形成的，从而它有哪些习惯和生活要求。因此，和其他商品不同，劳动力的价值规定包含着一个历史的和道德的要素"③。

马克思将工资的本质归结为劳动力价值或价格，相对古典经济学而言实现了两个重大的理论突破：一是在分析深度上，超越古典主义将劳动作为劳动（力）市场交易对象的这一表象，明确了劳动力才是资本主义劳动（力）市场的真实交易对象；二是在分析广度上，突破了古典主义的工资决定于流通过程的分析，而是从生产过程角度来考察劳动力价值即工资的决定。马克思在工资决定上的这两个重大的理论突破，揭示了资本主义剥削的本质。

2. 与利润运动矛盾对立的工资运动规律

马克思通过对资本主义生产方式的剖析来深刻揭示资本主义工资的本质。资本主义生产方式的本质特征之一就是资本雇用劳动。正因为生

---

① 马克思：《资本论》（第1卷），人民出版社，2004，第200页。
② 《马克思恩格斯全集》（第47卷），人民出版社，1979，第43页。
③ 马克思：《资本论》（第1卷），人民出版社，2004，第199页。

产资料所有权归资本家所有，雇佣工人在生产过程中被动属于从属地位，这就决定了必须从作为劳动力价值体现的工资与作为剩余价值现实形式的利润的对立运动中去揭示工资运动的本质规律。

马克思在《雇佣劳动与资本》中指出了工资与利润的对立关系："工资和利润是互成反比的。资本的交换价值即利润愈增加，则劳动的交换价值即按日工资就愈降低；反之亦然。利润增加多少，工资就降低多少；而利润降低多少，则工资就增加多少。"① 马克思在《工资、价格和利润》中对这种对立关系做了进一步阐述。马克思指出，雇佣劳动所创造的新价值在工人和资本家之间分割，它们之间是此消彼长的关系。"利润率的实际水平只是通过资本与劳动之间的不断斗争来确定，资本家经常力图把工资降低到生理上所能容许的最低限度，把工作日延长到生理上所能容许的最高限度，而工人则经常在相反的方向上进行抵抗。"②

马克思在《资本论》第一卷中对直接生产过程中资本与劳动、利润与工资的对立运动做了更为深刻的探讨，剖析了资本主义劳资关系的实质是资本家与工人之间的剥削与被剥削关系。马克思在《资本论》第一卷的第十五章中主要讨论了三种情况下劳动力价值与剩余价值量（即工资与利润）的对立运动关系。

在这里，马克思指出，在劳动强度和工作日保持不变的情形下，劳动生产率的变化，将与劳动力价值呈相反方向变动，与剩余价值呈相同方向变动。"剩余价值的增加或减少始终是劳动力价值相应的减少或增加的结果，而决不是这种减少或增加的原因。"③ 在劳动生产率和工作日保持不变、劳动强度可变的条件下，劳动力价格虽然提高，但仍可能低于劳动力价值。④ 而在资本主义生产的劳动生产率和劳动强度保持不

---

① 《马克思恩格斯全集》（第6卷），人民出版社，1961，第495页。
② 《马克思恩格斯全集》（第16卷），人民出版社，1964，第166页。
③ 马克思：《资本论》（第1卷），人民出版社，2004，第596页。
④ 马克思：《资本论》（第1卷），人民出版社，2004，第599~600页。

变，工作日可变如工作日缩短的情形下，劳动力价值还可能不会发生变化，即意味着必要劳动时间不会发生变化，这将导致剩余价值的绝对量减少，对应地，与劳动力价值相比较的相对量也相应减少。此时，资本家必然将劳动力价格压低到其价值以下，以避免经济损失。① 马克思还进一步讨论了多种因素同时变化的情况，不过这些变化仅是前几种情况的组合，这里不再深入细述。

马克思还在《资本论》第十一至第十三章中从分工视角讨论了资本主义生产从简单协作、工场手工业到机器大工业的发展，讨论了资本主义劳资关系从资本主义初期的劳动对资本的形式隶属向大工业生产时期的实质隶属的转变，以揭示资本主义劳资的对立关系。可见，在马克思经济学理论体系中，工资与利润的对立运动，是理解资本主义生产过程的重要枢纽。

3. 资本主义积累、工资与相对剩余人口

资本积累指剩余价值转化为资本，即剩余价值的资本化。资本所有者把从劳动者那里获得的利润的一部分用于个人消费，另一部分转化为资本，用于购买扩大生产规模所需追加的资本要素和劳动要素。因此，剩余价值是资本积累的源泉，资本积累则是企业扩大再生产的前提条件。因此，资本主义积累与劳动力的再生产以及工资与利润的对立运动有着重要联系。马克思在《资本论》中指出，在资本主义生产条件下，劳动力是作为一个整体即工人阶级不断地被生产和再生产出来的，这一过程通过资本积累以及与此相连的资本主义生产过程来完成。"资本主义生产过程，在联系中加以考察，或作为再生产过程加以考察时，不仅生产商品，不仅生产剩余价值，而且还生产和再生产资本关系本身：一方面是资本家，另一方面是雇佣工人。"②

马克思的资本积累理论是在劳动价值理论和剩余价值理论基础上建立起来的，是《资本论》的重要组成内容，并贯穿《资本论》全三卷。

---

① 马克思：《资本论》（第1卷），人民出版社，2004，第601~602页。
② 马克思：《资本论》（第1卷），人民出版社，2004，第666~667页。

马克思在《资本论》中在分析剩余价值生产的基础上，阐述了资本积累的趋势和后果，以揭示资本主义资本积累的内在矛盾。马克思在《资本论》中指出，随着资本主义的发展，资本积累水平的提高，先进技术的采用，劳动生产率也在上升，此时"社会劳动生产率的发展成为积累的强有力杠杆"①。

劳动生产率的增长则表现为，"生产资料的量比并入生产资料的劳动力相对增长"，也就是，"劳动的量比它所推动的生产资料的量相对减少"，反映在资本构成上就是，"资本价值的不变组成部分靠减少它的可变组成部分而增加"。② 正如马克思所分析的，一定程度的积累成为特殊资本主义生产方式的条件，"而特殊的资本主义的生产方式又反过来引起资本的加速积累"。因此，资本主义生产方式和资本积累模式的相互结合，必然引起资本技术构成发生变化，从而导致资本构成即可变资本与不变资本发生变化。③

这种生产方式体现在整个资本主义生产过程中，结果则是："一方面，在积累进程中形成的追加资本，同它自己的量比较起来，会越来越少地吸引工人。另一方面，周期地按新的构成再生产出来的旧资本，会越来越多地排斥它以前所雇用的工人。"④ 这样，资本积累由此不断地并且同它的能力和规模成比例地生产出相对过剩人口。正如前文有关相对过剩人口的分析，劳动力供给也相应地增加了。可见，资本主义的资本积累一方面造成了劳动力需求的相对地甚至是绝对地减少，而另一方面又造成劳动力供给绝对地增加，这样就产生了一支随时等待接受资本剥削的产业后备军。随着资本主义生产的周期循环，产业后备军队伍也在扩张和收缩，对应地，工人工资围绕着劳动力价值而上下波动。这就是马克思的以资本主义价值运动规律和资本积累规律为基础的资本主义

① 马克思：《资本论》（第1卷），人民出版社，2004，第717页。
② 马克思：《资本论》（第1卷），人民出版社，2004，第718页。
③ 马克思：《资本论》（第1卷），人民出版社，2004，第720~721页。
④ 马克思：《资本论》（第1卷），人民出版社，2004，第724页。

工资的运动规律。

概言之，资本积累的结果则是，一端是资产阶级财富的积累，另一端则是无产阶级贫困的积累。马克思在《资本论》中对此做出了精辟概括。马克思指出，资本增长的规模越大，雇用的工人规模也越大，对应的劳动生产率也越高，产业后备军的规模也就越大，即产业后备军随着资本家的财富一同增长。"但是同现役劳动军相比，这种后备军越大，常备的过剩人口也就越多，他们的贫困同他们所受的劳动折磨成反比。最后，工人阶级中贫苦阶层和产业后备军越大，官方认为需要救济的贫民也就越多。这就是资本主义积累的绝对的、一般的规律。"①

从以上分析中可以看出，劳动价值论是马克思工资理论的基础，工资与利润的矛盾对立运动是马克思工资运动规律的表现形式，而马克思的资本积累理论则是理解资本主义工资运动规律的枢纽。通过资本主义资本积累规律不仅能透视资本主义工资的本质特征，还能揭示产业后备军存在与劳动力价值决定的相互依存关系。

第三节　马克思的经济危机理论与相对过剩人口

除工资理论及与之相关的资本积累理论以外，与马克思相对过剩人口理论相联系的就是马克思的经济危机理论。马克思虽然没有发表过有关经济危机理论的专门论著，但在《资本论》各卷、《剩余价值理论》以及书信中从不同角度对资本主义经济危机进行了阐述。因此可以说，经济危机理论构成马克思经济学的重要组成部分。资本主义周期性经济危机是资本主义的本质特征，正是这一特征使得资本主义的相对过剩人口呈现波动特征。本节着重讨论马克思的经济危机理论及其与相对过剩人口的关系。

---

①　马克思：《资本论》（第 1 卷），人民出版社，2004，第 742 页。

一 马克思对经济危机理论的探索

马克思早在19世纪40年代初期，在《哲学的贫困》中就开始了对资本主义经济危机的周期性特征进行分析。马克思指出，随着资本主义的发展，按适当比例分配资本的生产原则将会消失，由于自然规律的必然性，资本主义生产一定会经历繁荣、衰退、危机、再繁荣、再衰退等周而复始的更替过程。并认为，要维持生产的恰当比例，供给必须由需求决定，生产必须紧随消费。而资本主义大工业往往是生产走在需求前面，供求强制着需求，而不是等待需求。在资本主义生产时期，"在以个人交换为基础的工业中，生产的无政府状态是灾难丛生的根源"[①]。在这里，马克思分析了经济危机的周期性特征，并指出了产生经济危机的生产过剩原因。

马克思在《雇佣劳动与资本》中进一步讨论了资本主义经济危机与资本主义积累以及产业后备军规模扩大之间的关系。马克思指出，资本积累必然导致生产资本增长，分工进一步深化，机器使用更加普遍化。这一发展过程，将迫使资本家在工人既定条件下使用更多的生产资料，从而造成生产过剩的危机。这种危机之所以来得越来越频繁、越来越剧烈，是因为随着产品总量的增加，产品的需求市场必须相应扩大，但是世界市场变得越来越小了，这必然会产生生产过剩危机。在危机时期，大批工人失业甚至死亡。换句话说，"资本增长得愈迅速，工人阶级的就业手段即生活资料就相对地缩减得愈厉害"[②]，这就意味着失业的规模越大。

马克思在《共产党宣言》中对资本主义经济危机与资本主义经济制度之间的关系做了深刻阐释。马克思指出，危机期间，资产阶级的生产和交换关系，以及资产阶级的所有制关系，都不能再发生作用。资本主义的发展历史，此时表现的则是现代生产力反抗现代生产关系，即反

---

① 《马克思恩格斯全集》（第4卷），人民出版社，1958，第109页。
② 《马克思恩格斯全集》（第6卷），人民出版社，1961，第506页。

抗作为资产阶级及其统治存在条件的所有制关系的历史。越来越危及资本主义生存的商业危机就是明证。而且，在资本主义商业危机期间，生产的产品被毁灭，很大一部分生产力遭到摧毁。

马克思在这里指出，造成这种商业危机的制度原因则是，资本主义社会此时的生产力已经不能再促进资本主义生产关系和所有制关系的发展，甚至已经成为这些关系发展的阻碍。而解决这种阻碍，就会导致整个资本主义社会陷入混乱。马克思从制度角度揭示了这种危机的必然性和不可克服性。指出，资产阶级面对这种危机，"一方面是破坏大量生产力，另一方面是夺取新的市场，更加彻底地榨取旧的市场"；这种方法只不过是"资产阶级在准备更全面更猛烈的危机的一种办法"，只不过是"使防止危机的手段愈来愈少的办法"。①

1857～1858 年资本主义经济危机给马克思对危机的研究提供了较好的研究素材。在危机理论方面，马克思在《1857～1858 年经济学手稿》和《1861～1863 年经济学手稿》中都讨论了危机"可能性"。马克思在这两个手稿中指出了危机的两种形式：第一种形式的危机与商品形态本身的变化有关，即体现在商品买和卖的分离方面；第二种形式的危机是，货币作为支付手段，在两个不同的时刻执行两种不同的职能，即体现在货币作为支付手段的作用方面。

就买卖分离而言，马克思在《1857～1858 年经济学手稿》中指出，在资本主义生产条件下，交换的二重化，即"为消费而交换和为交换而交换，产生了一种新的不协调"②。这种不协调表现为："商人在交换中只受商品的买和卖之间的差额支配；而消费者则必须最终补偿他所购买的商品的交换价值。流通即商人阶层内部的交换，与流通的结局即商人阶层和消费者之间的交换……是由完全不同的规律和动机决定的，彼此可能发生最大的矛盾。"③ 这种分离就导致了商业危机的可能性。

---

① 《马克思恩格斯全集》（第 4 卷），人民出版社，1958，第 472 页。
② 《马克思恩格斯全集》（第 46 卷·上册），人民出版社，1979，第 94 页。
③ 《马克思恩格斯全集》（第 46 卷·上册），人民出版社，1979，第 94 页。

在货币作为流通手段时，买卖分离变得更为明显。马克思在《1857～1858 年经济学手稿》中指出："货币的性质就在于，货币只是通过使直接的物物交换的矛盾以及交换价值的矛盾普遍化，来解决这些矛盾……但是现在商品必须同一般交换手段相交换，而商品的特殊性同这种一般交换手段则陷入更大的矛盾之中。"在物物交换时期，"问题在于：特殊商品是否会遇到特殊商品"，而现在的问题则在于，"货币却使交换行为本身分成两个彼此无关的行为"。① 这种分离也使得危机成为可能，也就是说，"在货币作为中介的规定中，在交换分成两种行为的分裂中，已经蕴藏着危机的萌芽"②。

马克思在《1861～1863 年经济学手稿》中从再生产角度对这种危机的可能性做了更深入的讨论。马克思指出："总商品资本和它包含的每一单个商品都要经历 $W—G—W$ 过程，都要完成商品的形态变化。"③ 这一形态变化就包含"买和卖的分离"。在资本运动过程中，"买和卖的分离在这里进一步表现为：一笔资本从商品形式转化为货币形式，相应地另一笔资本就必须从货币形式再转化为商品形式……一笔资本离开生产过程，相应地另一笔资本就必须回到生产过程。不同资本的再生产过程或流通过程的这种相互连结和彼此交叉，一方面，由于分工而成为必然的，另一方面，又是偶然的，因此，对危机的内容的规定已经扩大了"④。

马克思进而分析了货币执行支付手段职能所产生的危机。马克思指出："如果货币执行支付手段的职能，货币在两个不同的时刻分别起价值尺度和价值实现的作用。这两个时刻互相分离。"⑤ 也就是说，当商品在买卖期间价值发生变动时，"用出卖商品的进款就不能清偿债务，

---

① 《马克思恩格斯全集》（第46卷·上册），人民出版社，1979，第149页。
② 《马克思恩格斯全集》（第30卷），人民出版社，1995，第149页。
③ 《马克思恩格斯全集》（第34卷），人民出版社，2008，第579页。
④ 《马克思恩格斯全集》（第34卷），人民出版社，2008，第579页。
⑤ 《马克思恩格斯全集》（第34卷），人民出版社，2008，第582页。

因而，再往上推，以这笔债务为转移的一系列交易，都不能结算"①。即便商品价值没有发生实质性改变，只要商品在一段时间内不能出售，这笔债务就必然导致货币不能执行支付手段的职能。"因为同一笔货币在这里是对一系列的相互交易和相互债务执行这种职能，所以无力支付的情况就不止在一点上而是在许多点上出现，由此就发生危机。"② 这样就产生了另一种危机即货币危机。

马克思在这里进一步阐述了这两种危机可能性的关系。马克思指出，在没有货币危机发生的可能性情况下，商品分离所带来危机的可能性也可能出现。也就是说，在没有信用发生的情况下，即在货币没有执行支付手段职能的情况下，也可能发生危机。但是反过来则不是如此，在没有买和卖彼此分离的情况下，却不可能发生货币危机。之所以会发生货币危机，不仅是因为资本主义生产的商品卖不出去，而且是因为"以这一定商品在这一定期限内卖出为基础的一系列支付都不能实现"③。这就产生了最根本意义上的货币危机。

不过，马克思在这里指出，危机的可能性并不代表着其具有现实的必然性。危机的可能性只是危机的抽象形式，危机从抽象转化为现实，必须存在引起危机发生的起因。商品买和卖彼此分离，只说明危机存在的潜在性，即只是可能会引起危机的因素，而且这种不利因素存在顺利转化的可能。"使危机的这种可能性变成危机的起因，并不包含在这个形式本身之中；这个形式本身所包含的只是：危机的形式已经存在。"④ 马克思进而认为，要分析危机的现实性，则应该将之置于资本的现实运动中，并从资本主义信用和竞争两个角度进行考察。

总之，早期马克思对危机理论的分析侧重于从生产力与生产关系的对立运动关系角度，分析危机的特征、危机产生的可能性及现实性等，

---

① 《马克思恩格斯全集》（第34卷），人民出版社，2008，第583页。
② 《马克思恩格斯全集》（第34卷），人民出版社，2008，第583页。
③ 《马克思恩格斯全集》（第34卷），人民出版社，2008，第583页。
④ 《马克思恩格斯全集》（第34卷），人民出版社，2008，第578页。

并对资产阶级经济学的危机理论做了深刻剖析和批判，这为马克思对以后危机理论的构建和深入探讨夯实了较为坚实的理论根基。

二 《资本论》中的经济危机理论与相对过剩人口

经济危机是资本主义基本矛盾集中爆发的体现，是资本主义制度的必然产物，马克思在《资本论》中对资本主义生产方式的这一规律性特征做了系统阐释。马克思所阐释的经济危机理论可以从总资本循环即商品资本循环、货币资本循环和生产资本循环这三者统一的视角来进行概括。简单概括就是，在资本主义生产条件下，商品资本循环和货币资本循环蕴含着危机的可能性；而总资本循环一旦遭到破坏，资本主义经济危机就有可能转化为现实，这种危机现实性或者危机必然性，主要体现在资本主义生产的现实运动、资本主义竞争以及资本主义商业信用等中。

1. 资本主义的商业危机与货币危机

马克思在《资本论》第一卷对生产过程的讨论中，再次对危机的两种形式进行了阐述。马克思指出，资本主义危机主要有两种：一是商业危机，即商品形态变化本身所蕴含的危机；二是货币危机，是货币作为支付手段所产生的危机。这是危机存在最一般可能性的两种形式。马克思在这里指出，对于商品交换 $W—G—W$，商品流通打破了商品交换的时间、空间和个人的限制，使得卖 $W—G$ 与买 $G—W$ 的直接统一，转变成这两者之间的相互对立。但是，当这两者的相互对立达到一定程度时，就会以危机形式将这两者强制地统一起来。马克思指出，就货币作为支付手段而言，货币本身就蕴含着一个直接矛盾。因为，在必须进行实际支付时，货币不是执行流通手段职能，而是作为单个社会劳动的形式，独立地作为交换价值而存在，因而充当交换的"绝对商品"。这种直接矛盾则蕴含货币危机的可能性。[①]

---

① 马克思：《资本论》（第 1 卷），人民出版社，2004，第 161～162 页。

马克思在《资本论》第二卷对流通过程的讨论中，进一步从资本形态变化及其循环角度分析了这两种危机发生的可能情况。马克思指出，在 W—G 到 G—W 的转变过程中，如果 G 要执行资本价值的职能，首先必须转化为生产资本，购买生产资料和劳动，从而转化为商品 Pm 和 A。一旦这些商品在不同时期购买或支付，就会出现当 G 的一部分完成了 G—W 的购买行为时，它的另一个部分还停留在货币状态，需等到合同规定的时间时（即 G—W 购买行为发生时）才会发挥作用。这就意味着 G 的这个部分暂时地从流通领域退出，从而处于贮藏货币状态。而且一旦在流通过程中遭遇障碍，G 就可能由于这种市场状况的变化而不得不中止执行 G—W 的职能，从而在一定时期内也停留在货币状态，这时的货币也是以贮藏货币状态存在。马克思进一步指出："货币资本停留在货币状态中，都是运动中断的结果，不管这种运动中断是合乎目的的还是违反目的的，是自愿的还是非自愿的，是与职能相适应的还是与职能相违背的。"① 这种资本运行的中断所蕴含的危机既是商业危机也是货币危机。

因为，仅从资本循环的中断所导致的商品交易的失败来看，这种中断是商业危机；但如果资本循环的中断所导致的是支付危机，则它就是货币危机。正如马克思所指出的，当经济处于上升时期的繁荣状态时，相当量的商品只是在表面形式上进入了消费阶段，但实际上仍滞留在转卖者手中，而停留在市场上。随着商品不断涌向市场，市场终将达到饱和，"后涌入的商品，为了卖掉只好降低价格出售。以前涌入的商品还没有变成现金，支付期限却已经到来。商品持有者不得不宣告无力支付……于是危机爆发了"②。这样由交易中断所引发的支付危机就成为货币危机。

可见，货币危机的可能性是商业危机可能性的延伸，即便没有货币因执行支付手段职能而衍生出的货币危机，第一种危机即商业危机也可

① 马克思：《资本论》（第2卷），人民出版社，2004，第90页。
② 马克思：《资本论》（第2卷），人民出版社，2004，第89页。

能发生。但在商业危机没有发生的情况下，即买卖没有分离的情况下，就不会发生货币危机。当然，如果危机的产生是由于买卖分离，只要货币执行支付手段职能，商业危机就会演变为货币危机。因此，分析危机更为重要的是分析商业危机，这种危机是"危机的元素形式"，是危机的最一般表现。

马克思在这里特别强调了资本循环的连续性对资本主义生产的重要作用。在马克思经济学理论中，不论是商品资本循环、生产资本循环，还是信贷资本循环，当它们的连续性遭到破坏时，经济危机都有可能爆发。因为，马克思通过对资本主义社会总资本的再生产和循环的分析，揭示了社会总资本再生产能够顺利运转的基本条件，并指出，资本主义社会再生产能否正常运转的条件关键取决于这一系列连续性关系能否得到满足，如果这种连续性遭到破坏，也就意味着资本运动的终结，同时也意味着资本生命的结束。一旦出现资本主义基本关系中的一系列对抗性矛盾加剧，资本运动过程就会由于连续性关系的中断而遭到破坏，最后只有通过市场的暴力手段强制恢复，而经济危机适时充当了这一暴力手段。

2. 资本主义的生产过剩危机

正如马克思所揭示的，资本主义基本矛盾是资本主义经济危机产生的最内在最根本的原因，这一基本矛盾就是资本主义所特有的生产社会化与资本主义生产资料私人占有之间的矛盾。资本主义生产的社会化导致资本主义生产存在无限扩大趋势，私有制使得资本主义生产的目的是促使私人资本不断增殖。这个矛盾的激化则会演变成经济危机。

资本主义生产过剩的危机是资本主义主要发展阶段经济危机的最普遍的也是最一般的表现形式，同时也是资本主义经济危机的最根本特征。马克思在《资本论》中对这一危机的分析是逐步展开的。在《资本论》第一卷中，讨论了以发展生产力为手段、以生产剩余价值为目的的资本主义的直接生产过程。这一目的和手段相互矛盾的生产过程隐含着危机发生的可能性。接着，马克思在讨论商品流通时分析了商品流通

所存在的两种危机即商业危机和货币危机及其相互关系，并在第二卷
（流通过程）中从资本循环角度对它们进行了更为深入的讨论。然而，
这两种危机也仅存在发生的可能性。只有资本主义生产方式在社会生产
中占统治地位，商品生产从而商品流通成为社会经济生活的主要特征，
危机才会从可能转化为现实。

马克思对危机理论的分析在《资本论》第三卷论述资本主义生产总
过程时才得以充分展开。在这里，马克思通过对资本主义基本矛盾对抗
运动的分析，阐述了资本主义生产过剩的必然趋势。马克思认为，其内
在机制是：随着资本主义生产力的发展、资本有机构成的提高，一般利
润率趋于下降；而利润率的下降将迫使资本家进一步追加投资，即通过
扩大生产，并通过提高劳动生产率，阻止利润率的下降。这里，追加投
资即意味着生产力的发展；生产力的发展却导致利润率进一步下降。这
样导致生产的目的与生产的手段发生强烈对抗。这就是："手段——社
会生产力的无条件的发展——不断地和现有资本的增殖这个有限的目的
发生冲突。"①

根据以上分析可以得知，资本主义危机虽以商业危机或货币危机形
式呈现，但其实质则是资本主义生产过剩的危机。这种危机正是资本主
义生产力与生产关系的矛盾对立运动及其发展的结果。也就是，就全社
会而言，资本主义生产力的发展与资本增殖目的的实现之间存在严重对
立，从而导致了经济危机。生产力的相对过剩，从生产力的构成要素来
看，则体现为资本的相对过剩和劳动力的相对过剩。而从生产的结果来
看，就是生产的相对过剩。

正如前文分析，资本主义危机是资本循环连续性强制恢复的手段，
但这种恢复只是对资本主义生产方式矛盾的暂时性解决，具有较大破坏
性，从而又会造成更大的矛盾。马克思认为："危机永远只是现有矛盾
的暂时的暴力的解决，永远只是使已经破坏的平衡得到瞬间恢复的暴力

---

① 马克思：《资本论》（第3卷），人民出版社，2004，第279页。

的爆发。"① 因此，资本主义危机具有周期性特征。固定资本再生产则是危机周期性爆发的物质基础。

马克思指出，资本的各个组成部分的循环和周转各不相同，这些周转的周期各不相同，这就为周期性的资本主义经济危机打下了物质基础。在这周期性的经济危机中，资本运行一般要经历松弛、中等活跃、急剧上升和危机等几个时期。"虽然资本投入的那段期间是极不相同和极不一致的，但危机总是大规模新投资的起点。"② 可见，固定资本的固有特性决定了它在再生产中的重要作用，也使其再生产成为危机周期性波动的物质基础。

3. 资本主义危机与相对过剩人口

马克思指出，资本主义经济周期与相对过剩人口的变动是密切相关的。马克思认为，资本主义工业生产一般要经历十年一次的周期。而这种周期则是以产业后备军即过剩人口不断形成、过剩人口部分地被吸收而又不断地被排斥为基础。"而工业周期的阶段变换又使过剩人口得到新的补充，并且成为过剩人口再生产的最有力的因素之一。"③ 可见，资本主义经济周期是产生相对过剩人口的重要原因。

由于资本主义经济经常周期性波动，产业后备军也始终处于动荡之中。马克思指出，资本主义工业生产一般表现为生产活动通常依序在"中常活跃""繁荣""生产过剩""危机""停滞"等几个阶段间不断转换。"由于工业循环的这种周期变换，机器生产使工人在就业上并从而在生活状况上遭遇的没有保障和不稳定性，成为正常的现象。"④

虽然，在经济周期中的上升时期就业人数可能会增加，但是，对于资本家雇用工人人数的增加，投入工厂的资本总量不仅必须增加，而且要以可变资本在其中的比重以更快速度的增加为条件。而且，这个过程

① 马克思：《资本论》（第3卷），人民出版社，2004，第277页。
② 马克思：《资本论》（第2卷），人民出版社，2004，第207页。
③ 马克思：《资本论》（第1卷），人民出版社，2004，第729页。
④ 马克思：《资本论》（第1卷），人民出版社，2004，第522页。

只有在资本主义工业循环的涨潮和退潮时期才能得以实现。并且，在此期间，雇佣工人数量的增长还经常受到技术进步的阻碍，导致产业后备军总处于不断动荡中。马克思指出，技术进步有时通过有机构成的提高潜在地代替工人，有时还直接以机器形式实际地排挤工人，这样将导致工人被不断地逐出工厂，还可能将新的补充工人拒之门外。而单纯的资本扩张，又将曾被驱逐的工人和新增人员重新吸收进雇佣工人队伍。"工人就这样不断被排斥又被吸引，被赶来赶去，而且被招募来的人的性别、年龄和熟练程度也不断变化。"①

技术进步，或者说以资本有机构成提高为特征的技术进步，之所以会对相对过剩人口产生影响，是因为技术进步是以追加投资或固定资本更新为载体。马克思指出，在这种情况下，就业虽绝对增加，但对于资本而言，则体现为相对减少。也就是说，在正常的积累进程中形成的追加资本，主要是充当了利用工业改良的手段。不过，随着时间的推移，旧资本必须进行更新，更新后就会出现较少量的劳动能够推动较多量的机器和原料。"一方面，在积累进程中形成的追加资本，同它自己的量比较起来，会越来越少地吸引工人。另一方面，周期地按新的构成再生产出来的旧资本，会越来越多地排斥它以前所雇用的工人。"②

在《资本论》第三卷中，马克思进一步阐述了资本主义经济危机对相对过剩人口的影响。马克思指出，资本的生产过剩，实际上则是用于剥削工人劳动的生产资料和生活资料的生产过剩。当这个剥削程度下降到一定程度时，就会导致资本主义生产过程的混乱和停滞，甚至资本的破坏。这种生产过程的破坏就是资本主义的经济危机。后果则是伴随生产过剩的相对人口过剩。而劳动生产率提高、市场扩大、资本的加速积累以及利润率下降等，同生产过剩一样，"也会产生并且不断地产生相对的过剩人口，即过剩的工人人口，这些人口不能为过剩的资本所使

---

① 马克思：《资本论》（第1卷），人民出版社，2004，第522页。
② 马克思：《资本论》（第1卷），人民出版社，2004，第724页。

用，因为他们只能按照很低的劳动剥削程度来使用"①。

总之，马克思通过对资本主义生产方式的剖析，揭示了资本主义经济危机产生的内在根源，分析了经济危机产生的必然性和周期性。马克思根据商品生产的本质特征指出，商品经济本身蕴含着经济危机产生的条件。货币作为支付手段必然使一般商品生产和交换的商业危机演变成货币危机。当这种危机普遍化时就产生生产过剩的危机。这种危机的后果之一就是相对过剩人口的增加。因此，马克思的经济危机理论也可看成马克思失业理论的重要组成部分。后来的西方马克思主义者根据马克思危机理论创立了有关危机的各种失业理论，如"比例失调论""资本不足论""需求不足论"等。后文将对此做深入探讨。

---

① 马克思：《资本论》（第3卷），人民出版社，2004，第285页。

第二章　当代西方马克思主义宏观失业理论的渊源与流变

　　失业问题是马克思经济学的核心论题。马克思对失业问题的讨论，几乎可见于他所有的经济学论著。就马克思凝毕生心血写成的巨著《资本论》而言，失业问题在那里得到了最完美的阐释。马克思失业理论的核心是相对过剩人口理论。就资本主义失业问题而论，马克思在《资本论》第一卷对资本主义劳动过程的分析中，阐述了资本主义生产的实质以及资本与劳动的对立，从而阐释了相对过剩人口既是资本主义资本积累的必然产物，也是资本主义生产方式存在的条件；马克思在《资本论》第二卷对资本主义流通过程的分析中，着重阐释了剩余价值实现的状况对相对过剩人口的影响；马克思在《资本论》第三卷中主要讨论了资本主义生产过剩与人口相对过剩之间的相互依存关系，即资本主义经济危机对失业的影响。可见，马克思的失业理论贯穿《资本论》全三卷，是马克思经济学的重要组成部分。

　　根据第一章的讨论可以看到，马克思对相对过剩人口的分析，是与马克思的剩余价值生产理论、有机构成提高理论、利润率下降规律理论和经济危机理论等紧密结合在一起的。这些理论涉及宏观和微观两个方面。宏观方面体现在产业后备军的形成、资本积累与增长、有效需求不足、经济周期与经济危机等方面；而微观方面体现在劳动过程即绝对剩余价值和相对剩余价值生产，以及与此相关的劳动工资、劳资关系、劳动分工、劳动压榨等方面。当代的西方马克思主义者强调马克思失业理论分析的一个方面或其中的几个方面，吸收了凯恩斯主义（包括新古典综合、新凯恩斯主义和后凯恩斯主义）的一些方法，甚至借鉴了新古典主义的分析工具，发展出一系列具有自身特色的马克思主义失业理论。本章则主要讨论当代西方马克思主义宏观失业理论。

当代西方马克思主义宏观失业理论以资本主义的当代发展为现实背景，主要以马克思的资本积累理论、社会再生产理论和经济危机理论为基础，借鉴当代西方各理论研究传统的有价值成分，并侧重从资本主义的宏观生产特征来分析资本循环与积累、资本主义危机和经济周期对资本主义相对过剩人口的影响。因此，分析当代西方马克思主义的宏观失业理论首先必须从宏观上深入分析资本主义演进历程，及其以新自由主义作为运作主逻辑的当代特征，这样才能更深刻地理解和把握当代西方马克思主义宏观失业理论。

第一节　新自由主义演变与资本主义失业

西方马克思主义失业理论不是单纯的逻辑推演，而是对资本主义现实就业问题的理论阐释。因此，研究当代西方马克思主义失业理论，就不能不研究资本主义的演进历程及其特征，就不能不对作为当代资本主义运作主逻辑的新自由主义做深刻剖析。

自资本主义诞生以来，自由主义一直是资本主义意识形态中占主导的意识形态，也是资本主义国家的执政理念和它们对内对外的政策原则。古典自由主义由于在 20 世纪 30 年代的大萧条中表现无能，被凯恩斯的国家干预主义所取代。然而，在 20 世纪 70～80 年代的资本主义滞涨中，自由主义很快就以"新自由主义"的面目复活。

为应对资本主义滞涨，英美两国首先推行新自由主义，并以"华盛顿共识"为旗号向发展中国家输送新自由主义。此时的垄断资本不仅榨取本国雇佣工人的剩余价值，还通过资本输出不断榨取资本输入国雇佣工人的剩余价值。尽管中国在改革开放进程中保持了较强的独立性，但作为全球第二大外商直接投资接收国，中国的工人也同样遭受了国际垄断资本的压榨和剥削。

"市场化""私有化""金融自由化"是新自由主义的最为显著的三个特征。就劳动力市场而言，"市场化"表现为工资与就业的"弹性化"，在劳动力过剩情况下，这种"弹性化"市场将严重压低雇佣工人工资水平，导致社会需求萎缩，加剧劳动力过剩；"私有化"加强了资本力量，削弱了劳动议价能力，使工人在劳资关系中处于更加弱势的地位；"金融自由化"则加强了金融资本在时间和空间上对资本主义生产过程的直接控制，从而加重了对工人的剥削。

简言之，攫取全球垄断利润是垄断资本全球扩张的目的，达成这一目的则是以新自由主义的全球运作，即以加强对工人的压榨和剥削为手段。但这种压榨和剥削，将加剧工人阶级的贫困化，从而导致社会购买力下降。购买力不足，必然引起生产过剩、投资萎缩，产业后备军也因此规模不断扩大。因此，资本主义失业问题不是某个资本主义国家的局部问题，而是全球性问题，它是垄断资本全球性扩张的后果，也是垄断资本赖以生存的物质基础。

不难理解，面对失业问题，新自由主义理论关心的只是资本的增殖，而不是工人的利益。因而，新自由主义针对资本主义失业采取的策略是，在争取资本利润获得最优的条件下，降低工资水平以扩大就业，而不是改变生产的技术结构，以保障工人的权益。

在这里，新自由主义刻意回避了资本主义矛盾，而当代西方马克思主义经济学则与之截然不同。它们继承了马克思的制度和阶级分析方法，将资本主义的劳动就业问题置于以新自由主义作为运作主逻辑的资本主义发展的历史进程中来考察，在宏观上，将失业问题与资本主义的资本积累、社会再生产、经济周期和危机等联系在一起；在微观上，则将失业问题与劳动过程、绝对与相对剩余价值的生产、工资与利润的对立运动等联系在一起。前者是当代西方马克思主义的宏观失业理论，后者则是其微观失业理论。

因此，要研究当代西方马克思主义的失业理论，除必须深入考察它们与马克思主义经典作家的失业理论的渊源关系外，还必须对作为资本主义运作主逻辑的新自由主义做深刻剖析。

一 新自由主义理论嬗变及其霸权地位的建立

新自由主义在经济学理论体系继承了古典自由主义的基本内核，即信奉价格机制，坚持市场出清，反对国家干预，主张自由放任。由此可以说，新自由主义是在资本主义发展的新形势下对古典自由主义的复活和再现。[①]

作为新自由主义"前世"的古典自由主义在理论界之所以影响深远，是因为，由亚当·斯密所开创的古典自由主义发展到 20 世纪的马歇尔时期，不论是在形式逻辑上，还是在理论的系统性上，都比以前的资产阶级自由主义经济理论更具迷惑性和欺骗性。而它所蕴含的自由放任的政策含义，也基本符合资本主义各时期的资产阶级利益。因而，古典自由主义理论得到西方学界长期而广泛的认可。

但是，古典自由主义由于过度美化了市场机制的作用，屏障了资本的扩张和竞争将导致市场无序、供求失衡、阶级分化，以及由此引发的资本主义矛盾等问题，而丧失了剖析资本主义经济危机的能力。当资本主义从自由竞争走向垄断时，资本主义矛盾进一步尖锐，直接导致了20 世纪 30 年代的资本主义经济大萧条。

古典自由主义的理论缺陷为"凯恩斯革命"提供了靶标。"凯恩斯革命"的理论意义在于，敢于正视危机现实，重视政府干预。西方资本主义国家也正是采取了凯恩斯式的政府干预才得以暂时摆脱危机，并开启了长达 20 余年的高速增长。然而，资本主义的国家干预建立在资本家占有生产资料这一基础之上，因而必然服务于"资本家将更'有计划地'攫取利润"[②] 这一目的。因此，资本主义矛盾在资本主义国家干

---

① 吴易风：《西方经济学中的新自由主义》，《红旗文稿》2014 年第 5 期。

② 《列宁全集》（第 29 卷），人民出版社，1985，第 436 页。

预和调节下不断累积加深。进入 20 世纪 70 年代中期，西方资本主义国家出现了全面滞涨。

凯恩斯主义面对滞涨无能为力，从而为一度被边缘化的自由主义提供了反攻机会。弗里德曼、哈耶克等对凯恩斯理论进行了疯狂攻击。20世纪 70 年代末和 80 年代初，英美政府相继抛弃凯恩斯主义而采用自由主义政策主张来应对滞涨，自由主义由此重返经济学舞台中心，这就意味着新自由主义的崛起。而此时，国家垄断资本主义已开启了向国际金融垄断资本主义过渡的新历史时期。

新自由主义的崛起绝非偶然。西方学界大多倾向接受"自由、民主、平等、人权"等资本主义价值观。而资本主义市场经济则是资本主义价值观形成的经济基础。[①] 西方自由主义经济学家，从亚当·斯密到哈耶克、弗里德曼，乃至当代的卢卡斯、巴罗和萨金特，无不在试图通过论证资本主义自由市场经济的完美性，去阐释资本主义价值观的合理性及其作为人类价值的"普适性"。

即使在凯恩斯主义内部，以萨缪尔森为代表的凯恩斯追随者，尽管接受了部分凯恩斯思想，但其价值信仰与其他西方学者并无二致，因而也就不甘愿全面抛弃古典自由主义。他们试图将这两种对立的理论体系拼凑一起，形成了 20 世纪 50～60 年代占主流地位的新古典综合派。然而，即便他们做出如此调和，但由于主张政府干预，仍受到铁杆自由主义者的激烈批判。其代表性的菲利普斯曲线理论，一度成为新自由主义攻击的主要标的。

20 世纪 80 年代已是国际金融垄断资本占统治地位的资本主义时期。这一时期，新自由主义者运用理性预期假说对凯恩斯主义展开了更为猛烈的攻击。[②] 萨金特提出了政策无效性命题，否定了货币政策的有效性；普雷斯科特和基德兰德等人提出实际经济周期理论，试图说明经

---

① 袁银传：《当代资本主义核心价值观评析》，《马克思主义研究》2014 年第 6 期。
② 何国华、王红玲：《理性预期革命和现代主流经济学的新古典化趋势》，《武汉大学学报》（哲学社会科学版）1997 年第 5 期。

济波动主要来自供给方面的冲击，以加强货币中性论①；巴罗等则在理性预期框架下复兴了"李嘉图等价命题"，得出财政政策无效②；等等。

即便是 20 世纪 90 年代打着反新古典宏观经济学旗号的新凯恩斯主义者，他们也将新自由主义的两个最基本内核即"理性预期"和"个体理性化"纳入自己的理论框架，以作为他们分析的微观基础，由此向新自由主义者抛出橄榄枝，试图换取新自由主义者的接纳和认可。至此，新自由主义在西方资本主义世界处于绝对的霸权地位。

二 新自由主义资本积累方式的全球扩张

凯恩斯主义的失败客观上助推了新自由主义的兴起，而新自由主义能够在西方资本主义世界大行其道，除了理论观点迎合了西方主流学界的价值观取向外，更重要的还是契合了金融垄断资本向全球扩张的需要。

在 20 世纪 70 年代的国家垄断资本主义滞涨时期，由于竞争加剧，供求矛盾激化，实体产业资本的利润率普遍下降。正是在这一滞涨困境下，一方面，过度积累的实体产业资本，向新兴发展中国家转移，试图利用其低成本优势阻止利润率的下降③；另一方面，越来越多的货币资本从"货币资本—产业资本—货币资本"（即 $G—M—G'$）的资本循环中"自我解放"出来，涌向金融市场，形成"$G—G'$"的金融内部交易循环，并不断膨胀。

而这些日趋膨胀的金融资本除不甘心依附于实体产业资本外，还试图通过贷款、并购等手段逐步控制产业资本，实现经济金融化，并力图摆脱国家监管和调控，突破国界向全球扩张，以实现资本增殖目的。此时的国际金融垄断资本迫切需要一种替代凯恩斯国家干预主义的对立理

---

① Kydland, F. E. and E. C. Prescott, "Time to Build and Aggregate Fluctuations," *Econometrica: Journal of the Econometric Society*, 50 (1982).

② Barro, R. J., "Are Government Bonds Net Wealth?" *Journal of Political Economy*, 82 (1974).

③ 谢富胜、吴越：《新自由主义危机与特朗普经济学》，《国外理论动态》2017 年第 6 期。

论，以之作为自身全面扩张的理论支撑①，新自由主义理论正是迎合了这种需要而得以存续和发展。

英美是世界资本主义发展中最为前列的国家，也是受到滞涨危机冲击最为严重的国家，因而成为最早采用新自由主义政策以摆脱困境、推动垄断资本全球扩张的国家。20 世纪 70～80 年代，英国的撒切尔政府和美国的里根政府都进行了新自由主义"改革"，不同程度地推行了私有化、市场化和自由化，此时的新自由主义上升为西方占统治地位的意识形态和对内对外的政策原则，新自由主义由此步入鼎盛时期。

美英等发达资本主义国家的金融垄断资本，为摆脱滞涨困局和攫取更大利润，肆意操纵国家政权甚至国际组织为之服务，以实现全球扩张这一目的。20 世纪 80 年代，拉美国家的债务危机则为新自由主义在这一地区的泛滥大开方便之门。以国际货币基金组织、世界银行等为代表的国际组织为迎合垄断资本全球扩张的需要，为拉美国家制定了新自由主义改革方案，即所谓的"华盛顿共识"。② 这些方案大致可概括为三个方面：一是通过出售或变相出售国企资产，实现国企"私有化"；二是最大限度地减少政府干预，实现经济体制"市场化"；三是开放金融市场，实现"金融自由化"。

拉美国家在美国等发达国家的诱迫下，开始全面推行"华盛顿共识"。"华盛顿共识"的实施，不仅使拉美国家成为国际垄断资本商品倾销的场所，而且导致这些国家关系国民经济命脉的银行、电力、石油、铁路、水利、邮电等行业和部门被国际垄断集团所操控。这个时期，拉美国家成为发展中国家私有化和国际化程度最高的地区，从而也变得更加依赖资本主义经济和国际市场，更加依附于国际垄断资本。③

新自由主义在向拉美国家渗透的同时，也加强了对东欧国家和苏联

---

① 何秉孟：《再论新自由主义的本质》，《当代经济研究》2015 年第 2 期。
② 〔美〕诺姆·乔姆斯基：《新自由主义和全球秩序》，徐海铭、季海宏译，江苏人民出版社，2000，第 4 页。
③ 靳辉明：《新自由主义的危害与拉美左翼运动的崛起》，《江汉论坛》2014 年第 2 期。

成员国的攻势。在"两极对峙"时期，英美等发达资本主义国家，一方面建立政治同盟，对苏联和东欧国家施加政治和军事压力；另一方面对苏联和东欧国家采取经济遏制政策和培植新自由主义势力。东欧剧变、苏联解体后，新上台的新自由主义者极力推行"华盛顿共识"，并进行被冠以"休克疗法"的快速市场化、全盘私有化和完全自由化等"三化"改革，来实现新自由主义转型。与此同时，泰国、印度尼西亚等国家在美国政府的威逼利诱下也进行了相应的新自由主义"改革"，推行了投资自由化、贸易自由化和金融自由化。

概言之，"华盛顿共识"的出笼及其推行，意味着新自由主义已从发达国家蔓延至全球，成为国际金融垄断资本掠夺世界财富、掌控世界经济命脉的工具。

三　透过国际垄断资本本性认识新自由主义

从新自由主义的历史演变来看，新自由主义虽然是在反凯恩斯主义的过程中发展成熟起来的，然而，作为新自由主义理论内核的"市场原教旨主义"，自创建以来基本"教义"从未发生过改变。这是因为，"市场原教旨主义"所主张的自由放任，在资本主义的任何历史时期，都是垄断资本为攫取超额利润需要而自由流动的最基本要求。可见，新自由主义反映的是资本利益的诉求。但该理论并不反映资本主义经济良性运转的客观要求。其理论内核所宣扬的市场自动调节机制，只能调节资本流向，但不能调节资本主义内在矛盾。2008 年以来，陆续爆发的资本主义经济危机，就是对新自由主义理论非科学性的最好诠释。只有深入剖析新自由主义理论缺陷，认识其危害性，才能避免受到新自由主义的误导。

1. "理性"的限度：新自由主义的局限

作为垄断资本扩张工具的新自由主义发展至今也是学派林立，既有以哈耶克为代表的新奥地利学派，也有德国的弗莱堡学派、英国的伦敦学派，美国的货币主义、理性预期学派、供给学派，等等。不过，它们均是"市场原教旨主义"的推崇者。

这里不妨借用库恩、拉卡托斯等的范式论观点，即任何理论范式都由内核和保护带两部分构成①，来分析新自由主义的理论特征。"市场原教旨主义"不仅被古典自由主义者奉为圭臬，而且被历代自由主义者视为本根。那么，"市场原教旨主义"自然就是新自由主义理论的内核；而形形色色的理论形态，包括其政策主张，则是新自由主义理论的保护带。可见，内核是"灵魂"，考察理论最重要的就是考察其内核。

作为各时期各种理论形态的自由主义的理论内核，"市场原教旨主义"的理论架构其实并不高明，主要是以牛顿的机械力学为隐喻，以经济主体的完全理性为基本假定前提，以享乐主义的效用最大化和利润最大化为目的，以方法论的个体主义为出发点，以市场均衡作为理论归依，来阐释自由市场效率最优和市场机制万能。②

实际上早在 20 世纪 30 年代，凯恩斯就对自由主义的这种理论架构进行了"革命"。在理论前提方面，"凯恩斯革命"否定了古典主义的完全理性假设，强调不稳定预期对投资从而对产出所产生的重要影响；在方法论上，"凯恩斯革命"完全摒弃了古典主义的个体主义方法，采用总量宏观分析；在理论归依上，"凯恩斯革命"强调市场非均衡特征。

西方的非主流经济学更是反对"市场原教旨主义"的这种理论架构。在方法论方面，后凯恩斯主义者认为个人主义的微观决策将产生宏观悖论。而演化论者则认为行为主体间的差异不可忽视，应从"个体群"层面来考察经济行为。在假定前提方面，非主流学派均反对完全理性假设，认为人们的理性是有限的。在理论归依方面，非主流学派均反对均衡分析方法，强调时间的意义，认为经济系统的演变与所选择的路

---

① 葛国耀、刘家俊：《科学研究纲领方法论：马克思主义理论研究的新视角》，《学习与实践》2012 年第 6 期。

② 黎贵才、王碧英：《制度变迁是自然无序的还是历史必然——论演化思潮的复兴对马克思经济学发展的意义》，《当代财经》2011 年第 1 期。

径密不可分。①

这些批判从不同角度指出了"市场原教旨主义"的理论缺陷，对自由主义形成了一定的冲击。面对这些批判，新自由主义不断地修正其"保护带"，以增强其理论的解释力。例如，针对西蒙的"有限理性论"，新自由主义通过将"交易成本"概念纳入效用最大化框架——在信息的搜寻成本与所获收益间做出权衡，来维护其理性假设内核。然而，新自由主义虽面对方方面面的批判，甚至有些批判已涉及其内核，但造成自由主义危机的并不是这些批判，而是资本主义经济危机现实。

这是因为，这些批判并没有真正触及"市场原教旨主义"的问题根本。最为首要的是，这些批判并没有动摇西方学界对资本主义"自由"的信仰。21 世纪以来的这次全球性经济金融危机，虽引起部分学者对新自由主义进行反思，如近年来由法国大学发起并迅速蔓延至整个欧洲的经济学教学革新运动，但这还不足以对新自由主义主流地位构成威胁。

在经济理论的探讨方面，这些批判也都没能从制度前提上去剖析"市场原教旨主义"的理论缺陷。凯恩斯虽认识到市场机制不能实现充分就业，并将失业归因于有效需求不足，但没有认识到资本无限扩张是造成有效需求不足的根本原因。正如马克思所指出的，资本的无限扩张体现为："在一极是财富的积累，同时在另一极，即在把自己的产品作为资本来生产的阶级方面，是贫困、劳动折磨、受奴役、无知、粗野和道德堕落的积累。"②

西方非主流经济学家对"市场原教旨主义"方法论的个人主义和完全理性假设的批判，在学界产生了较大影响。然而，西方非主流经济学家对它们的批判，仅仅是认为这些假定与现实有距离，如用"有限理性"否定"完全理性"，但非主流的这些批判实际上并没有动摇这些假

---

① Lavoie, M., *Introduction to Post-Keynesian Economics* (New York: Palgrave Macmillan Press, 2006).

② 马克思：《资本论》（第 1 卷），人民出版社，2004，第 743~744 页。

定对新古典经济学理论所谓的标杆意义。

殊不知，"个体理性"恰恰是垄断资本"世界观"的真实反映。垄断资本正是从自身"个体"利益出发，"理性地"去为实现自身的保值和增殖而扩大再生产。只不过，垄断资本增殖的目的与实现增殖的手段之间存在不可调和的矛盾，即"个人理性"与"社会理性"之间存在不可调和的矛盾，最终会导致资本主义经济危机。可见，新自由主义理论的最大局限，不是西方非主流学者所批判的方法论意义上的"理性局限"，而恰恰是它作为垄断资本非"社会理性"扩张的理论工具，所体现出的"世界观"意义上的"理性局限"。

2. 国际垄断资本的逐利性：新自由主义的本质

新自由主义的理论逻辑反映的是资本的运行逻辑。逐利性是资本的本质特征，而流动性则是资本逐利的手段，也是资本在竞争下得以生存的基本要求。因此，新自由主义必然要阐释资本流动的必要性，论证资本逐利的正当性和合理性。所以，新自由主义也就必然要倡导经济自由放任，要宣扬市场机制万能。这里运用马克思资本总公式即"$G—W\cdots P\cdots W'—G'$"来刻画不同历史发展阶段的垄断资本的逐利特性。

在国家垄断资本主义时期，垄断资本主要活动在生产领域。因此，此时垄断资本的运作可用生产资本的循环形式"$P\cdots W'—G'\cdot G—W\cdots P$"来表示。这一时期的垄断资本主要通过生产资本的循环，在生产过程"$P\cdots W'$"中不断榨取雇佣工人的剩余价值。因此，这一时期的新自由主义必然主张自由放任，反对国家干预，以便垄断资本可以不受约束地"自由"地攫取各行各业的垄断利润。

当资本主义发展到国际垄断资本主义阶段时，垄断资本的活动主要表现为生产资本的全球扩张。全球扩张的垄断资本的运作特征仍可用生产资本的循环来刻画。不过，此时垄断资本的逐利性不仅表现为，在生产资本循环中榨取本国雇佣工人的剩余价值；还表现为通过生产资本的输出，在生产资本的循环"$P\cdots W'—G'\cdot G—W\cdots P$"中，不断榨取输入国雇佣工人的剩余价值。此时的新自由主义必须为垄断资本的全球扩张鸣锣开道，因而必然要鼓吹经济的自由化、市场化和私有化，推行"华盛顿共识"。

当资本主义发展到国际金融垄断资本主义阶段时，垄断资本的活动则以金融资本的扩张为主导。而此时垄断资本的逐利性，主要反映在金融资本循环的退化形式"$G—G'$"上。在金融资本主导的垄断资本主义时期，金融资本除不断吸纳过剩的产业资本外，还通过金融交易形成"$G—G'$"内部循环的放大机制。

这些金融资本为实现保值与增殖，一方面控制产业资本，通过产业资本循环加强对雇佣工人的压榨和剥削；另一方面通过操纵国际组织将更多的不发达经济体纳入国际金融垄断资本的"$G—G'$"循环增殖系统，进而剥削这些经济体，来抵消资本报酬的递减趋势。此时的新自由主义理论为迎合金融资本全球扩张需要，必然主张金融自由化、全球一体化。

由此可见，新自由主义的理论本质，反映的是垄断资本的逐利逻辑。这种理论本质对外必然推行霸权主义。2016年以来，美国对外政策所体现的"保守主义"就是一种霸权主义的表现：它一方面要求其他国家开放市场，另一方面却严控其他国家对美国企业的收购；一方面要求其他国家融入世界，另一方面却坚定地维护美国经济的独立。

四 新自由主义的新变化与当代资本主义失业

以上主要从理论上分析了作为当代资本主义运作主逻辑的新自由主义的演变过程及其本质特征，下面主要讨论当代资本主义的新自由主义理论表现、具体政策主张的演变及其对资本主义劳动力市场的影响。自"二战"以来，西方主要资本主义国家经过两次科技革命，生产力得到较大发展，对生产关系产生了较大冲击。这些资本主义国家为了缓解资本主义矛盾，对不适应生产力发展的部分生产关系做了局部的调节，资本主义矛盾在一定范围内得到一定程度的缓和。当然，这并不说明资本主义矛盾和危机已经化解，而是在一定程度上累积起来，资本主义的失业问题也越发严重。21世纪初的全球性经济金融危机，就是资本主义矛盾累积爆发的体现。"二战"以来这些新变化主要体现在以下几个方面。

1. 新科技革命给资本主义生产力和生产关系所带来的巨大影响

科学技术革命给资本主义发展带来了巨大驱动力。马克思和恩格斯在《共产党宣言》中指出："资产阶级在它的不到一百年的阶级统治中所创造的生产力，比过去一切世代创造的全部生产力还要多，还要大。"[①] 始发于18世纪60年代以蒸汽机发明为标志的第一次科技革命，极大地促进了资本主义机器大工业的发展，从而使资本主义生产方式在西方世界得以基本确立；而始发于19世纪60年代的以电气化为特征的第二次科技革命，极大地促进了资本主义生产社会化程度的提高，推动了资本主义从自由竞争阶段到垄断阶段的过渡；从20世纪40年代开始的以原子和电子技术的广泛发展和运用为标志的第三次科技革命，全面推动资本主义向纵深发展。

第一，新科技革命促进了资本主义生产力各要素的巨大变化，也带来了生产关系的巨大变革。首先，新科技革命所创造的机器，不仅体现为人体力的增强、手足的延伸，而且在一定程度上代替人的脑力劳动，成为人的智能的延伸，促使资本主义机器生产由手工操作向自动化方向转变；其次，新科技革命促使劳动对象发生革命性改变，出现了大量的人工合成新材料，扩大和提高了人类利用自然资源的范围和程度；最后，新科技革命促进了劳动者科学素质和创造力的提高。与此同时，新科技革命还促使资本主义生产的经营管理水平提高到一个新高度，从而给生产组织和管理模式带来了巨大变革。

由于新科技革命，战后资本主义国家的经济增长速度显著提高，出现了1953~1972年的资本主义发展"黄金时期"。就主要资本主义国家美国而言，据1991年世界银行发布的《世界发展报告》，科技进步对美国经济增长的贡献，1929~1947年占31%，1948~1973年占33%，1974~

---

① 《马克思恩格斯文集》（第2卷），人民出版社，2009，第36页。

1985 年占 40% 。就日本而言，1956 ~ 1964 年占 48.5%，而 1965 ~ 1980 年占比上升至 60% 。[1]

第二，新科技革命推动核能、半导体、合成化学和航空航天等行业的诞生和发展，促使西方发达资本主义国家的产业结构发生了重大变化。在发达资本主义国家，高新技术产业，特别是信息技术产业迅速崛起，并成为工业部门的主导部门，成为经济增长的主要驱动力。据统计，在 1993 ~ 1996 年美国国内生产总值的增长中，有 27% 来自高技术产业，美国最大的汽车产业仅占 4% 。[2] 与此对应，资本主义国家的就业结构也发生了重大变化。总趋向是第一产业就业人数比重不断下降，第三产业就业人数比重不断上升；知识型劳动者就业人数迅速增加，非知识型劳动者就业人数相应减少。

2. 垄断资本尤其是国际金融资本日益控制世界经济

正如前文分析，国际垄断资本以新自由主义作为理论工具进行全球扩张，以加强对全球劳动者的掌控和压榨，掠夺全球剩余价值。在国家的推动下，垄断资本大规模跨越国界，跨国公司空前发展。截至 1999 年底，全球跨国公司多达 6.3 万家，实际控制的国外子公司更是多达 70 余万家。这些跨国公司控制世界生产的 40%，它们所从事的国际商品贸易占世界总量的 50% ~ 60%，国际技术贸易也占世界总量的 70%，对外直接投资占世界总量的 90% 以上。[3] 这些跨国公司向全球推行新自由主义，并通过不平等交换和高额的国际垄断价格攫取高额垄断利润，操纵国际组织，干涉发展中国家的经济政策，控制这些发展中国家的经济命脉。

20 世纪 80 年代，以美英为代表的垄断资本主义国家，受跨国垄断资本的利益所驱使，推动资本主义金融全球化。跨国公司、各种巨型投资机构在全球范围内追逐垄断利润。由于金融业及其衍生工具的迅猛发

---

① 徐崇温：《当代资本主义新变化》，重庆出版社，2004，第 219 页。
② 徐崇温：《当代资本主义新变化》，重庆出版社，2004，第 221 页。
③ 罗文东：《20 世纪资本主义的发展变化》，《科学社会主义》2001 年第 2 期。

展，资本主义经济的投机性日趋明显。统计数据表明，自20世纪90年代以来，资本主义国家有大量资本脱离生产领域而进入金融市场，金融投机活动日益猖獗。据联合国《1997年世界投资报告》统计，世界金融市场每天的交易额为3万亿美元，其中98%以上与商品贸易无关，这些交易都是以投机为目的的短期投资。[①] 与此同时，金融化进一步推动了资本的扩张。1980年，跨国公司营业额仅为3万亿美元，占世界GDP的5%；而到1999年，其营业额达到14万亿美元，占世界GDP的10%。在金融资本的推动下，资本集中和积聚的规模和速度空前，企业并购势头凶猛，10年时间内增加近10倍。[②]

金融资本的全球化，不仅使资本主义积累模式发生了深刻变化，也改变了资本与劳动的力量对比关系，加强了资本对劳动的剥削。金融全球化极大地加强了资本的地位，提高了资本的控制能力。金融全球化使得资本的流动性加强，从而能够在全球范围内对劳动者进行剥削，同时也为资本的投机、避税、外逃大开方便之门。劳动者的地位因而受到严重削弱。不仅发展中国家受到垄断资本的剥削与压榨，发达国家的工人也承受国际国内双重竞争压力。发达国家制造业的空心化导致就业机会减少；劳动分散、工会组织减少，使得工人集体谈判能力减弱；股市波动，造成金融化特色的"股市失业"。劳动收入相对减少，贫富差距日趋扩大。

金融全球化导致资本主义矛盾在新的基础上累积和加深。随着金融全球化所带来的资本无时空限制地对剩余价值的榨取，资本主义生产资料私人占有制与社会化大生产之间的矛盾在全球范围内加深。跨国公司内部的高度组织性和计划性与世界生产的无政府状态之间的矛盾、全球生产的无限扩大和资本积累过剩与消费需求不足之间的矛盾日益尖锐。生产能力的过剩已经成为当代资本主义的常态。金融化还导致虚拟经济与实体经济的脱节日趋严重，资本主义经济危机变得更加频繁。

---

① 吴茜：《当代资本主义新变化及其发展趋势》，《国际论坛》2003年第3期。
② 李其庆：《马克思经济学视阈中的金融全球化》，《当代经济研究》2008年第2期。

3. 当代资本主义失业的若干新特点

作为资本主义国家的代表，美国的失业变动情况可大致反映资本主义国家的失业变动趋势。美国自1890年开始对失业量和失业率进行年度统计。按照美国官方统计，在1890~1989年的100年间，失业率在4%以下的年份有27年，在4%~4.9%的年份有13年，在5%以上的年份有60年。可见，在这100年间的大部分年份，美国的失业情况较为严重，其间还包括19世纪90年代和20世纪30年代两个最为严重的经济萧条时期。其中，1895年的失业率高达8.5%，而在1933年美国的失业率高达24.9%。

如以"二战"作为分界线，"二战"以后，资本主义失业的第一个特点是，经常性失业水平明显上升。"二战"后美国失业率的周期波动与前期相比明显减弱，但经常性失业水平显著提高。在1949年以前，尽管周期平均最高失业率达到11.8%，但平均最低失业率仅为2.4%。但在1949年以后，尽管平均最高失业率降低到7.2%，但最低失业率则上升至4.5%。可见，资本主义的失业已经变成慢性的长期失业。其他资本主义国家的表现与美国相似，战后失业率波动幅度都有一定程度的缩小，而平均失业率水平都有一定程度的提高。如英国、德国、法国、比利时等资本主义国家在20世纪50~60年代最高失业率和最低失业率平均水平都较低，但在70年代以后失业率水平都有显著上升。[①]

出现这一特征的大致原因是，"二战"后发达资本主义国家普遍采用凯恩斯国家干预主义政策来调节国民经济，试图采用"相机决策"措施，来"熨平"经济波动。这些措施的确在一定程度上起到抑制经济周期波动的作用，资本主义国家也在20世纪50~60年代出现较快经济增长、较低失业率的"黄金时期"。但资本主义的内在矛盾并没有由此而消失，而是以新的形式累积起来，危机则在进一步加深。这也就是经济波动幅度虽有一定的下降，但总体失业率水平上升，使得高位的失

---

① 本节失业率数据转引自《资本积累理论与现代资本主义——理论的和实证的分析》（高峰，社会科学文献出版社，2014）中第三章的"相对过剩人口"分析数据。

业率成为资本主义常态。

"二战"后，资本主义失业的第二个特点就是，结构性差异明显，妇女、有色人种等的失业率显著高于平均水平，这在美国表现得非常明显。就美国而言，撇开性别歧视和种族歧视等因素，可从劳动力的供求两个方面来描述就业的结构性差异。在供给方面，"二战"后美国妇女的劳动参与率有了显著提高，有色人种的移民现象变得更为频繁；而在需求方面，"二战"后，第二次科技革命推动了产业结构的变化，同时也对劳动力的需求结构产生了重要影响。第一次科技革命导致机器生产代替手工劳动，使得劳动过程更为简单，"去技能化"现象较为明显。但"二战"后的科技发展使得劳动过程变得更为复杂，使得对简单劳动和非熟练劳动的需求减少，而对复杂劳动和熟练劳动的需求有了显著增加。这两个方面因素导致失业出现结构性差异。

"二战"后，资本主义失业的第三个特点就是，高失业率与高通胀率并存。"二战"以前资本主义国家的失业与通胀一般符合菲利普斯曲线特征，即失业率与通胀率之间存在此消彼长的关系。但在"二战"后，资本主义国家出现了较为严重的滞涨现象。就美国而言，在 1970~1974 年通胀率和失业率平均分别为 6.14% 和 5.90%，而在 1975~1979 年，这两项分别上升为 8.10% 和 6.88%。其他发达国家，如加拿大、法国、意大利等，无不是类似情况。究其原因就是，发达资本主义国家加强了对经济的干预，政府支出水平明显上升，导致通胀水平显著增加。正如前文分析的，国家的干预并没有消除资本主义矛盾，而使得高水平失业成为资本主义世界的常态现象，因而导致美英等资本主义国家出现滞涨。

第二节 宏观失业理论渊源与反新自由主义特征

在 20 世纪 30 年代资本主义经济大萧条以前，在西方理论界占主导地位的失业理论是古典主义和新古典主义的失业理论。古典主义鼻祖亚当·斯密的理论几乎没有从宏观角度讨论过失业问题。因为，亚当·斯密认为充分就业是资本主义常态，资本主义财富的增长所带动的劳动需求的增长，能够满足适应劳动供给的增加，而市场机制能够自发调节劳动供求平衡。这就是古典自由主义的基本内核。

不过，李嘉图接受了巴顿的思想，在其著作《政治经济学及赋税原理》第三版中提到，机器的采用有可能造成工人失业，对工人阶级是不利的。即便如此，李嘉图也没有从根本上否定亚当·斯密的市场自发调节机制。而以马歇尔为代表的新古典主义，在就业问题上信奉"萨伊定律"，将充分就业作为资本主义常态，认为即便存在失业，也仅是摩擦性失业，非自愿失业是不可能的。马克思曾对这种自由主义思想方法进行了批判。马克思指出："企图把资本主义生产当事人之间的关系，归结为商品流通所产生的简单关系，从而否认资本主义生产过程的矛盾。"① 当代西方马克思主义者在分析失业问题时继承了马克思的这一批判传统。

值得一提的是，20世纪30年代的经济大萧条不仅暴露出自由主义理论的局限性，同时也催生了凯恩斯主义。凯恩斯主义承认非自愿失业的存在，认为资本主义经济的自发运转，由于"资本边际效率递减"规律的作用，而使得人们的预期利润率趋于下降，从而导致投资需求不足，出现经济危机，产生失业。强调需求作用的凯恩斯主义的失业理论在西方理论界产生了重要影响，并形成两大理论分支，即后凯恩斯主义经济学和新凯恩斯主义经济学。前者除强调需求作用外，在强调历史性、制度重要性等分析方法方面与当代西方马克思主义有很多相同点，相关理论由于与马克思经济学有较大的渊源关系，也被学界视为马克思主义研究传统。后文将对该研究传统的有关失业理论进行深入讨论。

一 宏观失业理论的马克思经济学渊源

在宏观方面，当代西方马克思主义者主要从马克思的危机理论视角

---

① 马克思：《资本论》（第1卷），人民出版社，2004，第136页。

切入讨论失业问题。正如第一章分析的，马克思是从生产到流通即从剩余价值生产到剩余价值实现的资本主义再生产的总体过程来讨论资本主义危机的，而当代西方马克思主义者更多地侧重其中的一个方面来讨论危机问题。从生产角度讨论的，则是从资本积累所导致的利润率下降角度来分析资本主义危机；从流通角度讨论的，则是从剩余价值实现所遇到的阻碍角度来分析资本主义危机。前者与马克思的生产过剩危机是相通的；后者与马克思的商业危机和货币危机是一脉相承的。

这些危机理论可以统一用马克思的货币资本循环来做一个总体阐述。资本主义生产过程可表示为：$G—P—G'$。这个过程表示的含义则是，资本家将货币资本（G）投入流通过程购买生产资料和劳动力即生产资本（P）进行生产，然后将生产的商品在市场售出，以换回货币资本。这一过程可能在两个方面导致危机。一是 ΔG 减少所导致的危机。ΔG 是资本家观察是否继续投资的"晴雨表"。一旦 ΔG 减少到一定程度，资本家就会撤出投资，结果导致循环萎缩，产生危机。这一危机则是与利润率下降趋势相联系的危机。二是 $G—P$ 和 $P—G'$ 分离，以及这两个过程的实现困难所导致的循环中断，从而造成的危机，这类危机则可视为剩余价值实现危机。斯威齐（Paul Sweezy）曾在《资本主义发展论》（*The Theory of Capitalist Development*）中对这两种危机做了较深入的讨论。这里在其分析基础上对西方学界在与就业有关的这两个研究领域的发展做进一步讨论。

1. 利润率下降规律、经济危机与失业

莫里斯·多布（Maurice Dobb）认为，马克思将利润率下降趋势作为资本主义危机产生的最终原因。[①] 有关利润率下降趋势的论述最早可追溯到古典主义的亚当·斯密和李嘉图。斯密将一般利润率的下降主要归因于资本主义竞争和工资的上升。斯密认为："资本的增加，提高了工资，因而倾向于减低利润。在同一行业中，如有许多富商投下了资

---

① 保罗·斯威齐：《资本主义发展论》，陈观烈、秦亚男译，商务印书馆，1997，第167 页。

本，他们的相互竞争，自然倾向于减低这一行业的利润，同一社会各种行业的资本，如果全都同样增加了，那么同样的竞争必对所有行业产生同样的结果。"① 而李嘉图则直接将工资上升作为主因，工资上升则又是由谷物价格上升所引起的。② 不过，斯密认为，利润率下降不会对资本积累产生影响，从而否定危机，其理论基础是"萨伊定律"；而李嘉图则认为利润率的下降将削弱资本家的积累动机，从而阻碍资本积累，其背后则是由"工资铁律"来调节。他们可以被认为是新自由主义现代版的"利润挤压论"的先驱。

马克思在批判古典经济学的基础上发展出自己的"一般利润率下降趋势规律"理论。马克思在《1957~1958年经济学手稿》中最早指出资本主义积累必然会导致一般利润率趋于下降。马克思指出："资本创造价值的能力越是增长，利润率也就按相同的比例越是下降。"③ 马克思在《资本论》中进一步区分了利润率和剩余价值率，并从有机构成提高角度阐述了利润率下降的内在机制，以及经济危机产生的必然性。笔者在第一章生产过剩危机的分析中对此进行了讨论，这里不再赘述。

马克思在《剩余价值理论》中在对李嘉图学说的批判中对"一般利润率下降趋势规律"做了进一步阐释。马克思指出有机构成提高必然导致利润率下降，反对李嘉图将地租理论作为利润率下降的理论前提。马克思指出，"利润率下降不是因为劳动生产率降低了，而是因为劳动生产率提高了"④，从而批判了李嘉图将利润率下降归因于农业劳动生产率下降的观点。在这里，马克思同时批驳了李嘉图将工资上升作为利润率下降的前提，即用剩余价值率下降说明利润率下降的论证方法。马克思指出，利润率下降与剩余价值率上升是并行不悖的。"利润率下降

① 亚当·斯密：《国民财富的性质和原因的研究》（上），郭大力、王亚南等译，商务印书馆，1972，第81页。
② 李嘉图：《政治经济学及赋税原理》，郭大力、王亚南等译，商务印书馆，1962，第85页。
③ 《马克思恩格斯全集》（第46卷·下册），人民出版社，1980，第265页。
④ 《马克思恩格斯全集》（第26卷·第2册），人民出版社，1973，第498页。

不是因为对工人的剥削减轻了，而是因为对工人的剥削加重了"①。马克思的这一批判也适合批判当代的"利润挤压论"。

马克思与此同时阐释了一般利润率下降对产业后备军的影响。马克思在《资本论》第一卷阐述资本主义积累的一般规律时指出，产业后备军是资本主义生产方式存在的条件，也是资本主义积累的必然结果；在《资本论》第三卷中指出，"相对过剩人口的产生，是和表现为利润率下降的劳动生产力的发展分不开的，并且由于这种发展而加速"，也就是，"一个国家的资本主义生产方式越发展，这个国家的相对过剩人口就表现得越明显"。② 并指出，由一般利润率下降所引起的生产过剩，即表现为资本的过剩与人口的相对过剩是一种联动关系。"资本的这种过剩是由引起相对过剩人口的同一些情况产生的，因而是相对过剩人口的补充现象，虽然二者处在对立的两极上：一方面是失业的资本，另一方面是失业的工人人口。"③

第二国际的理论家是在马克思之后研究资本主义危机的第一批理论家。考茨基、卢森堡认为危机根源在于资本主义生产与市场之间的矛盾；而杜冈则认为，生产的无计划性才是危机的真正原因。战后苏联学者对经济危机研究的共同特点是：他们把资本主义经济危机的根本原因归结于资本主义基本矛盾，而且基本矛盾有不断激化的趋势，危机也相应地更加严重。许多学者把20世纪30年代的大萧条与利润率下降联系起来加以考察。德国的埃里克·普雷泽尔强调，利润率下降是马克思危机理论的基础，它可以非常成功地解释生产过剩和激烈的市场竞争。

在此后的西方马克思主义危机理论文献中，开始有一批马克思主义者倾向运用马克思"一般利润率下降趋势规律"理论来分析危机和失业，而且这类文献有所增多。这批学者在分析危机时通常将其与资本有机构成提高联系在一起。早期的代表人物有多布、谢克（Anwar Shaikh）

---

① 《马克思恩格斯全集》（第26卷·第2册），人民出版社，1973，第498页。
② 马克思：《资本论》（第3卷），人民出版社，2004，第263页。
③ 马克思：《资本论》（第3卷），人民出版社，2004，第279页。

等，其基本分析思路是：资本主义积累必然导致资本有机构成提高，在假定剥削率没有明显变化的情况下，资本有机构成提高将导致利润率下降；而利润率的下降将反过来引起投资率下降，进而导致生产能力利用率下降，从而出现生产资本过剩的危机。①

还有学者运用利润率下降规律来解释经济周期性波动。20 世纪 40年代，每月评论派的代表人物斯威齐在专著《资本主义发展论》中指出："马克思不仅把萧条看作是困难时期，萧条倒也是纠正繁荣的不幸（从资本家的观点来说）的一种特殊方法。积累的加速进行，带来了一种以危机形式出现的反作用；危机转化为萧条；萧条通过补充产业后备军和贬低资本的价值，恢复生产的盈利性，从而为积累的恢复铺平道路。整个过程的重复，现在只不过是一个时间问题。因此，这实际上不只是一种危机理论；它实质上是现在经济学家们称为完整的经济周期论的一种。"② 这里，斯威齐不仅阐释了马克思的资本主义经济周期理论的发生机制，同时也说明了危机发生对产业后备军产生的影响，并认为产业后备军的规模扩大和资本贬值有利于经济从萧条走向复苏。

2. 资本主义剩余价值实现危机与失业

根据前文对货币资本循环的分析，第一种危机可以视作，一般利润率的下降，导致投资减少，由此出现循环萎缩，从而最终引致危机。另一种危机则是由于循环中断所造成的危机，这类危机主要与马克思在《资本论》第一卷和第二卷所阐述商业危机和货币危机相联系，这类危机就是学界所认为的资本主义实现危机。对于这种实现危机，马克思在《资本论》中从资本循环的角度进行了深刻阐述。

资本生存的条件在于，资本在循环运动中必须实现增殖。马克思在《资本论》中从两个两层面揭示了资本运动规律。从单个资本层面来

---

① 刘明远：《马克思主义经济危机理论的形成与发展》，《政治经济学评论》2005 年第 1 辑。

② 保罗·斯威齐：《资本主义发展论》，陈观烈、秦亚男译，商务印书馆，1997，第 173 页。

看，马克思认为，资本循环要保持连续不断运动，货币资本、生产资本和商品资本这三种资本形态的关系必须满足两个条件：一是空间的并存性；二是时间上的继起性。在资本循环过程中，任何一种资本形态出现脱节，就会导致循环链条中断，出现经济危机。从社会资本层面来看，对于由单个资本运动所汇成的社会总资本循环，社会总产品的各个组成部分必须顺利实现价值补偿和物质补偿，这就要求社会各个部门之间保持合理比例。如果各部门比例关系遭到破坏，必然导致某部门或某企业生产过剩，引发经济危机，导致失业。也就是，"使再生产（或者是简单再生产，或者是扩大再生产）得以正常进行的某些条件，而这些条件转变为同样多的造成过程失常的条件，转变为同样多的危机的可能性；因为在这种生产的自发形式中，平衡本身就是一种偶然现象"①。而西方马克思主义者一般从两个角度，即消费需求不足和比例失调角度，来分析资本主义的剩余价值实现危机。

（1）由消费需求不足引起的危机与失业。对消费需求不足导致危机的分析，最早可追溯到古典政治经济学的马尔萨斯和西斯蒙第。他们认为资本的过度积累会导致危机，原因是，资本家过度储蓄使得资本家的消费不能弥补工人消费不足所产生的需求缺口，工人阶级的贫困化会进一步加深这一矛盾。不过，马克思对这一观点进行了批判。

在马克思之后，恩格斯、考茨基、霍本森等马克思主义者对资本主义的消费需求不足问题进行过分析。恩格斯认为，资本主义的供求失衡是系统性的矛盾，根源在于消费需求不足和经常性的生产过剩。考茨基则认为，当商品市场发展到一定规模时，由于生产的社会化，需求预测变得非常困难，危机的可能性也就增加。霍本森强调了过度储蓄对消费的挤压，从而导致危机。罗莎·卢森堡则在20世纪20年代批评杜冈的再生产模型时，再次重提资本主义消费需求不足问题，指出资本积累需要一个游离于资本主义之外的购买阶层，并认为这构成了帝国主义扩张

---

① 马克思：《资本论》（第2卷），人民出版社，2004，第557页。

的主要原因。①

1942 年，斯威齐在专著《资本主义发展论》中讨论了两种类型的危机，即与利润率下降趋势相联系的危机和资本主义实现危机，并将后者进一步划分为比例失调引起的危机和消费需求不足引起的危机。斯威齐在此否定了与利润率下降相联系的危机理论，强调消费需求不足是经济危机的主因。1957 年，吉尔曼（Joseph M. Gillman）在专著《利润率的下降》中对斯威齐的消费需求不足论做了进一步的阐述。1966 年，巴兰（Paul Baran）和斯威齐出版的合著《垄断资本》试图用剩余增长规律取代利润率下降规律，进一步强化了消费需求不足危机理论，此时的消费需求不足危机理论达到该理论发展的一个顶峰阶段。其后，佩洛（Victor Perlo）在专著《不稳定的经济：1945 年以来美国经济的高涨和衰退》中从劳动的生产份额下降角度讨论了美国"二战"后消费需求不足的趋势，并运用斯威齐和吉尔曼的观点分析了美国经济危机的可能性。

20 世纪 60 年代，曼德尔试图分析消费需求不足危机与失业之间的关系。曼德尔在《论马克思政治经济学》中把资本主义经济危机看作起源于有支付能力的消费需求不足，而造成的交换价值生产过剩的经济危机。他认为危机的传导机制源于"窖藏收入和非生产的储蓄"，而传导机制是：窖藏收入和非生产的储蓄造成收入剩余，从而引起某些商品等量生产过剩，并造成第一次就业缩减；第一次就业缩减导致各经济部门相继出现生产过剩，于是出现第二次就业缩减；如此循环不息。② 20 世纪 70 年代以后，由于国际环境的变化，之前在西方学界占主导地位的消费需求不足危机理论失去存在的土壤，逐渐淡出学术界的视线。21 世纪初以来的金融经济危机，促使卡拉里（Antoni Callar）、沃尔夫（Rick Wolff）等西方马克思主义者再次试图用消费需求不足来解释危机的发生。

---

① 方敏、庄麟升、胡涛：《消费不足论：基于马克思再生产模型和斯威齐模型的讨论》，《经济科学》2016 年第 4 期。

② 曼德尔：《论马克思主义经济学》，商务印书馆，1979，第 361～362 页。

（2）由比例失调引起的危机与失业。比例失调论继承了马克思关于社会再生产两大部类必须按比例协调发展，以及资本主义经济是处于无政府状态的基本观点。比例失调论者认为，资本主义生产的无政府状态造成了资本主义工业的不同部门生产比例失调，从而造成了资本主义周期性的经济危机。因此，要治理经济危机，就必须确保经济体系各部门保持协调发展，避免比例失调。尽管理论上实现这种平衡是可能的，但资本主义现实的生产无政府状态将随时打破这种平衡，由比例失调所导致的资本主义经济危机是资本主义的常态。①

最早阐释马克思"比例失调危机理论"的是杜冈·巴拉诺夫斯基。他运用马克思再生产模式阐述其危机理论。杜冈认为，只要生产比例适当，一切商品需求必定等于供给。但如果工人生活资料的生产部门扩张超过了工人阶级消费需求限制，危机就有可能发生，而资本主义生产的无限扩张本性则是造成危机的根本原因。希法亭在《金融资本》一书中接受了"比例失调论"这一说法，认为资本主义危机的原因必然是内在于资本主义生产的大众消费的不足，消费过度膨胀本身像生产资料的生产保持不变或减少一样，也必然导致危机。他们的观点对后来西方马克思主义，尤其是调节学派和社会积累结构学派的危机和失业理论产生了一定影响。

3. 资本主义金融化与失业

资本主义发展进程一般可分为三个阶段：一是马克思和恩格斯所处时代的自由竞争的资本主义阶段；二是列宁所处时代的垄断资本主义阶段；三是自 20 世纪 70 年代以来的金融垄断资本主义阶段。在第三阶段，金融化日益在社会政治经济生活中占据主导地位，成为资本统治的最新形式。在金融垄断资本主义时期，资本主义矛盾更为尖锐，失业加重，经济金融危机频繁发生。

金融化危机本质上属于马克思的货币危机。对于马克思货币危机理论，前文进行过深入讨论，这里仅从马克思的总资本循环角度对金融化

---

① 王元璋、游泳：《马克思经济危机理论及其在当代的发展》，《中南财经政法大学学报》2006 年第 5 期。

做一简单描述。金融化特征主要反映在金融资本循环的退化形式“G—G'”上。在金融资本主导的垄断资本主义时期，金融资本除不断吸纳过剩的产业资本外，还通过金融交易形成“G—G'”内部循环的放大机制，从而导致金融资本与产业资本脱节，产生危机。金融化问题受到当代马克思主义学界的热切关注。

在马克思讨论了资本主义货币危机之后，马克思主义学界对金融化问题的讨论最早可追溯到希法亭。20 世纪初期，希法亭在著作《金融资本》中第一次尝试把金融因素纳入马克思主义分析框架，特别强调金融资本在垄断资本主义运行中的作用。20 世纪 50 年代，斯威齐沿袭了希法亭分析传统，将金融化纳入资本积累过程，阐述了金融化在资本主义发展、繁荣和停滞的重要作用。1966 年，斯威齐和巴兰在《垄断资本》中，把金融化看作资本主义停滞状态吸收和转移“经济剩余”的一种重要方式，是维系垄断资本主义体系正常运行的关键。1983 年，马格多夫和斯威齐在《生产与金融》一文中进一步强调了这一观点。①

2010 年，针对资本主义经济金融化发展，每月评论派的当代代表人物福斯特在《金融垄断资本的时代》一文中，从资本主义双重积累体制角度分析了金融化产生资本主义经济危机的机制。福斯特认为资本主义积累不仅是生产资本的积累，同时也是货币资本的积累，而在垄断资本主义阶段，金融化导致两者相分离，而货币资本积累在没有生产资本积累作为支持的情况下过度膨胀，必将引发金融危机。

21 世纪初期以来，一大批西方马克思主义者，如大卫·科茨（David Kotz）②、帕利（Thomas Palley）③、帕尼齐（Leo Panitch）④、海因

---

① 黎贵才、王碧英：《拉美依附理论的当代发展——兼论中国经济是否正在拉美化》，《当代经济研究》2014 年第 1 期。

② 大卫·科茨：《金融化与新自由主义》，孙来斌、李轶译，《国外理论动态》2011 年第 11 期。

③ Palley, T., *Financialization*: *The Economics of Finance Capital Domination* (Palgrave Macmillan Press, 2013).

④ Panitch, L. and S. Gindin, "Superintending Global Capital," *New Left Review*, 45 (2005).

(Eckhard Hein)① 等，分析了金融化对资本主义危机的作用。他们认
为，金融资本扩张意味着资本从生产领域流向金融领域，并恶化了收入
分配，加深了资本主义矛盾，从而引发危机。与此同时，他们还分析了
金融化对失业的影响。他们认为，金融化加重了资本对广大劳动人民的
剥削和掠夺，引起失业规模的扩大。

二　宏观失业理论的反新自由主义特征

西方马克思主义与新自由主义在方法论上是截然对立的，主要反映
在与作为新自由主义理论基础的新古典主义的对立方面。加拿大著名的
激进政治经济学家拉沃（Marc Lavoie）从理论前提和方法论等方面将以
西方马克思主义为代表的异端经济学在与新古典主义对立方面的共同特
征概括为五个方面②，其中有三个方面反映了当代西方马克思主义宏观
失业理论最重要的方法论特征：一是批判新古典主义的工具主义，强调
现实主义；二是批判新古典主义的无限理性，强调程序理性；三是反对
新古典主义模糊市场主体的不平等关系，强调政治前提的重要性。

1. 反新古典主义的工具主义特征

工具主义，具体而言，即以牛顿力学的均衡方法为分析工具③，这
是新古典主义占主导地位的方法论。这一方法论的特征是，以经济主体
的完全理性和市场的完全信息为理论前提，以实现利润最大化的边际分
析和市场均衡分析作为理论体系的两个基本支柱，将时间和历史作为既
定因素来分析经济过程。这一分析方法得到弗里德曼等绝大多数新古典
主义者的认可。拉沃认为，这主要基于两个原因：一是只要分析方法可
以用于经济预测，工具主义所采用的一些假定前提，新古典主义者就能

---

①　Hein, E., "Finance-dominated Capitalism and Redistribution of Income: A Kaleckian Perspective," *Economics Working Paper Archive*, 14（2013）.

②　Lavoie, M., *Introduction to Post-Keynesian Economics*（New York: Palgrave Macmillan Press, 2006）, pp. 7 – 11.

③　黎贵才、王碧英:《制度变迁是自然无序的还是历史必然?——论演化思潮的复兴对马克思主义经济学发展的意义》,《当代财经》2011 年第 1 期。

接受；二是只要分析方法能够提供可操作的分析工具，新古典主义者也愿意接受。而这两者恰恰是工具主义所具有的重要特征。

但西方马克思主义者大多认为，现实主义假设与经济学更为相关。他们认为，经济学必须研究真实世界，而不是虚拟世界。经济学的目的就是讲述现实相关故事，解释现实经济如何运行。要做到这一点，就必须从现实出发，而不是从工具主义的理想主义假定出发。尽管包括新古典主义在内的所有理论，在研究经济问题时，都会对现实世界做出某种程度的抽象，这意味着所有的经济学理论在某种程度上都是不完美的和简单的。

新古典主义理论所招致的最常见的批评也正是，新古典主义是非现实主义的，或者说，新古典主义没有对现实世界做出真实性描绘，从而对经济学理论发展产生误导。西方马克思主义者认为，经济学不能忽视历史情境下特定的社会经济力量，必须从历史视角对经济问题进行考察。

工具主义还有一个较为明显的特征就是对均衡的强调，可以说，均衡是新古典主义分析方法的主要着力点。但西方马克思主义者认为，经济变迁的真实特征是历时演化、不断变迁的，既不存在均衡状态，也不会出现从一个均衡点向另一个均衡点移动的这种虚构的动态。在西方马克思主义学者队伍中，虽然有罗默（John Roemer）、埃尔斯特（Jon Elster）等一批分析马克思主义者（或称为新古典马克思主义者）把均衡作为分析的基本出发点，但大多数西方马克思主义者认为经济学是历史的科学，与牛顿力学的均衡方法是不相容的，应该采用整体的现实主义的分析方法。

2. 反新古典主义的完全理性特征

在新古典主义理论中，经济代理人拥有完全的理性，这是新古典主义理论最为重要的假定前提，是新古典主义理论的分析基础。在这里，新古典主义为了简化问题，假定经济行为者即经济代理人是全知全能的，认为经济行为主体有完全的理性，能够把握经济过程的各个细节，而完全不考虑经济行为主体在对事物认知过程中认知能力的改变。这种理性假定现已发展为理性预期理论。

而西方马克思主义者则认为完全理性是一个极不合理的假定前提，认为经济代理人显然不可能拥有完全知识和能力来计算经济成果。他们试图用程序理性来取代完全理性，认为现实世界特别是社会经济过程是一种复杂系统，存在较大的不确定性，而经济行为主体不仅缺乏现实过程的完备知识，而且缺乏有效地利用和处理大量信息的能力。正因如此，西方马克思主义者在处理宏观失业问题时，强调了资本主义生产的非理性的无限扩张，强调资本主义经济危机作为强制力量对资本主义经济恢复平衡的重要作用。

部分西方马克思主义者认为，市场主体在对待经济问题时通常依靠传统习俗，或依靠拇指法则（或称为经验法则，即只考虑重要信息），来安排经济活动，制定相关制度，以减轻不确定性带来的不利后果。

3. 反新古典主义的市场特征

大多数新古典主义经济学家都赞成企业的自主行为和市场的自由放任，相信市场机制即所谓的"无形之手"，能够推动经济实现最优化，即所有新古典主义经济学家都坚信，市场的供求力量能够解决所有问题。如果经济出现问题，那只能是市场的供求力量未能很好地发挥作用，原因或是市场存在各种垄断力量，或是存在信息不完全等各种市场缺陷。由此，他们认为，如果能够消除那些限制竞争和影响完美信息获取的各种市场缺陷，价格弹性还是能够实现经济的完美均衡的。

西方马克思主义者则对他们对市场的盲目依赖提出了质疑。他们在不同程度上对市场机制的效率和公平性，以及市场机制假设的存在性提出了疑问，倾向于从市场之外寻找经济问题根源。在对待危机和失业问题上，西方马克思主义者更倾向从阶级和各种制度角度去展开分析。

西方马克思主义者将新古典主义所推崇的具有较高效率的纯粹竞争视为一种暂时现象，他们认为，竞争很快就会导致寡头和垄断。因此，他们认为，政府必须干预私人市场，否则，经济就会陷入不稳定，导致危机；面对金融不稳定性所导致的危机和失业问题，政府更不能放任自流，必须对金融市场加强监管，对金融市场行为进行规范和约束。

第三节　宏观失业理论的当代发展

前文分析已指出，马克思主义者讨论宏观失业问题通常与资本主义危机联系在一起。前文已就马克思主义学界有关经济危机研究的三个维度，即利润率下降规律、资本运行的连续性（即剩余价值的实现）和金融化，讨论了当代西方马克思主义宏观失业理论渊源，本节将进一步讨论这些维度的代表性理论的基本思想。

一　与利润率下降规律相关的失业理论

20世纪60年代后期，发达资本主义国家进入战后"黄金时期"的衰退阶段。布伦纳（Robert Brenner）对此现状做了如下描述："在1965～1973年的短暂时期，发达资本主义世界从繁荣骤然陷于危机。七国集团各成员国经济的盈利能力急剧地减弱，并以制造业为最，导致资本存量利润率长期下降。与此同时，投资增长剧烈下降，并长期陷于低迷，进一步导致生产率和实际工资增长的严重下降，以及失业率的上升和更为严重的衰退。"[①]

对于此次危机，大多数当代西方马克思主义者认为，内在根源是资本的利润率趋于下降，导致生产萎缩，经济萧条，出现危机，从而导致失业率上升，由此形成的失业理论有：资本有机构成提高论、非生产费用侵蚀论和利润挤压论等，下面将对它们逐一展开分析。

1. 资本有机构成提高论

马克思在《资本论》中详细阐述了资本有机构成提高对资本主义失业的影响。马克思认为，资本主义机器大生产排挤工人，加重了剥削，加剧了贫富分化。在马克思看来，不断的变革是资本主义生存和发

---

① Brenner, R., *The Economics of Global Turbulence* (London: Verso, 2006).

展的条件。而随着资本有机构成的提高，可变资本的投入相对减少，必然加剧工人的失业。马克思的这一思想是当代西方资本有机构成提高论者分析经济危机和失业的重要思想来源。

在当代西方马克思主义学者中，主张利润率下降主要是由资本有机构成提高所致的代表性学者有保罗·麦蒂克、耶菲、赛克等。[①] 他们认为，随着机械化、自动化的不断发展，劳动生产率不断提升，资本有机构成也在不断趋于提高，这种提高导致利润率下降在当代资本主义经济中仍然发挥重要作用。

根据何自力和冯新舟的概述，麦蒂克的观点是，资本主义经济危机本质上是剩余价值不足或资本不足的危机。麦蒂克认为，随着资本有机构成的提高，用于扩大再生产所需的剩余价值量不断增长，但实际剩余价值量并没有得到相应增加，甚至还出现减少趋势。资本主义生产的剩余价值不足将导致许多生产设备处于闲置状态，从而加剧失业。利润率下降的原因则是，资本家通过提高劳动生产率促成资本有机构成提高。耶菲则认为，资本主义生产的总体趋势表现为劳动生产率的不断提高。随着劳动生产率的提高，单位商品的价值量将不断减少，这就意味着只有不断增加资本投入，生产出的商品价值才能达到以前水平。价值量的减少在外在表现上，体现为资本有机构成的提高，而资本主义经济危机和失业就是资本有机构成提高的直接结果。但对有机构成如何影响利润率，麦蒂克和耶菲都没有做进一步讨论。

20世纪70年代，置盐信雄采用所谓的"最大限度利润率"下降来说明"资本有机构成提高论"，尽管后来置盐信雄对马克思的利润率下降规律持否定态度。高峰将其论证思路归纳如下。[②]

---

① 何自力、冯新舟：《马克思经济危机理论的创新与发展》，《经济纵横》2009年第11期。

② 高峰：《资本积累理论与现代资本主义——理论的和实证的分析》，社会科学文献出版社，2014，第258页。

置盐信雄将资本有机构成定义为包含在生产资料中的物化劳动与推动生产资料的活劳动之间的比率，用 C/N 表示，其中，C 代表不变资本价值，用以表示体现在生产资料中的劳动量，N 代表工人在生产中所付出的活劳动量。该比率的倒数则是工人的全部活劳动与不变资本价值之比，相当于不存在可变资本时的利润率，置盐信雄将之称为"最大限度利润率"。置盐信雄进一步推导出：

$$r = \frac{M}{C+V} < \frac{M+V}{C} = \frac{N}{C} = \frac{1}{v} \qquad (2-1)$$

这里，r 为一般利润率，M 为剩余价值，V 为可变资本，v 为资本有机构成。由式（2-1）可以看到，随着有机构成 v 的提高，r 总体趋势是下降的。这一特征可用图 2-1 来表示。

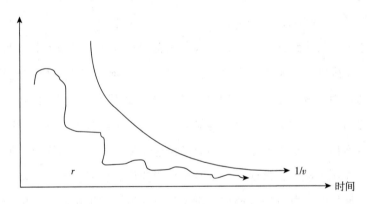

图 2-1　一般利润率与最大限度利润率变动趋势的关系

当然，置盐信雄把资本有机构成归结为生产中物化劳动与活劳动的比率，与马克思的概念是不相符的，他的解释也并没有很好说明一般利润率下降的原因。而置盐信雄本人实际上对马克思的资本有机构成学说是持否定态度的，并曾提出所谓的"置盐定理"[①]，其主要思想是，资本主义经济中基本品部门引入新技术必然导致一般利润率上升。然而，

---

① Okishio, N., "Technical Change and the Rate of Profit," *Kobe University Economy Review*, 7 (1961).

这一观点很快就受到马克思主义学界的激烈批评。[①]

20 世纪 80 年代，法国经济学家艾伦·李别尔兹提出了一个与置盐信雄很相似的一个证明，并同时对置盐定理进行了批判。[②] 艾伦·李别尔兹认为，用 $\dfrac{C}{V+M}$ 表示有机构成，比用 $\dfrac{C}{V}$ 更能反映马克思的真实意图。那么，此时利润率可表示为：

$$r = \frac{M}{C+V} = \frac{\varepsilon}{v+1-\varepsilon} \qquad (2-2)$$

这里 $\varepsilon = \dfrac{M}{V+M}$，其他符号含义与式（2-1）中的相同。由于 r 为 ε 的增函数，且 ε 介于 0 和 1 之间，因此有：

$$r < \frac{1}{v} \qquad (2-3)$$

由此，随着有机构成 v 的提高，利润率 r 将趋于 0。艾伦·李别尔兹在分析利润率下降趋势后分析了置盐定理的局限性。他认为，置盐定理建立在三个假设基础上，而其中最根本的是：促使技术进步的最根本原因是资本家之间的相互竞争。一种新的生产模式，只有当它能够有效地降低生产成本时才可能被采用。李别尔兹批评指出："新"机器从来不是"旧"机器的"扩大"；竞争使资本主义的固有规律发挥作用，但不能决定这些规律。

2. 非生产费用侵蚀论

非生产费用侵蚀论最早由吉尔曼提出。吉尔曼在 1957 年出版的专著《利润率的下降》[③] 中从经验角度考察了 1880～1952 年美国制造业利润率的变动情况。他分析发现，在 1880～1919 年，资本价值构成迅

---

① 这一内容具体可参阅高峰的《资本积累理论与现代资本主义——理论的和实证的分析》（社会科学文献出版社，2014）。

② 艾伦·李别尔兹：《在危机的背后：利润率下降趋势》，陈传明译，《世界经济与政治论坛》1983 年第 12 期。

③ Gillman, J. M., *The Falling Rate of Profit: Marx's Law and Its Significance to Twentieth Century Capitalism* (London: Denis Dobson, 1957).

速提高，剩余价值率趋于上升，利润率趋于下降，完全符合马克思的论断。但在 1919～1952 年，美国制造业表现为资本价值构成趋于下降、剩余价值率缓慢提高，利润率转为趋向上升。

吉尔曼分析了这种变化的原因。吉尔曼认为，这是因为进入资本主义垄断阶段后，资本主义剩余价值生产的客观条件发生了根本性变化。生产技术水平的提高，极大地节约了生产剩余价值的不变资本的消耗，较大程度地抑制了资本有机构成的提高。同时，劳动生产率迅速提高，促使剩余价值率继续波动上升，从而彻底改变了利润率的变动趋势，即从下降转为上升。

不过，吉尔曼认为，为揭示垄断资本主义阶段利润率的下降趋势，应对传统的利润率公式 $[M/(C+V)]$ 进行修订。因为，资本家的实际利润，不仅要在新创造的价值中减去工资，而且需扣除商品销售的全部成本和各种税收等费用（U）。在资本主义发展早期，这些费用可以忽略不计，但随着经济生活的日益复杂，这些费用占销售收入的比重日益提高。而这些费用，按照马克思主义观点，属于非生产性支出，只能由剩余价值来补偿，因此，扣除这些费用后的净利润率 $[(M-U)/(C+V)]$ 必然下降。即此时的利润率可表示为：

$$r = \frac{M-U}{C+V} = \frac{\dfrac{M}{V} - \dfrac{U}{V}}{\dfrac{C}{V} + 1} \qquad (2-4)$$

吉尔曼认为，在资本主义早期，U 可以忽略不计，只要有机构成 C/V 提高的速度快于 M/V 提高的速度，利润率 r 必然下降。而在垄断资本主义时期，C/V 趋于稳定，非生产支出日益增长，并导致 U/V 的增速快于 M/V，从而导致利润率下降。

3. 利润挤压论

利润挤压论是当代西方马克思主义者基于马克思的资本主义积累一般规律理论所提出的一个假设，即资本的不断积累势必改变劳资之间的政治经济力量的对比，从而提高了国民收入中工人阶级的工资份额，降低国民收入中的利润份额。从这一假设前提出发，可得出三个相关的推论：一是工人阶级力量的增强促使工人谈判能力提升，导致工人的货币工资增长；二是工人阶级力量的增强，使得工人能够更成功地抵制资本家提高劳动强度的企图，这在一定程度上不利于劳动生产率的提高；三是工资增长的加速和劳动生产率提高的减速，迟早会导致单位劳动成本的增加，而劳动成本的增加并不能被相应的出口商品价格的上涨抵消，因此工资份额将上升，利润份额将下降，最后引起经济危机，导致失业增加。

西方学界推崇利润挤压危机的学者较早的有格林（Anrew Glyn）和萨克利夫（Bob Sutcliffe）。他们在 1972 年的合著《英国资本主义、工人和利润挤压》中对"利润挤压危机"做了较系统的分析。[①] 他们认为，维持资本主义经济的正常运行需要有适当利润。资本主义经济危机则在于利润不足，从而导致投资不足和流通中断。格林和萨克利夫进一步分析认为，利润率和工资之间存在反方向的变动关系，工资的提高意味着对利润的挤压。他们认为，在 20 世纪 60 年代末和 70 年代初期，由于资本主义"黄金时期"的经济较快发展，美国实现了较低的失业率，而较低的失业率增强了工人在工资谈判中的地位，而美国工人通过工会等形式的斗争取得高工资，从而导致利润率下降，引起经济衰退，失业率上升。

博迪（Radford Boddy）和克罗蒂（James Crotty）赞同利润挤压论，并提出了不同的危机发生机制。博迪和克罗蒂在 1975 年合作的一篇论文中指出[②]，经济扩张导致产业后备军的规模缩小。劳动力市场劳动力供给的减少增强了工人的谈判能力，导致工人的工资在国民收入中的比重上升，从而对利润产生挤压。博迪和克罗蒂接着指出，为避免充分就

---

① Glyn, A. and B. Sutcliffe, *British Capitalism, Workers and the Profit Squeeze* (London: Penguin Books, 1972).

② Body, R. and J. Crotty, "Class Conflict and Macro-policy: The Political Business Cycle," *Review of Radical Political Economics*, 7 (1975).

业，维持产业后备军的存在，政府在有意识地通过宏观经济政策来制造经济下滑倾向，并操纵财政政策和货币政策来引导资本主义经济周期的走向。

以伊藤诚为代表的日本宇野学派也属于利润挤压论的阵营。伊藤诚认为资本主义的相对人口过剩是一种周期性现象。他指出，马克思在有关资本主义人口变动规律的论述中，先假定资本构成不变，资本主义积累会增加对劳动力的需求，接着又假定资本构成提高会导致相对过剩人口累进增加。这里应该理解为，第一种假定与繁荣阶段相联系；第二种与萧条阶段相联系。对应的危机机制是：在经济繁荣阶段，对劳动力的需求迅速增加，将导致工资上涨。而此时一般利润率又会由于工资提高而突然下降，从而导致经济危机，失业加重。[①]

4. 韦斯科普夫对利润率下降成因的综合分析

1979 年，美国学者韦斯科普夫（Thomas Weisskopf）提出了一个利润率变动分析框架，试图整合以上三种理论，并深入考察了战后美国经济中利润率的长期变动和周期波动及其原因。[②] 他所提出的基本框架是：

$$r = \frac{\Pi}{K} = \frac{\Pi}{Y} \cdot \frac{Y}{Z} \cdot \frac{Z}{K} = \sigma\pi\varphi\xi \qquad (2-5)$$

其中，Π 是利润量，K 是资本存量，Y 是实际产出（或收入），Z 是潜在产出（或产能）。这样就有，利润率 r 等于利润份额（$\sigma\pi$）、产能利用率（φ）和产能资本比率（ξ）三者的乘积。以上三种观点都可在韦斯科普夫的这个表达式中得到反映。

（1）假定剥削率不变，从而利润份额（$\sigma\pi$）和工资份额（σw）不变，同时假定产能利用率（φ）不变，那么，有机构成 $v\left(=\dfrac{K}{W}\right)$ 提高

---

① 高峰：《资本积累理论与现代资本主义——理论的和实证的分析》，社会科学文献出版社，2014，第 156 页。

② Weisskopf, T., "Marxian Crisis Theory and the Rate of Profit in the Postwar US Economy," *Cambridge Journal of Economics*, 3 (1979).

必然引起产能资本比率（ξ）的下降。这是因为：

$$v = \frac{K}{W} = \frac{K}{Z} \cdot \frac{Z}{Y} \cdot \frac{Y}{W} = \frac{1}{\xi} \cdot \frac{1}{\varphi} \cdot \frac{1}{\sigma w} \qquad (2-6)$$

由此，资本有机构成提高必然导致利润率下降，这就是资本有机构成提高论。

（2）由工资份额（σw）上升导致利润率下降，这就是利润挤压论。

（3）非生产费用的提高，导致产能利用率（φ）的下降，这就是非生产费用侵蚀论。

韦斯科普夫的这种综合尝试对于危机理论的比较分析有一定学术价值。当然，还有些西方马克思主义者，如谢尔曼（Howard Sherman），试图从经济周期角度或供求两方面来阐述危机和失业产生原因。谢尔曼认为，经济扩张后期供给方面投资过剩，工资和原材料价格上涨导致成本增加，而消费需求不足从需求方面限制了商品价格相应上涨，从而导致利润缩减，失业增加，总体经济出现下滑。[1]

5. 社会结构瓦解论与主导制度调节滞后论

当代西方较为有代表性的两大马克思主义学派，即以鲍尔斯（Samuel Bowles）、戈登（David Gordon）、韦斯科普夫、科茨等为代表的社会积累结构学派（SSA），和以阿格里耶塔（Michel Aglietta）、波耶尔（Robert Boyer）、利比茨（Alain Lipietz）等为代表的法国调节学派（RS）继承了马克思的分析传统，将利润率下降趋势作为危机产生的根本原因。这两大流派分析危机的共同思想是：资本主义特定发展阶段的资本积累模式对应特定的自我调节机制，一旦资本主义矛盾积累到一定程度，就会导致调节机制失灵，从而导致利润率下降，出现结构性危机和大规模的失业。

依附学派代表人物阿明（Samir Amin）在1976年出版的专著《不平等的发展》（*Unequal Development*）中认为，中心国家的资本积累所导

---

① 霍华德·J. 谢尔曼：《停滞膨胀——激进派的失业和通货膨胀理论》，商务印书馆，1984，第105页。

致的经济周期具有斯威齐所分析的特征，即经济活动与失业表现为同时波动，并认为，"自主中心式积累是利润率下降的必要条件"。阿明还进一步分析了资本主义自主中心式积累的一般特征。阿明指出，资本主义自主中心式积累的特点是，资本积累必然导致资本主义生产能力的无限扩张，从而引起生产与消费之间的不平衡，最后导致资本收益率即利润率下降。其后果是，中心资本主义为阻止利润率下降必然对外扩张，将矛盾向外围发展中国家转移。①

二 与剩余价值实现危机相关的失业理论

按照前文分析，对于剩余价值实现危机，学界主要有两种观点：一是消费需求不足引起的危机；二是比例失调引起的危机。因此，对应的失业理论也就有与消费需求不足相关的失业理论和与比例失调相关的失业理论。这里为讨论方便，将它们分别称为消费需求不足论和比例失调论。

1. 消费需求不足论

消费需求不足论倾向于从交换和流通领域分析危机产生的原因和导致的失业后果，这与利润率下降论将关注点放在生产领域大不相同。

在《资本论》出版以后，第二国际理论家最早试图运用马克思视角来阐释消费需求不足论。他们接受了马克思主义经典著作所提出的一些基本观点，认为资本主义危机的产生和失业规模的不断扩大，主要在于消费需求不足。其内在原因是，商品价值不能够通过市场交易实现。这些马克思主义理论学者对产生消费需求不足原因的阐释尽管千差万别，但他们基本认同，消费品的需求是社会总生产的最终调节者。

根据谢克的概述②，这一时期最具代表性的是霍本森的消费需求不足论。霍本森指出，资本主义生产的目的最终都是服务于消费。他明确提出，在资本主义生产过程中，第一部门即生产资料生产部门的生产，

---

① 萨米尔·阿明：《不平等的发展》，高铦译，商务印书馆，2000，第60页。
② 安瓦尔·谢克：《危机理论史简介（上）》，李连波译，《教学与研究》2013年第10期。

完全从属于第二部门消费资料生产部门的生产。整个生产过程可以被视为一个垂直一体化的生产体系：生产过程从原材料投入开始，经过若干个中间生产环节，最后生产出最终产品即消费品。其论证过程是，他先是假定了一个"可持续的"增长率，由此，他分析得出，过多的储蓄挤压了消费，造成了经济衰退，加重了失业。因此，他将危机归结为过度储蓄。

霍布森在此分析中引入了一个新概念——"剩余"。这个"剩余"，霍布森指的是总产出的货币价值超出其必要成本的部分。随着资本主义的日益发展，作为"非劳动收入"的"剩余"日益膨胀，而其占有者即资本家一般都具有较低的消费倾向，因而其边际消费需求随着产出的增长必然减少，过度储蓄由此产生。霍布森认为，消费需求不足问题还存在不断恶化倾向。

霍布森在20世纪初所提出的这些观点被后来的许多马克思主义者所接受。20世纪20年代，德国的马克思主义者罗莎·卢森堡就认为，帝国主义所造成的一切问题的根源仍可归结为消费需求不足。20世纪40年代，美国的马克思主义者斯威齐和巴兰在其许多有影响力的著作中不断地引用和延伸霍布森的一些概念、观点和思想。例如，他们在合著的《增长的政治经济学》中就接受了霍本森的"剩余"概念，并将之发展为"经济剩余理论"，用于分析垄断资本主义的弊端以及不发达国家落后的原因。下面着重分析斯威齐的观点。

斯威齐接受霍本森等早期的消费需求不足论研究传统，将消费品需求作为调整总生产的核心机制，并将整个社会生产视为垂直一体化的生产体系。从这个观点出发，斯威齐将第一生产部门（即生产资料的生产部门）看作第二生产部门（即消费资料生产部门）垂直一体化生产机制的一部分，第一部门产出的变化，受制于第二部门生产能力的变化。随着资本主义发展速度的加快，生产机械化程度提高，生产资料的生产不断增长，斯威齐指出，生产资料部门的增长必将快于消费资料部门的增长，资本家对应的支出增长前者也要快于后者。

斯威齐进一步分析了资本主义生产的矛盾所在。斯威齐指出，生产资料的投资支出增加必然要求消费资料生产能力也要相应地成比例地增强。但是，资本家对工人工资支出的缓慢增长，必然导致工人消费能力的缓慢增强。由此必然出现，工人消费需求的增长严重滞后于资本家消费资料生产能力的增强，这样，"需求缺口"便出现了。而资本家的消费根本不能填充这个缺口。因为，资本家更倾向于将生产所获得的"剩余"更大比重地用于再投资，以获得更多的"剩余"，这就导致社会消费品总需求的增长严重滞后于社会消费品总生产的增长。斯威齐最后总结出，这种消费品需求的增长滞后于消费品生产的增长的内在趋势，只有通过经济危机和（或者）经济停滞表现出来。斯威齐的这一思想可用模型证明如下。

斯威齐认为，国民净收入由三个部分构成：

$$I = w + l + k \qquad\qquad (2-7)$$

这里，I 表示国民净收入价值；w 为工资总额，同时也代表工人的总消费；l 代表资本家用于消费的剩余价值；k 代表资本家用于追加不变资本即投资的剩余价值。

进一步假定工人的工资与资本家的消费都是投资的增函数，但其增长率呈递减趋势，即：

$$w = f(k), 0 < f'(k) < 1, f''(k) < 0 \qquad\qquad (2-8)$$

$$l = g(k), 0 < g'(k) < 1, g''(k) < 0 \qquad\qquad (2-9)$$

同时，还假定国民净收入按照固定速度增长，即：

$$\mathrm{d}I/\mathrm{d}t > 0, \mathrm{d}^2 I/\mathrm{d}t^2 = 0 \qquad\qquad (2-10)$$

对式（2-7）就时间 t 求一次偏导，可得到资本家所期望的投资增长率满足：

$$\mathrm{d}k/\mathrm{d}t = (\mathrm{d}I/\mathrm{d}t)/[f'(k) + g'(k) + 1] > 0 \qquad\qquad (2-11)$$

对式（2-7）就时间 t 求二次偏导，得：

$$\frac{\mathrm{d}^2 k}{\mathrm{d}t^2} = \frac{\frac{\mathrm{d}I}{\mathrm{d}t}[f''(k) + g''(k)]}{[f'(k) + g'(k) + 1]^2} < 0 \qquad (2-12)$$

假定消费需求增长所带动的投资为 m，则有：

$$m = \lambda(\mathrm{d}w + \mathrm{d}l) \qquad (2-13)$$

那么则有：

$$\begin{aligned}
\frac{\mathrm{d}m}{\mathrm{d}t} &= \lambda \frac{\mathrm{d}}{\mathrm{d}t}[f'(k)\mathrm{d}k + g'(k)\mathrm{d}k] \\
&= \lambda \left[f''(k)\left(\frac{\mathrm{d}k}{\mathrm{d}t}\right)^2 + f'(k)\frac{\mathrm{d}^2 k}{\mathrm{d}t^2} + g''(k)\left(\frac{\mathrm{d}k}{\mathrm{d}t}\right)^2 + g'(k)\frac{\mathrm{d}^2 k}{\mathrm{d}t^2}\right]\mathrm{d}t < 0
\end{aligned}$$

$$(2-14)$$

对照式（2-11）和式（2-14）可以得出：资本家期望的或实际进行的投资的一阶导数大于 0，而现有消费能力能保证的投资的一阶导数小于 0。这两者出现了矛盾，即由资本增长所带来的消费品生产能力的增长最终必然要快于消费需求的增长，而且这种缺口不断扩大，这样就必然造成消费需求不足危机。

21 世纪初的全球性资本主义经济金融危机将沉寂 30 余年的消费需求不足论激活。卡拉里指出 21 世纪初的这次全球性经济金融危机实际是消费需求不足的危机。卡拉里认为，寻找这次经济危机的根源，不能将关注点仅停留在金融泡沫的破灭上，而应该从实际因素着手。这些因素包括剩余价值率的提高、收入分配的恶化、剥削程度的加深等。自 20 世纪 70 年代中期以来，美国劳动生产率的上升、剥削范围的扩大和剥削程度的提高、实际工资的停滞，美国家庭劳动参与的更为广泛和深入，这些都成为消费需求不足危机的推手。[①]

沃尔夫进一步分析了自 20 世纪 70 年代中期以来工人工资停滞的原因。沃尔夫认为，原因主要有以下几点：一是美国产业的空心化；二是

---

① Callar, A., "A New Chapter for Capitalist Crisis for U. S. Imperialism," *Rethinking Marxism*, 22 (2010).

妇女劳动参与率的提高；三是移民的不断增长；四是计算机的广泛运用。在这种情形下，工人阶级普遍采用以下两种方式来增加消费：其一，越来越多的工人阶级家庭成员加入劳动力大军；其二，越来越多的工人阶级增加了消费信贷。前者扩大了资本主义产业后备军的规模，促使工人阶级总体工资水平的下降；后者则加重了食利阶层对工人的剥削。总而言之，在劳资关系中，这两种方案都使得工人阶级处于更加不利的地位。① 这里，沃尔夫在分析危机成因时，将失业问题纳入了分析框架。

2. 比例失调论

前文指出，早期赞成比例失调论的学者有杜冈和希法亭。杜冈虽不是马克思主义学者，但他运用了马克思两大部类保持适度比例的思想来分析危机产生的原因。杜冈提出比例失调论是为了反对当时流行的消费需求不足论。杜冈认为，如果两大部类之间保持正确的增长比例，资本主义生产就完全独立于消费。但是，他认为在资本主义生产的无政府状态下，这个正确的比例只有在偶然的情况下才能达到。如果是在实物交换条件下，只会出现局部生产过剩；如果以货币为媒介，就会出现商品供给普遍超过货币需求，从而引发危机。而这一危机就是社会劳动分配比例失调的特殊表现。

大约在其十年后，即在 20 世纪初期，德国突然再次出现了比例失调危机理论，这次是出现在希法亭关于垄断资本主义的大部头著作《金融资本》中。希法亭的分析侧重强调托拉斯、卡特尔以及信用和金融机构在危机发生中的作用。希法亭认为，资本主义的新阶段是金融资本统治阶段，表现为银行资本与工业资本的高度融合。资本主义的这一新发展，使得固定资本在经济运行中的作用大大加强。由于固定资本长时间占用大量资本，削弱了资本的流动性，同时也削弱了自身对经济波动和新出现的比例失调做出反应的灵活性，这样最终就造成了供给和需求的失衡，从而产生危机。

---

① Wolff, R., "In Capitalist Crisis, Rediscovering Marx," *Socialism and Democracy*, 24 (2010).

希法亭进一步指出，正是固定资本在金融资本统治阶段的弱流动性引起了经济波动。而面对经济波动，资本家们又会结成托拉斯和卡特尔。同时，银行资本和工业资本进一步融合成为金融资本。而这些因素严重阻碍了资本在不同生产部门之间转移，以实现利润率平均化的过程，这势必扭曲价格结构，从而导致不同生产部门之间的比例关系出现系统性的失调，由此也就产生了结构性失业和危机。

希法亭的《金融资本》是早期马克思主义比例失调危机理论的最具代表性成果，也是早期比例失调论的高峰和终结。20世纪20年代后，比例失调论进入了漫长的冬眠期。直到20世纪80年代末期，克拉克（Simon Clarke）才对它重新加以引申。[①] 克拉克认为，在资本再生产整体的框架内，消费需求不足论不能作为危机必然性理论的基础；而建立在资本主义不顾市场限制发展生产力的这一趋势基础上的生产过剩理论，可以作为一般性规律，即可以作为内在于所有生产部门的一种不平衡趋势，从而成为比例失调，而不是消费需求不足必然趋势的基础。在这里，克拉克将比例失调作为危机特征来加以概述。

就21世纪的经济金融而言，美国学者沃勒斯坦（Immanuel Waller-stein）试图用比例失调论来分析危机和失业的成因。沃勒斯坦是从微观视角来加以考虑的。他认为，资本家关心的是利润，那么，相对于产品的销售价格，如何使产品的生产成本降到最低就显得尤为重要。沃勒斯坦指出，人员成本、投入成本、税收成本这三者作为产品销售价格的一部分，它们所占的比例不断上升，从而使得产品中获得的剩余价值量受到了极大的挤压，最终导致了资本主义的体系极大地偏离了平衡，波动性加强，失业加剧。

三 与资本主义金融化相关的失业理论

自20世纪80年代以来，世界资本主义体系金融化趋向愈趋明显，

---

① Clarke, S., "The Marxist Theory of Overaccumulation and Crisis," *Science & Society*, 54 (1991).

金融化给劳动力市场带来的冲击也很明显，表现为：劳动力临时雇佣化倾向明显；单个劳动力工作时间增加；非正式部门对失业劳动力的吸收在增强；正式部门的非正式化趋向日益显著。

上一节分析了金融化理论发展的大致脉络，这节主要分析有关金融化危机及其失业问题研究的当代发展。由于后凯恩斯主义经济学、法国调节学派和美国的社会积累结构学派是西方激进经济学的三大重要理论分支，它们在分析方法上吸收借鉴了马克思主义经济学的研究传统，这里着重从金融化视角讨论这三大理论分支对危机和失业问题的分析。

1. 后凯恩斯主义的金融化失业理论

后凯恩斯主义者更多侧重从收入分配角度来分析金融化对增长与就业的影响。费洛里（Michael Feroli）在分析金融化趋势时得出，自20世纪80年代末以来，在英美等主要资本主义经济体中，劳动收入占国民收入的比重都在缓慢下降。[①]

帕利则进一步分析了劳动收入份额下降的原因。2007年，帕利在发表的一篇金融化研究论文中指出，金融化不仅影响资本主义宏观运行，而且已深刻影响经济主体的微观行为。金融化在宏观上导致实体经济增长放缓，在微观上导致经济主体债务水平显著上升。这种影响主要体现在以下三个方面：一是实体部门的发展受到明显抑制；二是国民收入更多地流向金融部门；三是收入分配进一步恶化，普通工人工资出现增长停滞甚至明显下滑。帕利认为，金融部门利润的增长是以牺牲实体经济的发展为代价的，而且导致收入分配更加不公，工人状况进一步恶化。换言之，"金融化可能导致经济容易陷入债务型通货紧缩和长期衰退状态"。[②]

---

① Feroli, M., "US: The Incredible Shrinking Labor Share," *Economic Research*, December 2, 2011.

② Palley, T. I., "Financialization: What It Is and Why It Matters," *Social Science Electronic Publishing*, 26 (2007).

海因于 2013 年撰写的一篇工作论文中运用卡莱茨基分析框架分析了金融化影响工人收入，进而影响就业的机制。[①] 海因运用卡莱茨基成本加成定价模式构建下如下分析框架：

$$P_j = (1 + m_j)(wa_j + P_f e \mu_j) \tag{2-15}$$

这里，P_j 代表行业 j 产品的销售价格，m_j 代表成本加成，w 代表工人的名义工资率，a_j 代表工人的是劳动生产率，P_f 代表以外汇核算的进口的生产材料的单位价格，e 是汇率，μ_j 代表的是生产每单位产品所消耗的进口生产材料的数量。单位产品所消耗的生产材料成本与所消耗的劳动成本的关系（z_j）可表示为：

$$z_j = \frac{P_f e \mu_j}{wa_j} \tag{2-16}$$

以上的价格等式也可表示为：

$$P_j = (1 + m_j) wa_j (1 + z_j) \tag{2-17}$$

由此可以得到工资份额：

$$\omega = \frac{W_j}{(\Pi + W)_j} = \frac{1}{1 + (1 + z_j) m_j} \tag{2-18}$$

这里，ω 为工资份额，W 为总工资，Π 为总利润。

根据式（2-18），工人所得到的工资份额由单位产品所消耗的生产材料成本与所消耗的劳动成本的关系以及成本加成决定。进一步而言，在生产技术保持不变的条件下，即假定 a 和 μ 为常量，资本家含间接成本在内的利润份额的不断上升，对应则是工人工资份额的不断下降，原因要么是工人名义工资率的下降，要么是生产成本加成的上升，要么是以外币核算的进口生产材料的价格上涨，要么是汇率的升高从而本国货币的贬值等。

---

① 埃克哈德·海因：《金融主导的资本主义和收入再分配——基于卡莱茨基模式的视角》，李艳译，《国外理论动态》2015 年第 2 期。

海因运用这一框架接着分析了新自由主义金融化影响下 20 世纪 80
年代以来劳动收入份额不断下降的原因。海因分析得出：一是生产管理
人员工资的上升，以及公司利息和股息的增加，在保持资本家利润份额
不变的条件下，劳动收入份额必然下降；二是劳动力从公共部门和非金
融企业部门向高收入的金融部门转移，前者劳动收入所占比重较大，后
者则反之，从而拉低了整体经济的劳动收入份额水平；三是工会的议价
能力在新自由主义全球运作下受到严重削弱。这些因素都将导致劳动收
入份额的下降，加剧了失业。

海因在《金融化与停滞趋势》一文中进一步分析了金融化、资本主
义经济体制转变与资本主义停滞趋势之间的关系。海因认为，在 1997 ~
2007 年，金融主导下的资本主义存在三种需求和增长体制，即：一是以
美英为代表的债务拉动型需求和增长体制；二是以德国和瑞典为代表的
出口拉动型需求和增长体制；三是以法国为代表的内需拉动型需求和增
长体制。但在危机后，法国等欧元区国家也转变为第二种类型，而英美
则转变为用政府赤字来维持的内需拉动型体制。这种转变加强了资本主
义经济停滞趋势，导致这些国家失业率大幅上升。①

2. 法国调节学派的金融化失业理论

20 世纪 70 代末，法国的激进经济学试图以调节概念为分析工具来
分析现代经济危机的原因和形式，并形成了一种新的经济学流派，这一
流派就是调节学派。李其庆对这一流派的发展状况和基本思想做了较好
概括②，这里就其失业问题相关的一些理论做一简要的梳理。

调节学派认为，资本主义经历了不同历史发展阶段。每一个特定的
历史阶段都有特定资本主义"积累体制"。而特定的"积累体制"需要
有特定的"调节模式"来维持它的正常运转。这一学派将资本主义积

---

① Hein, E., "Financialisation and Tendencies Towards Stagnation: The Role of Macroeco-
nomic Regime Changes in the Course of and After the Financial and Economic Crisis 2007 –
09," *Cambridge Journal of Economics*, 43 (2019).

② 李其庆：《法国调节学派评析》，《经济社会体制比较》2004 年第 2 期。

累体制划分为两类：一类是外延式的积累体制，另一类是内涵式的积累体制。前者通过增加劳动力供给、延长劳动时间来实现；后者则通过劳动生产率的持续提高来实现。

波耶尔分析了调节模式对积累体制从而对经济危机所产生的影响。他分析了内涵式积累体制的弊端，并认为内涵式积累体制对应的一般是竞争性的调节机制。这种调节机制充分体现在工人工资的决定上，这就意味着在存在庞大产业后备军的现实情形下，工资很难得到显著提高，而且工资还将随着产业后备军规模的波动而波动。此外，这种积累体制有利于劳动生产率的提高，意味着资本有机构成提高速度较快，从而容易导致消费需求不足、利润率下降等引发的经济危机。利比茨分析指出，危机之所以发生，主要原因是调节模式不再能满足积累体制的需要。出现这种情况主要有两种可能：一是滞后的调节模式严重阻碍了新积累体制的形成；二是在目前占主导地位的调节模式下，现有积累体制的发展潜力已经被消耗殆尽。

法国调节主义者认为，20世纪30～50年代，在美国占主导的积累体制是以福特主义为代表的外延式积累体制。但到了20世纪70年代，由于经济滞胀、石油危机、劳资关系尖锐、经济增长下滑，福特主义的积累体制趋于解体，形成一种所谓的"后福特主义积累体制"。但到20世纪90年代，以阿格利耶塔、波耶尔等人为代表的一些法国调节学派学者则认为，"后福特主义积累体制"也开始瓦解，并开始向资本主义金融化的积累体制转化。

以波耶尔等为代表的调节主义者认为，新自由主义的金融化积累体制是与新技术革命尤其是与信息技术革命以及经济全球化紧密关联在一起的。这种新的积累体制的形成，打破了早期的福特主义式的就业模式。尽管这种积累体制下的用工制度仍采用的是长期固定合同制度，但这种用工制度已受到严重侵蚀。对应地，半日制工作、各种兼职、自谋职业、临时工等各种弹性就业模式得到较快发展。原来的福特主义就业模式的一个体制特征是，劳资间达成相互妥协式默契：工人服从公司的等级管理，相应地，公司给予工人经济上的安全保障。工人能够接受劳动强度的提高，同时工人也能分享劳动生产率提高所产生的收益。但在现在新自由主义金融化的积累体制下，由于就业模式的弹性化，雇员经济上的安全根本无法保障。就业形式的碎片化，使得集体谈判无法有效进行。因为就业形式多样，集体谈判协议的内容得不到明确，最终导致集体谈判的分散化或工资差异化。这对于工人而言，导致经济上的不安全性明显加强。

3. 社会积累结构学派的金融化失业理论

社会积累结构学派的代表人物有大卫·科茨、大卫·戈登、萨缪尔·鲍尔斯以及詹姆斯·克罗蒂等。"社会积累结构"（social structure of accumulation）概念最早由大卫·戈登于 1978 年提出。所谓的"社会积累结构"指的是，一个长期稳定的资本积累模式必须有包括政治、经济、文化和意识形态在内的一系列制度作为支撑，这些制度的总和，即"社会积累结构"。

社会积累结构学派主要倾向认为，一个社会积累结构一旦形成，资本积累模式就相对稳定，不会发生较大的变动。他们认为从 19 世纪 40 年代以来，资本主义世界曾出现三个具有代表性的社会积累结构：一是 1840～1870 年自由竞争的社会积累结构；二是 1890～1920 年垄断资本主义的社会积累结构；三是 1940～1970 年国家垄断资本主义的社会积累结构。在后两个社会积累结构之间出现了严重的较长时期的经济萧条。进入 20 世纪 70 年代以后，资本主义的社会积累结构变得极其不稳定。[1]

大卫·科茨在《马克思危机论与当前经济危机：经济衰退或严重积累结构型危机》（2010 年）[2] 和《社会积累结构与经济不平等》（2016

---

[1] 王勇：《西方三大左翼学派对当前世界金融危机的研究述评》，《商业时代》2011 年第 29 期。

[2] 《国外理论动态》编辑部组编《当代资本主义经济新变化与结构性危机》，中央编译出版社，2015，第 280～297 页。

年)① 等多篇论文中从社会积累结构视角详细讨论了新自由主义时代的资本主义矛盾特征。他指出，在一种社会积累结构向另一种社会积累结构转变的过程中，必然会出现结构性危机，这种危机持续时间可长可短，但最终必将趋于稳定，从而形成一种新的社会积累结构。在 20 世纪 40 ~ 70 年代的国家垄断资本主义时期，凯恩斯主义从兴起从而推动资本主义发展，逐渐演变成资本主义发展的主要阻力。在这一演变阶段，资本家与工人之间的矛盾、发展中国家与发达资本主义国家之间的矛盾、资本主义企业与企业之间的矛盾空前尖锐，导致资本主义社会积累结构的调节机制无法有效运转，最终造成资本主义经济滞胀和结构性经济危机。

大卫·科茨进一步指出，"二战"后，国家垄断资本主义的社会积累结构逐渐趋于崩溃，新自由主义在经济生活中开始处于主导地位，但它至今还没有形成一种稳定的社会积累结构，至多只能称之为一种"制度结构"。这种制度结构不利于资本主义整体经济和社会的发展，但在一定时期内能够有利于增加资本家的利润。例如，宽松的货币政策以及房地产泡沫推动了住房建设投资；资本相对劳动占据主导地位；利润率趋于上升；等等。

大卫·科茨认为，由于当前新自由主义还没有形成稳定的社会积累结构，这种状态下经济社会充满诸多不确定性，导致资本家经济行为的短期化。他们一般不敢进行长期的生产性投资，而只能将资本投入房地产、股票等市场进行投机，以获取短期收益。由于大量的生产资本不断涌入金融市场，经济泡沫产生。在新自由主义时期，不平等状况加剧、消费水平下降和政府公共支出减少，这三种因素最终导致社会总需求不足，从而促成了这场始于 2008 年的全球性经济金融危机。

当前新自由主义给劳动力市场所带来的影响是，资本主义所推行的

---

① 大卫·科茨：《社会积累结构与经济不平等》，刘子旭译，《中国社会科学报》2016 年 1 月 15 日。

新自由主义政策，严重削弱了工会力量，工资与工作条件由原来的劳资双方谈判决定，转向由市场决定，工人的工作开始变得"随意化"。由于资本处于绝对主导地位，工人的相对贫困状态进一步深化，与此同时，越来越多的工人面临被解雇风险，不稳定性加强。

第三章　当代西方马克思主义劳动过程与失业的微观经济学

马克思的相对过剩人口理论是马克思失业理论的核心。马克思对该理论的分析，在宏观方面，主要是将之与资本积累理论以及与之相关的资本有机构成理论、利润率下降规律理论、经济危机与经济周期理论等联系在一起，这在第二章已做了较为深入的讨论；在微观方面侧重对劳动过程的分析，讨论与之相关的工资、分工与劳动压榨（即马克思经济学范畴中的剥削与剩余价值生产）等，这就是本章讨论的主要内容。由于不同的生产组织形式呈现劳动过程的不同特征。因此，分析马克思的微观失业理论有必要先讨论当代资本主义生产组织形式的变迁。

第一节　资本主义劳动模式及生产组织结构的变革

生产力决定生产方式，因此，资本主义生产组织必然建立在特定的生产技术基础之上。生产技术的变化也就成为划分资本主义社会历史时期的依据。从技术变迁的角度来看，资本主义发展迄今共经历了手工业技术、现代化机器体系和信息技术三个阶段，根据这些技术基础，可将资本主义划分为自由竞争资本主义时期、垄断资本主义时期和新自由主义时期三个时期。作为生产组织的载体，技术基础的改变，最终都将引起生产组织形式及其内涵的改变。下面简要讨论资本主义不同发展时期生产组织形式及劳动过程特征。

一 自由竞争资本主义时期的生产劳动及其组织模式

在资本主义萌芽时期，随着地理大发现，新的世界市场孕育出巨额的商业资本，不断地侵蚀封建社会的自然经济生产方式基础，并最终摧毁了封建制度的统治。加快生产力的发展，成为巩固新生资本主义生产方式的必要手段。由于资本主义生产方式的技术基础脱胎于封建社会的手工业技术，加快生产力发展只能从改变生产组织形式开始。在封建社会向资本主义社会过渡的历史进程中，通过商业资本的主导，社会生产组织形态历经多次嬗变，从简单协作，到工场手工业，最后过渡到机器大工业以及与此相适应的工厂制度。

1. 前资本主义劳动模式：资本家指挥下的简单协作

资本主义生产方式的技术基础脱胎于封建社会。在漫长的封建社会，商品经济在一定程度上得以缓慢发展。在自然经济中托起这块"飞地"的就是封建行会手工业制度。封建行会手工业制度最初是农奴为逃避封建领主的剥削和压迫逃入城市结社而形成的，因而带有自然经济生产方式的局限性，这一制度等级森严，陈规陋俗烦琐。封建行会手工业制度的生产组织基本形态是单个生产作坊形式：主体包括行东（匠师）、帮工和学徒，每个作坊仅有几个人组成；匠师手工技艺秘不外传，具有相当神秘性；为了防止内外部竞争，他们结成封建手工业行会；生产作坊的经营缺乏自主性："中世纪的行会力图用强制的办法防止手工业师傅转化为资本家，限定一个师傅可以雇用的劳动者的人数不得超过一个极小的最高限额。"[1] 可见，封建行会手工业制度是在自然经济基础上为适应简单商品经济发展需要而产生的，缺乏自主性的经营方式严重束缚了生产力的发展。

地理大发现造就的世界市场，为商品经济的跨越式发展创造了外部条件。它一方面瓦解了封建行会手工业制度，促成自主生产经营的家庭

---

[1] 马克思：《资本论》（第1卷），人民出版社，2004，第357页。

式作坊数量增加；另一方面催生了一个拥有巨额货币财富的商人资本集团。而靠殖民贸易掠夺获得巨额货币财富的新商人资本集团，要想使其资产不断增值，就必须控制生产，这就推动了包买商制度的产生。

商人资本进入生产领域是一个历史渐进的过程。最初封建行会手工业者集生产与销售于一身。随着商人资本的介入，销售业务就从行会中分离出来，统一由商人资本承担，这就是包买商制度。此后，包买商的职能由单纯地包销手工业者生产的商品，过渡到为他们提供原材料和工具。这样，小生产者的独立性日益丧失，而依附性却不断增强，商人资本也由此获得商业利润以上的部分产业利润。不过，由于生产方式依然是分散的家庭式作坊，商人资本还没有直接控制生产过程，仍寄居于旧式封建作坊生产之下。

分散的生产组织要转变为社会化的生产组织，必须具备两大条件：一是有广大失去生产资料的自由无产者；二是有少数掌握巨额货币财富的新兴贵族。资本的原始积累过程造就了这些前提条件：一方面迫使直接生产者与生产资料两相分离，人数众多的农村贫民、帮工、学徒以及破产的行东等，不得不依靠出卖自己的劳动力为生，变身为雇佣工人；另一方面造就了少数富商巨贾，他们积极介入生产领域，加入包买商及大作坊主队伍，共同扩大作坊生产规模。由此，封建作坊就转变为早期的资本主义作坊。

封建作坊区别于资本主义作坊的关键在于简单协作。马克思认为，简单协作是资本主义生产方式的开端，因为"人数较多的工人在同一时间、同一空间（或者说同一劳动场所），为了生产同种商品，在同一资本家的指挥下工作，这在历史上和概念上都是资本主义生产的起点。"[1]因此，简单协作是"许多人在同一生产过程中，或在不同的但互相联系的生产过程中，有计划地一起协同劳动"[2]。这一劳动是在同一资本家的指挥下进行的。这一生产组织形式是资本主义发展早期阶段劳动社会

---

① 马克思：《资本论》（第1卷），人民出版社，2004，第374页。
② 马克思：《资本论》（第1卷），人民出版社，2004，第378页。

化的一种基本形式。作为社会化的劳动组织方式，简单协作比之前的分散生产具有较多优点，但由于社会分工滞后，它难以适应资本主义经济的进一步发展，最终被工场手工业所取代。

2. 早期资本主义工场劳动模式：劳动对资本的形式隶属

世界市场的不断扩张，以及产品商品化程度的日益提高，迫切要求进一步发展生产力。然而，空间上极为分散的生产方式，难以满足世界市场日益增长的消费需求。资本主义简单协作虽将许多劳动力聚集在一起，但只是简单凑合，尚不存在真正意义上的分工协作关系。为提高资本主义生产效率，强化劳动过程的内在联系，进一步加强生产过程的连贯性就势在必行，这样就推动了工场手工业时代的来临。工场手工业的主要特征是，通过"先合后分"两种方式，促进了先后两种不同的生产分工体系，即混成的工场手工业和有机的工场手工业的形成。

由于前资本主义社会地理分散的生产经营方式存在生产可控性差等弊端，资本家首先想到的就是将手工业者集聚在一个较开放的场地里进行生产，这种生产组织形式称为工场手工业。工场手工业首先进行的就是"合的过程"，即生产的产品"由各个独立的局部产品纯粹机械地装配而成"，"局部工人在一个资本指挥下进行直接的协作"①。换言之，这种方式属于混成的工场手工业。此时，生产方式尽管由作坊生产转变为工场生产，但生产技术还是停留在手工业阶段。例如，马车工场中的马车部件生产，以前是手工业者独立制作，现在是集聚在工场内生产。

当然，这不是单纯工作地点的改变，而是体现了两个方面变化：一是生产权力的改变，即资本的控制权力取代了生产主体间的市场交易权力，手工业者的独立地位被动摇；二是混成的工场手工业通过"空间消灭时间"的方式，加强了生产过程的连贯性，加快了资本循环和周转的速度，从而极大地提高了劳动生产率。尽管混成的工场手工业造成劳动形式上隶属于资本，然而，由于它的技术基础没有发生改变，资本并没

---

① 马克思：《资本论》（第 1 卷），人民出版社，2004，第 397～398 页。

有从实质上控制劳动，进而控制生产过程。

因此，在混成工场手工业的基础上，生产方式必须继续蜕变，再通过一个"分的过程"来加强资本对劳动的控制。"它生产的制品要经过相互联系的发展阶段，要顺序地经过一系列的阶段过程""由一个人之手转到另一个人之手，由一个过程转到另一个过程"。① 换言之，资本家把同行业的许多手工业者组织在一个工场里，实行分工，在互相衔接的不同工序上进行操作，共同完成一种产品的生产。这种生产方式被称为有机的工场手工业，建立在手工业生产者内部分工的基础上。此时的生产方式的物质技术基础仍然是依靠人力的手工业，但这种生产方式具有两个方面特征：一方面异常简单，如制针工场，先前独立制针的手工业者必须完成所有操作，现在仅需完成某个单一操作即可；另一方面异常复杂，操作工序名目繁多庞杂，它们共同构成了一个复杂的有机生产体系。

由于生产工场的开放性增加了手工业者之间的社会交往，这为瓦解技艺诀窍提供了可能性。而资本权力的确立又为劳动模式单一化的形成提供了必要前提。这种有机生产体系导致手工业者进一步丧失了独立性，加深了他们对资本的依附；反过来，不同操作工序之间空间转换的缩短，节省了大量非生产时间，从而获得了由专业化分工所带来的高效率，至此，有机工场手工业成为工场手工业的完成形态。

3. 资本主义大工业劳动模式：大工厂生产与劳动对资本的实际隶属

工场手工业由于实现了场内分工，在相当程度上促进了生产力的发展。然而，这种生产组织形式的缺陷也十分明显。由破产小生产者和农民组成的雇工队伍保留了很多旧生产方式的痕迹，如存在工作随意、懈怠，串岗、嬉闹等问题，开放无序的空间组织结构难以形成资本主义生产所需要的有效劳动纪律。这种生产组织形式给予劳动者以消极怠工的方式对抗资本压迫的机会，并产生了庞大的非正式组织。这些非正式组织与企业正式生产组织的目标不一致，两者经常发生冲突。而此时资本

① 马克思：《资本论》（第 1 卷），人民出版社，2004，第 398 ~ 399 页。

也难以摆脱对人的依赖，难以通过技术手段完全实现对劳动的全程监控，因此，生产效率也难有明显的提高。

要想提高劳动生产率，加强资本对劳动的控制，就必须打破旧生产组织的空间架构，从空间上将劳动者相对隔离，以压制工厂中非正式组织的活动，形成严格的劳动纪律。工场手工业生产必须转向，形成新的生产组织形式，因此，工厂制生产组织应运而生。

工厂制生产组织就空间形态来说，就是以空间分割为主要手段协调不同种类的工人进行生产劳动的组织形式。相对于开放空间的工场而言，工厂制生产组织的主要特征就是工厂内部空间架构的相对封闭。这种封闭性使得资本居间协调成为必要，这无形中提升了资本对劳动的权威。工人不再运用劳动资料，而是被劳动资料所运用，被由中心动力带动的机器体系所控制，成为机器体系的有意识的器官。劳动对资本从形式隶属转变为实际隶属。

工厂制生产组织综合了混成的工场手工业和有机的工场手工业两者的优点：一是相对封闭的空间结构使得劳动操作简单划一；二是相对封闭的空间结构造成生产工艺流程秩序井然，工厂下设车间、工段、班组等建制，通过空间手段切断生产者之间的无组织纪律行为；三是生产者不断地重复单一的工序操作，熟能生巧导致生产效率大为提高；四是除凸显了资本在生产体系中的居中协调作用外，资本按照工艺流程的具体要求，完善工厂制度，形成劳动纪律，加强了对劳动的全方位监控，强化了资本独裁的权力。

尽管工厂制生产组织从空间上奠定了资本对劳动的权威，确立了一套官僚行政管理体制，为后来的高效工厂生产创造了前提。但工厂制度的更大意义在于，它造就出只会单一操作的技术片面化的工人，而先前的有机的工场手工业则创造了生产上专用的劳动工具，这两者的结合为机器大规模的应用奠定了基础。

简单划一的操作使得大量妇女和儿童能够进入工厂劳动，工人阶级的内部分化开始出现。机器取代工人，一方面造成工人反抗机器，另一方面也产生了庞大的产业后备军。资本家对工厂的管理，包括对劳动者的监督，产生于劳资对抗的生产关系。这种对抗性的生产关系也是资本主义社会化大生产存在的必要条件。事实上，也只有机器大生产才能真正确立资本的统治地位，促使工人实质上隶属于资本。

二　垄断资本主义时期的生产劳动及其组织模式

自由竞争资本主义一方面造成生产力的极大发展和商品的极大丰富，另一方面导致消费基础不断被侵蚀。这是因为资本对劳动的挤压，侵蚀了消费市场。在劳资利益对立的前提下，资本主义缺少消化过剩商品的手段，造成了20世纪30年代资本主义世界严重的生产过剩危机。如何使资本主义生产体系高效且可控，成为当时资本主义世界必须解决的迫切问题。

但当时的资本积累受到手工业生产技术下资本有机构成低下的现实制约，因此突破旧的技术基础，建立新的机器体系以快速提高资本有机构成，成为垄断资本扩张的迫切要求。在产业资本主导下，资本主义大工厂生产模式历经了从泰勒制生产模式，向福特制生产模式，再向丰田制生产模式的转变。这种生产模式的变革，极大地促进了垄断资本主义时期的技术进步和生产力发展。

1. 泰勒制生产模式：劳动过程的技术控制

当资本主导下的机器体系接管了生产时，资本主义开始迈入一个新的阶段，即垄断资本主义阶段。它内在要求资本主义社会运转有序，这就首先要求作为资本主义生产组织细胞的工厂内部运转有序。泰勒制就是在这种背景下应运而生的。19世纪末20世纪初，泰勒制首先被美国和部分欧洲资本主义国家所采用，其后扩散到整个资本主义世界。

泰勒制最初是按照旧式生产过程中普遍存在的经验构建的。在旧式生产过程即有机工场手工业的生产过程中，一线作业工人一身兼二任，既要进行具体的生产操作，又要思考操作方法，所有这些都取决于工人个人的经验，并且这些经验和技艺相对封闭，外人无从知晓。由于这种单纯依靠经验进行生产的方法，资本家不能真正控制生产过程。美国工程师泰勒于19世纪80年代设计了一套诱使工人付出最大努力的生产过程控制方法。简单地说，其基本思路是：首先，将某项基本工作尽可能地分解为几个简单的基本动作，然后挑出几位身体最强壮、技术最熟练的工人，使他们紧张地劳动，并记录和测算他们完成每一个基本动作所需要的时间；然后根据这些时间制定"标准作业方法"，并加以贯彻实施。当然，这一方法能够推行的前提是，必须使工人相信，节省劳动的新技术的潜力大得足以让工人付出比以前更少的劳动而得到更多的报酬，而同时也要存在使资本家保持满意的回报。①

实践证明，泰勒制的推广应用取得了良好的效果，工业企业生产效率平均提高了2~3倍，"高标准严要求"形成高效率、低成本和高利润并存的生产新局面。然而，作为资本主义新生事物的泰勒制具有二重性，正如列宁所说："资本主义在这方面的最新发明——泰罗制——也同资本主义其他一切进步的东西一样，有两个方面，一方面是资产阶级剥削的最巧妙的残酷手段，另一方面是一系列的最丰富的科学成就，即按科学来分析人在劳动中的机械动作……制定最精确的工作方法，实行最完善的计算和监督制等等。"②

泰勒制这种生产模式的确立，进一步瓦解了生产者对劳动过程的控制，并且也为标准化、专用化机器的发明创造了条件。不断简化的操作使劳动对资本的依附程度逐步提高，资本的主导权不断彰显。这在一定程度上不仅推动了资本主义生产力的发展，同时也巩固了资本主义生产方式的统治，巩固了资本对劳动的控制。

2. 福特制生产模式：生产劳动的标准化、专业化与劳动控制

泰勒制生产模式是建立在单一机器单一工序基础上的，这种模式存在两个问题：其一，许多工人面临多机作业，因而经常面临空间位置的

---

① 威廉·拉佐尼克：《车间的竞争优势》，徐华、黄虹译，中国人民大学出版社，2007，第224页。

② 《列宁选集》（第3卷），人民出版社，1972，第511页。

变动，这种生产过程很难实现人的节奏和机器节奏的高度配合，生产过程的连贯性较差；其二，单机生产特点是生产直接面对消费，两者之间传导路径较短，容易造成商品积压。当然，泰勒制的标准化思想启迪了美国汽车巨头福特。1913 年，福特建立了第一条汽车生产流水线，这条生产线实现了产品系列化、零件规格化、工厂专业化、机器及工具专用化、作业专门化，这就是所谓的福特制生产模式。①

该生产模式的具体做法如下：先按照工艺流程布置好机械滚轴传送带，将汽车的底盘放置其上，然后开动电机使传送带运转起来，相应地带动汽车底盘向前运动。按照汽车生产工艺流程，每个工人都有固定的工序岗位，汽车传送带运行到哪个工位，相应工序岗位的工人就得给汽车底盘"添砖加瓦"，装上相应的汽车零部件，使之不断"充实"起来，如各工序上的工人依序给汽车安装上发动机、操控系统、仪表、方向盘、车厢、车轮等，最后当汽车传送带运动至生产流水线的末端时，一辆统一标准规格的完整车辆就被组装完毕。

福特制生产过程的主要特点是：在实行产品标准化和生产自动化的基础上，利用高速传送装置的连续不停地运转，强迫工人跟上传送带的节奏快速操作，从而使工人的劳动强度得到最大限度的提高，产出数量也相应得到极大提高。由于工序岗位更加固定和更加紧凑的巨大规模生产流水线形成一种刚性积累模式，这种规模化、标准化的积累模式将资本主义生产导入一种更加可控、精巧的模式，这就进入了全面管制资本主义。

然而，福特制生产过程所造成的后果是：固定资本投入逐渐增加；社会化程度更高的机器体系取代了先前的单一机器体系；延长了从生产到消费的传导链条；增加了生产的中间环节，扩大了中间投入规模，此时生产过剩问题暂时被掩盖起来。这种新式的生产模式虽表面促进了生产效率的提高，通过加大固定资本投入暂时解决了生产相对过剩问题，

---

①　谢富胜：《控制和效率：资本主义劳动过程理论与当代实践》，中国环境科学出版社，2012，第 127 页。

但加大了生产相对过剩的潜在风险。

与此同时，福特制企业内部，管理部门通过组织分工将劳动的概念与执行区分开来，以保证对劳动过程的控制来榨取更多的剩余劳动。生产流水线的出现使手脑分离、概念和执行的分离达到极致，劳动者技能日益退化，越来越依附于资本①，越来越依附冰冷的机器。也就是，劳动对资本的隶属进一步从形式隶属过渡到实际隶属。

3. 丰田制生产模式：模块化生产与劳动过程的即时控制

虽然福特制生产模式在战后风行于资本主义世界，对稳固战后资本主义国际经济秩序意义非常重大。但是，作为战败国的日本，既要面对被战争破坏的千疮百孔的破败局面，又要面对资源匮乏、资金短缺、生产资料供给不足的现实，这些问题促使日本工业生产须精打细算、精益生产、杜绝浪费。由于国内市场极为有限，日本还需应对不同的海外需求市场进行差异化生产。这种原材料和最终产品市场两头在外的尴尬境地使得日本工业不能完全照搬美国的福特制生产模式。为此，日本汽车巨头丰田公司在吸收福特制优点的基础上，发展了一种将批量生产与单件生产综合起来的新的生产过程控制方式，即丰田制生产模式。② 这种生产模式促使日本经济快速崛起。日本在短短一二十年间从战争废墟中一跃成为资本主义世界的第二大经济体。这使得丰田制生产过程控制方式风靡全球。

1953 年，日本丰田公司的副总裁大野耐一等人发现，日本因上述原因不宜完全照搬福特制，因为福特制遵循供给导向，容易引起人员、设备、库存过剩，这是日本所不能承受的。日本必须在大规模生产的基础上按照需求导向对福特制进行改造，将大规模标准化生产转换为大规模多品种小批量生产，从而创造出一种高效率、低消耗的生产模式。丰

---

① 哈里·布雷弗曼：《劳动与垄断资本》，方生等译，商务印书馆，1984，第 151~160 页。
② 谢富胜：《控制和效率：资本主义劳动过程理论与当代实践》，中国环境科学出版社，2012，第 138 页。

田制生产管理模式包括两大块：即时生产和看板管理。

即时生产以无库存或库存最小化为目标，要求生产体系对市场需求做出即时响应，为此强调生产计划和过程控制的先导性。为了保证多品种小批量生产的需要，传统的生产流水线需要全面改造，以应对需求变动，而大力发展柔性技术与流程式生产，包括将生产体系分成不同的功能模块，产品零部件尽可能采用标准件或通用件；多任务生产时均衡配置产能，实现均衡化生产，并对生产场所实现专业化布局。为减少任务变动所需的转换时间，丰田制强调生产体系的柔性化，包括培养工人一专多能的劳动力柔性和发展多功能普适性的设备柔性。

看板管理是为即时生产服务的生产流程现场控制方式，它一改传统"推式"现场控制，即前道工序推着后道工序走这种为生产而生产的模式，转变为以需求为引擎的"拉式"现场控制，即后道工序按照看板拉着前道工序走这种为需求而生产的模式。

看板相当于在企业内部引入一种模拟货币，市场订单转换为看板，后道装配工序根据取货看板需要的标准化零部件品种和数量向前道生产工序索取，而前道生产工序则根据生产看板进行上述零部件生产。这样，企业内部物料流转类似模拟市场形式，借助看板方式在可视范围内将供、产、销三者紧密结合起来，实施全过程管理，从而极大地减少了物资储备和库存。丰田制生产模式的生产柔性化特征使它兼具刚性积累体系和灵活积累体系两种模式的优点，极大地提高了生产效率。

丰田制企业创新，一方面加强了资本对劳动的控制；另一方面也在较大程度上提高了工人工资和福利水平，并且通过终身雇佣制和年功薪俸制而稳定下来。劳资关系达到了历史上最为缓和的程度，而劳劳关系在对企业生产技术持续的"改善"竞赛中被资本所利用。福特制企业制度已经将外部市场需求内化于企业制度，丰田制企业制度则在更大程度上推进了这一内化过程。①

---

① 杨思远：《资本主义企业制度的创新》，《政治经济学评论》2015 年第 4 期。

三　新自由主义时期的生产劳动及其组织模式

国家垄断资本主义在推动生产模式革新的同时，也带来生产力的较快发展。然而，资本主义生产扩张与消费需求相对缩小的矛盾日益加剧。20世纪70年代初的资本主义世界普遍的经济滞胀终结了战后资本主义发展的"黄金时期"。如何拓展新市场，激发消费者的潜在需求，成为资本主义企业生死攸关的问题。而这一切都要求软化资本主义生产体系，转换生产模式，以市场引导生产。

20世纪80年代以来，信息技术革命改变了先前的物质技术基础，强化了资本的独立价值表现，形成了金融全球化的新格局。由金融资本和信息技术共同催生的市场规制，推动了生产模式革新。在迅速流动的金融资本操控下，资本主义生产模式历经三种形态，即定制化生产模式、流程化生产模式和协同化生产模式。以市场需求为导向的生产模式成为资本主义新自由主义阶段的一个显著特征。

1. 定制化生产模式：食利阶层的个性化需求与劳动控制

垄断资本主义时期，生产模式的变革在相当程度上促进了社会生产的发展，但生产相对过剩已成为资本主义生产的新常态。经过长期的战后重建，日本、德国等经济突飞猛进，经济实力快速增强，资本主义世界中争夺海外市场的竞争日趋激烈。垄断资本的扩张导致财富极大程度地集中于少数资本家手中。这些资本家的奢侈需求构成了市场需求的真正主体。然而，这些所谓的高层次需求往往差异性极大，要满足这些拥有巨额财富的资本家的差异化需求，一对一生产很有必要。这就导致市场竞争加剧。

此时"市场亲和力"在竞争中起着决定性作用。因此，生产必须面向市场，必须坚持以买方市场为导向。定制化生产模式就是因应买方市场下小批量个性化生产而产生的。它的出现也就意味着资本主义步入以市场拜物教为内核的新自由主义阶段。

新自由主义是一个信息资讯十分发达的资本主义发展阶段。在这里，各类市场信息充分涌动，挖掘和甄别市场信息成为这一时期资本家的最基本的职能。因此，是否能够快速处理市场信息成为决定资本主义企业生死存亡的大事。在此情形下，先前那种批量生产、集体消费的刚性生产模式已经难以适应多变的市场需求，买卖双方出现权力反转，即市场情势由先前的产业资本家所主导的卖方市场，转变为现在的由食利阶层资本家所主导的买方市场。此时，消费者的主导地位取代了生产者的主导地位，信息技术革命为此转换奠定了技术基础。

挖掘并极大程度地满足个性需求，成为资本主义企业生存的关键。企业必须在充分尊重用户意见的基础上，借助计算机信息处理技术，收集用户需求信息，并根据用户的特定需求进行定制生产。该生产模式的特点是：企业生产直接面对用户，用户需求第一时间被反馈给企业设计部门；企业设计部门借助计算机辅助设计技术，将这些个性化需求糅合进企业产品的设计过程中，并通过计算机辅助制造技术，将产品设计的特殊要求传递给相关生产部门；生产部门则通过自动化生产技术进行即时生产。这种柔性化生产的特征是，能够快速响应用户需求以及应对市场需求的变化。

在定制化生产模式下，谁抱残守缺、固守成见，缺乏市场亲和力，谁就会被市场淘汰。因此，新形势下，企业要做大做强，需做好两件事：一是企业必须更加重视用户体验和用户参与，与用户建立愉悦互动的沟通渠道，不断与用户良性互动，挖掘体验中有价值的用户信息，并将之糅合进产品设计过程，以生产出更加符合用户需求的产品；二是企业要大力开发和利用计算机辅助设计和制造技术，用它们改造传统的生产体系，以不断提升生产体系的柔性化程度，从而快速响应市场需求以进行即时生产。

在劳资关系方面，定制化生产模式下资本对劳动的管理策略相对福特制和丰田制生产模式虽没有新变化，但工人分化更为明显。自垄断资本主义时期泰勒制生产模式实施以来，资本家对工人的管理，已不再采用强硬的管控模式，开始向柔性的合作、利诱、分化的模式转变。工厂制出现以后，资本家虽借助机器体系成功地控制了工人，但也遭到工人的激烈反抗。由此，资本家也逐步认识到参与生产中的人与物有着本质差异。自福特制和丰田制生产模式实施以来，资本家采用利诱和监督双重手段来分化工人，其结果是：一方面，一部分技术工人获得了投资收益，参与了利润分配，劳资关系得到缓和；另一方面，出卖体力劳动者的受剥削程度进一步加深，产业后备军规模进一步扩大。而这种分化特征在定制化生产模式下更趋明显。

2. 流程化生产模式：信息技术与劳动控制

在垄断资本主义社会的刚性积累体系中，任何生产过程的变革都建立在规模巨大的生产流水线的基础上。刚性积累的主要弊端就是，资本主义生产体系极为僵硬笨重，机构重叠臃肿，运转困难。与此对应的是企业生产效率的低下，原因无疑是，这种生产体系必然产生过多的非生产费用，导致企业运营成本上升。而随着产业资本的不断积累，以激增的固定资本为表征的生产性投资导致资本有机构成不断提高，平均利润率下降，资本过剩严重。此外，由于固定资本自身周转缓慢，庞大的机器体系难以应对市场需求的复杂多变，以及日新月异的科技革命，而进行快速的价值转移。因而，这样的生产体系难以承受市场的巨大冲击。

事实上，在垄断资本主义末期，丰田制生产体系下的生产模式已经出现"软化"迹象。而到了定制化生产模式，"软化"趋势更加明显。这种模式能够借助计算机技术改造其技术基础，因而能够快速应对市场需求变化。但是，就响应需求、提高生产效率而言，定制化生产效果毕竟还是有限，因为建立在机器体系上的工厂纵向官僚行政管理体系并没有被触动。

真正给刚性积累体系致命一击的，还是汹涌澎湃的信息技术革命。随着信息技术革命的发展，特别是互联网的传播，先前的产业资本、商业资本两相分离的生产运营模式受到互联网革命的冲击。互联网不断溶解那些空间固定的巨额固定资本，不断打破生产经营活动中的官僚行政管理模式。互联网这种"生产消费一体化"生产组织形式，能够使生产更贴近消费，从而消减了过多的中间环节，这在一定程度上消除了原刚性积累体系为生产而生产的弊端。

这种生产组织形式使得企业运营成本锐减，极大地降低了非生产费用。此外，信息通信技术的发展，在增加横向管理幅度的同时，减少了纵向管理层次，从而降低了信息传递的失真与扭曲程度。建立在信息技术革命基础上的横向扁平化管理模式，是对纵向官僚行政管理模式的革命。这种模式能够实现企业生产体系重组，以应对市场需求的变化，这就是所谓的"生产流程再造"。

"生产流程再造"的实质是，根据生产价值链中不同部分对企业价值增长的影响程度，结合企业自身的资源禀赋情况，有选择性地将企业更多的资源用于那些对企业贡献大的生产环节；并同时将部分生产资源从对企业贡献小的生产环节中移出，甚至将这些生产环节转移外包出去。也就是，此时企业的生产流程被重新改造。

概括而言，流程化生产模式的特征是，生产企业在信息通信技术发展的基础上，基于市场需求的变化，依据自身条件，有选择性地从事价值链条中高端的研究开发环节，或者低端的加工制造环节等，形成一个跨企业合作的分工体系。生产流程如流水一般柔性化起来，流程再造使生产组织具有很强的弹性和适应性，能够因应市场需求再造出不同的生产模式，因而特别适合代表市场新潮流的产品的研发生产。流程化生产模式实质上是一种项目化生产，它实现了管理由纵向化转变为横向化，既可以通过减少中间管理环节来减少非生产费用，又可以通过降低库存积压来减少生产费用。

流程化生产模式实现了资本主义企业生产体系的重组和"生产流程再造"。这一过程的实现建立在高度信息化和高度智能化的基础上，其后果是，工人分化进一步加剧。高度的信息化和智能化一方面促使一部分技术工人高度技能化，使这部分工人的劳动作为"人力资本"与物质资本和金融资本一起，参与对无技术工人的剥削；另一方面，高度的信息化和智能化加强了对一线生产工人的"去技能化"，强化了对他们的监督，压缩了他们的自主活动空间。智能化还使得一大批工人失去被剥削的机会，生活境遇进一步恶化。

3. 协同化生产模式：资本协同与劳动控制

流程化的资本主义生产模式相对减少了中间管理层级，在相当程度上消除了官僚行政管理体系的弊端，拉近了资本主义生产与最终消费之间的距离。然而，作为其基础的信息技术却具有自我革命的性质。日新月异的信息技术不断激发消费者萌生各种各样的需求，消费行为模式更加灵活多变，深度分化着现代消费市场。而金融资本又推波助澜，新颖多样且不断翻新的现代金融服务方式，不断创造出新的需求市场。因而对于单一生产企业而言，现代化的市场变得更加变幻莫测，市场需求变得更加捉摸不定。随着市场需求结构的升华，消费者对产品品质提出了更高的要求，特别是产品功能的集成化要求，单一企业单一专业结构难以应对这种新局面，因为先前的生产模式还局限于单一企业作为生产主体，这种依靠自己参与市场竞争的单兵作战模式远远滞后于市场需求的发展。

市场竞争的模式也发生了明显变化。当前的市场竞争态势不但位置前移，上溯到处于价值链顶端的研发阶段，即竞争不再是从生产制造开始，而是直接肇始于研究开发阶段。非但如此，而且竞争全程化了，囊括生产链条的所有阶段。

为应对市场需求的新变化，谋求更大的垄断利润，资本主义企业应该共同做大市场，建立新型的竞争合作关系。为此，企业至少应具备两种思维。其一是动态性思维。因为市场需求变幻莫测，现代企业应该具有前瞻性眼光，及时把握市场的潮流和趋势，未雨绸缪，提前做好相应的决策预案。其二是系统性思维。现代经济是一个复杂性系统，涉及全社会诸多经济主体间的方方面面，并且错综复杂。而复杂系统是远远超出单一企业决策能力的，企业必须具有全局性眼光，跳出自身的窠臼，系统性地看待问题，整合相应的生产资源。因此，各个企业都需要对原来的生产体系大破大立，基于产品价值链的分布和各自的核心竞争力来找准自己的位置。

由于产品价值链的每个环节都利益攸关，各个企业需要打破自身界限，重新界定本企业与其他企业、政府以及与社会等外部环境之间的关系，形成新的竞争合作关系，从整体的角度糅合各类生产要素，在实现共同目标的同时实现各自的目标，这些可称为协同化生产模式创新的前景。至此，协同化生产模式创新的内涵也就大致被勾勒出来了。

协同化生产模式的实质在于突破经济主体间的外部壁垒，通过充分汇聚各自的人、财、物等硬件生产要素和知识、信息、技术等软件生产要素，实现优势互补，有效发挥各自的核心竞争力以实现深度合作。协同化生产模式创立的最大意义在于，它改变了生产过程创新中围绕生产整合生产体系的传统做法，转变为当前的围绕市场需求整合生产体系。

协同化生产模式是一个复杂体系，它包括高校、科研院所以及企业等核心构件，以及政府、金融机构、中介组织、非营利组织等辅助构件。这种模式通过这些主体核心竞争力的整合和协同，产生一种叠加的正外部性。而打破企业壁垒，推动协同化生产模式创新的力量来自金融垄断资本。金融垄断资本能够基于整体利益最大化原则，通过其国家或国际代理人，在国家甚至国际层面对生产要素进行整合。

在劳资关系方面，除以上所提及的新自由主义时期存在明显的劳动分化特征外，剥削的广度和深度发生了变化。在剥削广度上，协同化生产使得剥削劳动的主体构成变得更为宽泛。换言之，生产一线的产业工人不仅被其雇佣资本所剥削，而且被整个社会联合垄断资本所剥削；不仅被产业资本所剥削，而且被作为协同化生产模式创新推动力量的金融垄断资本所剥削。从资本对劳动剥削的深度来看，协同化生产模式中，劳动者更是深陷智能算法等数字机器体系所左右的数字漩涡。严密的数字监控和严格化的数字考核，将进一步提高数字工人的劳动强度。

第二节 微观失业理论的马克思理论渊源

当代西方马克思主义微观失业理论，主要通过对资本主义劳动过程的考察，揭示资本对劳动的剥削及其实际（或潜在）对资本主义劳动力市场的影响。这些理论虽未形成统一的理论体系，但它们基本都接受了马克思的"阶级划分""阶级利益冲突""剥削劳动"等基本思想。雷必泽（James Rebitzer）对这些共同思想进行了系统阐释，并将之概述为"激进政治经济学劳动力市场理论"。[①]

雷必泽认为，"激进政治经济学劳动力市场理论"与西方占主流地位的新古典主义的劳动市场理论最根本的区别在于，前者突出了"政治"在经济生活中的重要影响。激进政治经济学中的"政治"概念，通常指的是一种制度安排，这种制度安排能够强化一个团体（或阶层）对另一个团体（或阶层）的控制能力和控制权力。鲍尔斯将"政治"概念直接用于分析资本主义生产的劳动过程。鲍尔斯指出，马克思主义劳动理论区别于主流劳动理论的主要特征在于，马克思主义劳动理论揭示了资本主义生产过程中的两种关系：一种是以价值规律为基础的市场"等价交换"关系，即体现了市场交换的买卖双方的"平等"和"自愿"关系；另一种则是资本主义生产过程中资本对劳动的支配和压榨关系，这种关系才真正体现了资本主义生产的本质特征，这也是马克思主义劳动理论区别于新古典主义瓦尔拉方法的最根本特征。[②]

鲍尔斯认为，马克思主义者对资本主义劳动过程的分析，基于以下三个基本假设前提：第一，就资本家来说，提高生产效率与维持资本对工人的控制这两者相比较而言，后者更为重要；第二，资本家用以分化

---

① Rebitzer, J. B. , "Radical Political Economy and the Economics of Labor Market," *Journal of Economic Literature*, 31 (1993).

② Bowles, S. , "The Production Process in a Competitive Economy: Walrasian, Neo – Hobbesian, and Marxian Models," *The American Economic Review*, 75 (1985).

工人最重要的两种手段，一是工资歧视，二是劳动过程的官僚等级管理，即对工人劳动过程的控制；第三，突出资本主义产业后备军的存在对资本主义制度的存续和发展的意义。马克思主义的劳动力市场理论包括劳动压榨理论、劳动力市场分割理论、"去技能化"理论等。但其中最具代表性的理论则是劳动压榨理论，因为该理论较好地突出了"政治"在资本主义经济活动中的作用。

可见，当代西方马克思主义微观失业理论的核心要素是"劳动压榨"。而对"劳动压榨"的考察，建立在对特定的资本主义生产组织形式下劳动过程的考察基础之上。因此，要更好地理解当代西方马克思主义的微观失业理论，就必须从生产组织形式视角考察当代马克思主义经济学中劳动过程及其劳动压榨理论的马克思渊源。

一　马克思经济学的劳动过程理论

马克思在《资本论》第一卷中通过对资本主义生产方式变革的分析，讨论了建立在资本主义生产方式基础之上的资本主义劳动分工的发展及其对工人阶级生产条件的影响。这些内容已大体反映在第一节对资本主义生产组织形式的概述中。本节主要从理论层面探讨马克思关于资本主义劳动过程的资本与劳动雇佣关系理论，以及它对以后西方马克思主义经济学发展的影响。马克思在《资本论》第一卷中将资本主义生产组织形式的演进过程划分为简单协作、工场手工业和机器大工业三个基本阶段进行讨论。

1. 简单协作：资本对劳动剥削的起点

资本主义的简单协作，是资本主义生产方式得以确立的起点。马克思指出："资本主义生产实际上是在同一个资本同时雇用人数较多的工人，因而劳动过程扩大了自己的规模并提供了较大量的产品时候才开始的。"[①] 这种生产方式与资本主义早期的手工业作坊生产方式有着

---

① 马克思：《资本论》（第 1 卷），人民出版社，2004，第 374 页。

重要区别。早期手工业作坊还是分散的家庭式作坊，商人资本还没有直接控制生产过程，仍具有封建作坊特征。而资本主义的简单协作已具有资本主义的元素，意味着资本雇用劳动的开始。

马克思分析认为，资本主义简单协作的手工工场生产作为社会化生产组织形式能够形成，是因为协作能够提高生产组织从而提高整个社会生产的劳动生产率。一是协作使个别劳动转化为社会劳动，从而推动社会平均劳动的形成，使价值规律和资本增殖规律得以实现。① 二是引起劳动过程的物质条件发生变革，节省了生产资料成本。这是因为：其一，协作促使了所投入劳动力价值的普遍减少，使商品变得便宜；其二，协作改变了资本价值构成即不变资本和可变资本的比率②；其三，协作可以缩短劳动过程周期，扩大劳动范围，激发劳动者竞争心，还可以突击完成生产任务，以避免经济损失，等等。

更为重要的是，资本主义简单协作生产方式的建立，意味着资本主义生产方式的确立，意味着资本对劳动剥削的开始。协作使得资本家能够尽可能多地剥削劳动力，资本与劳动的对立开始凸显。因为，随着资本雇用工人人数的增加，资本所遇到的工人反抗增多，资本家对工人施加的压力也就加大。而资本家的职能，也从原来的生产组织者变为对工人劳动的剥削者。

由此，协作下的资本主义管理具有二重性：一是协作下对产品制造的管理，体现了管理的技术性；二是为实现资本的不断增殖，协作生产须加强对工人劳动过程的管理，这体现了管理的专制性。随着资本主义简单协作的大规模发展，这种管理的专制性以自己特有的管理形式体现出来，即出现了经理和监工专职，以资本名义进行指挥。劳动则开始隶属于资本。工人一旦加入了简单协作的劳动过程，本身也就成为资本的一部分。"作为协作的人，作为一个工作有机体的肢体，他们本身只不过是资本的一种特殊存在方式。因此，工人作为社会工人所发挥的生产

---

① 马克思：《资本论》（第1卷），人民出版社，2004，第376页。
② 马克思：《资本论》（第1卷），人民出版社，2004，第377页。

力，是资本的生产力。"①

资本主义简单协作意味着劳动开始隶属于资本，这个变化是一个自然而然的过程。这种生产组织形式意味着：一方面，资本主义的生产方式出现了重大变革，手工业的私人劳动过程开始转变为社会劳动过程，这一转变具有历史必然性；另一方面，劳动过程的这种社会形式能有效地提高劳动生产率，同时也更有利于加强资本家对劳动者的剥削。②

2. 工场手工业：分工的专业化与"去技能化"

工场手工业是简单协作的进一步发展，是更高级别的协作，这种协作是建立在分工基础之上的。马克思指出，工场手工业产生于两种方式：一种是资本家将拥有不同手艺的独立手工业者组织在同一个工场里进行生产，产品通过这些工人的协作来完成生产；另一种是资本家将从事同一种或同一类产品生产的手工业者组织在同一工场里进行生产。③工场手工业最初是自发形成的。在16世纪中期至18世纪后期大概两个多世纪的时间内，这种协作在资本主义生产组织形式中占据主导地位。这种协作模式一旦固定下来，"它就成为资本主义生产方式的有意识的、有计划的和系统的形式"④。

马克思指出，工场手工业大致以两种形式存在：一是混成的工场手工业；二是有机的工场手工业。前者由各个独立但又有一定内在联系的手工业混合组成；后者则是将同一产品制作过程中的各工序手工业有机结合在一起。这两种生产组织形式的形成是由制造出的产品的本身性质来决定。马克思指出："制品或者是由各个独立的局部产品纯粹机械地装配而成，或者是依次经过一系列互相关联的过程和操作而取得完成的形态。"⑤工场手工业的这两种生产组织形式，都是通过生产的内部分工以及生产的专门化来实现的。也就是说，产品分别由从事不同部件或

---

① 马克思：《资本论》（第1卷），人民出版社，2004，第387页。
② 马克思：《资本论》（第1卷），人民出版社，2004，第389页。
③ 马克思：《资本论》（第1卷），人民出版社，2004，第390~391页。
④ 马克思：《资本论》（第1卷），人民出版社，2004，第421页。
⑤ 马克思：《资本论》（第1卷），人民出版社，2004，第397页。

者不同工序操作的工人来协作完成。这种协作不仅能够提高工人的劳动熟练程度，也能提高工人的生产技术水平，同时还可以减少劳动过程中的非生产性消耗。这种协作还有利于资本家加强对劳动的控制，从而可以提高工人的劳动强度。此外，工具的专门化使用也有利于劳动工具的改进。以上诸多方便都能有力地促进社会劳动生产率的提高。①

工场手工业的重要特征是，生产过程的非独立化和生产技能的专业化。如果是以不同种的手工业结合为特征的工场手工业，这些手工业者在同一产品的生产过程中虽是相互协作，但完全丧失了独立性。他们的每一项操作只是整个产品生产操作的一个部分，是相互补充的局部操作。如果是以同种手工业协作为特征的工场手工业，它也会将个人手工业分解成各种不同的特殊操作，"使之孤立和独立化到这种程度，以致每一种操作成为一个特殊工人的专门职能"②。由此，工场手工业工人也就成为生产的"局部工人"，生产组织就成了"一个以人为器官的生产机构"③。

马克思通过对工场手工业分工与社会内部分工的对比来揭示前者的一些本质特征。马克思强调指出，这两种分工有着截然差异。社会内部分工以不同部门生产的产品之间的交换作为考察对象。而工场手工业分工以同一产品的生产过程作为考察对象。在这里，同一个资本家雇用了不同的劳动力，并将他们作为一个结合的劳动力来使用。从生产资料的所有权来看，前者的生产资料分属于不同的资本家；后者的生产资料归属于同一个资本家。从生产资料使用方式来看，前者的生产资料在社会不同生产部门的分配具有较强的随意性和偶然性；而后者的生产资料必须保持合适的比例以保持生产的有序性，使不同工人能够发挥不同的职能，体现生产资料分配的计划性和有序性。④

---

① 谢富胜：《马克思主义经济学中生产组织及其变迁理论的演进》，《政治经济学评论》2005 年第 1 辑。
② 马克思：《资本论》（第 1 卷），人民出版社，2004，第 392 页。
③ 马克思：《资本论》（第 1 卷），人民出版社，2004，第 392 页。
④ 马克思：《资本论》（第 1 卷），人民出版社，2004，第 412 页。

　　工场手工业这种生产组织形式比简单协作体现了更强的资本主义性质，虽在一定程度上提高了工人的熟练程度和生产技术水平，但同时也造成了工人生产技能的单一化，因而具有明显的"去技能化"倾向。工场手工业虽然也像简单协作一样，使劳动成为资本的一部分，所形成的生产力也表现为资本的生产力。但工场手工业中的工人已不再如同在简单协作中那样可以参与整个生产过程的操作，而只是简单地服从资本的一般指挥，遵守一定的纪律。换言之，他们是被归入了不同的等级层次，因而有了等级差别。工人个人的劳动已经严重异化。工场手工业生产最终造成了工人各方面的畸形化，工人的生产兴趣和生产能力受到严重压抑，工人的生产技能趋于片面化。"不仅各种特殊的局部劳动分配给不同的个体，而且个体本身也被分割开来，转化为某种局部劳动的自动的工具"①。

　　资本主义生产组织形式从简单协作发展到工场手工业，进一步加强了工人对资本的依附。马克思指出，资本主义生产初期，工人因为丧失生产资料被迫将劳动力出卖给资本家。而到了工场手工业生产时期，工人的个人劳动力如果不出卖给资本家，就根本得不到利用。换句话说，此时的工人劳动力只有在生产过程的相互联系中才能发挥作用，因此只有在资本家工场手工业生产中才能得到体现。"工场手工业工人按其自然的性质没有能力做一件独立的工作，他只能作为资本家工场的附属物展开生产活动。"② 由此可见，工场手工业的发展，虽然有效地提高了资本主义的社会生产力，却是"以工人在个人生产力上的贫乏为条件的"③。由此可以说，工场手工业分工"只是生产相对剩余价值即靠牺牲工人来加强资本自行增殖的一种特殊方法"，是"文明的和精巧的剥削手段"④。

---

①　马克思：《资本论》（第1卷），人民出版社，2004，第417页。

②　马克思：《资本论》（第1卷），人民出版社，2004，第417页。

③　马克思：《资本论》（第1卷），人民出版社，2004，第418页。

④　马克思：《资本论》（第1卷），人民出版社，2004，第422页。

3. 机器大工业：机器对工人的奴役与产业后备军队伍的壮大

自18世纪70年代以来，随着新生产技术的出现、机器的大规模使用以及机器协作体系的形成，资本主义生产方式发生了重大变革，资本主义生产方式开始由工场手工业向机器大工业过渡。马克思认为，这种生产方式的变革就是从机器作为劳动资料的应用开始。因此，要深刻剖析这种生产方式的转变，就必须从分析作为广泛使用的生产工具的机器入手。马克思指出："生产方式的变革，在工场手工业中以劳动力为起点，在大工业中以劳动资料为起点。因此，首先应该研究，劳动资料如何从工具转变为机器，或者说，机器和手工业工具有什么区别。"①

这里有必要将工场手工业的许多同种机器的协作和机器大工业的机器体系区分开来。马克思指出，只有生产过程普遍采用机器生产，即每一个劳动对象只有顺次经过一系列相互关联的生产阶段，而这些生产阶段又是由不同的且又互为依赖的机器来完成，机器体系才能真正确立。工场手工业与机器大工业的重要区别是：前者表现为，单个工人（或成组工人）运用自己的手工工具完成每一个特定的生产局部过程；后者则表现为，整个生产过程的各阶段按其本身性质来分解，每个局部过程的完成或结合都通过运用特定的科学技术方法。当然，这两者存在着许多相同点。"在工场手工业中，局部工人的直接协作，使各个特殊工人小组形成一定的比例数，同样，在有组织的机器体系中，各局部机器不断地互相交接工作，也使各局部机器的数目、规模和速度形成一定的比例。"②

当然，机器大工业是在工场手工业的基础上自然演变而成的。一方面，工场手工业中对机器的使用为机器大工业准备了熟练的机械工人；另一方面，随着生产技术的日益发展，工场手工业中的机器制造业下各种特色的独立生产部门开始出现，从而成为机器大工业发展的直接的技术基础。"机器生产发展到一定程度，就必定推翻这个最初是现成地遇

---

① 马克思：《资本论》（第1卷），人民出版社，2004，第427页。
② 马克思：《资本论》（第1卷），人民出版社，2004，第437页。

到的、后来又在其旧形式中进一步发展了的基础，建立起与它自身的生产方式相适应的新基础。"① 机器大工业生产组织形式的确立，对工人的影响则是极为深重的。

首先，机器大规模的使用既创造了增加剥削量的条件，也扩大了可剥削的对象范围。其一，将大量的妇女和儿童卷入资本控制之下。由于机器的使用，工人家庭有更多成员参与生产劳动，从而被置身于资本的直接控制之下，雇佣工人人数因而增多。马克思对此给出了充分解释。马克思认为，机器的使用导致普遍的家庭男性劳动力价值下降，而男性劳动力的价值取决于维持其整个家庭所需的劳动时间，因而，机器使用就不得不把他的家庭成员也拖进劳动力市场，以弥补其价值下降给维持家庭生存所带来的缺口。② 其二，导致工人和资本家原来形式上表现的契约关系发生重要变化，即资本与劳动的关系，从原来工人与资本家进行劳动力的"自由买卖"，变成劳动对资本的彻底依附。"从前工人出卖他作为形式上自由的人所拥有的自身的劳动力。现在他……成了奴隶贩卖者。"③ 其三，将农业劳动力卷入了工业生产的劳动力大军。"以机器分工协作为基础的工厂制度，逐步消灭了以手工劳动为基础的手工工场，进一步吞噬了家庭劳动，并深入农业领域，使农民也逐渐融入雇佣工人行列。"④

其次，机器大规模的使用，在扩大资本剥削范围的同时，延长了工人的工作日，提高了对工人的剥削程度。马克思指出，机器的广泛使用，一方面，给资本家创造了延长工人工作日的动机，而同时促使了生产方式的急剧变革，从而消解了工人对资本家延长工作日的抵抗；另一方面由于过剩劳动力的规模不断扩大，使得工人不得不听命于资本家在生产过程中的强制。"由此产生了现代工业史上一种值得注意的现象，

---

① 马克思:《资本论》(第1卷)，人民出版社，2004，第439页。
② 马克思:《资本论》(第1卷)，人民出版社，2004，第454页。
③ 马克思:《资本论》(第1卷)，人民出版社，2004，第455页。
④ 谢富胜:《马克思主义经济学中生产组织及其变迁理论的演进》，《政治经济学评论》2005年第1辑。

即机器消灭了工作日的一切道德界限和自然界限。"①

再次，机器大规模的使用，使得资本与劳动的对立加剧。马克思指出，机器一旦在生产过程中被采用，就立即成为工人阶级的竞争者。机器增加的数量与被机器排斥的工人数量一般是成正比的。而且这些被机器排斥的变为过剩人口的劳动力一部分彻底变成剩余劳动力，"另一部分则涌向所有比较容易进去的工业部门，充斥劳动市场"②，这样必将加大这些工业部门工人的生存压力，拉低这些工业部门的劳动力价格，使之降低到劳动力价值以下，从而强化了资本家对这些部门的控制。马克思由此指出，"机器不仅是一个极强大的竞争者，随时可以使雇佣工人'过剩'"，而且"成了镇压工人反抗资本专制的周期性暴动和罢工等等的最强有力的武器"。③

二 西方马克思主义者对劳动过程与失业的研究

劳动过程理论是马克思微观失业理论的核心，但在马克思《资本论》第一卷出版后的 100 多年里，这一理论并没有引起学界的足够重视。因此，马克思的劳动过程理论自提出以来，基本上没有遭遇到挑战，因而也基本上没有得到进一步发展。虽然这一理论没有受到学界重视，但并不意味着这一理论不重要。正如经济思想史学家马克·布劳格所评论的："也许有些人认为马克思对劳动过程的分析只是马克思主义经济学中不重要的一部分，但有很多人阐明，在马克思的分析中被当作不重要的部分恰恰是马克思主义的核心。"④ 直至 20 世纪 70 年代，西方学界才有学者对资本主义劳动过程理论做较为深入的探讨，较早关注资本主义劳动过程的学者有马格林（Stephen Marglin）、斯通（Katherine Stone）、布雷弗曼（Harry Braverman）等。

---

① 马克思：《资本论》（第 1 卷），人民出版社，2004，第 469 页。
② 马克思：《资本论》（第 1 卷），人民出版社，2004，第 496 页。
③ 马克思：《资本论》（第 1 卷），人民出版社，2004，第 501 页。
④ 谢富胜、宋宪萍：《资本主义劳动过程研究：从缺失到复兴》，《马克思主义研究》2011 年第 10 期。

1974 年，马格林在《老板们在做什么?》一文中对新古典主义的分工和生产理论进行了批判，并以翔实的经济史料阐明了，剥夺工人对资本主义生产的产品和过程控制权的两个基本因素即劳动精细分工和生产组织形式发展并非源自技术优势，而是源于资本主义生产关系的出现；并指出"是'分而治之'，而不是效率成为资本主义劳动分工的根本所在"。[1] 马格林指出，工厂成功的关键在于，资本家取代了工人对生产过程的控制，并取得了对工人劳动过程的监督权，这种生产过程管理模式的变革的确可以降低生产成本，而并非在于生产技术比原来更为先进，从而效率更高。在这里，马格林阐述了资本如何对劳动进行控制，并认为，在资本主义工厂制度下，资本家只能允许工人在工作和不工作之间进行选择。换句话说，工人在生产过程中没有任何自主权。在监工的严密监视下，工人连按自己标准安排工作速度的自由都没有。

同年，斯通在《钢铁行业的工作结构起源》一文中详细分析了 19 世纪美国钢铁行业工作结构变迁的历史过程。[2] 该文分析指出，资本主义国家的雇主们通过引进节约劳动的技术，剥夺了技术工人对生产过程的掌控权，相应地，技术工人则沦落为雇主机器的操作工。斯通指出，美国钢铁行业现有的劳动制度，是雇主们为了强化对雇员的控制而设计的。这一制度的设计并不是生产技术变革所导致的不可逆转的趋势。强化雇主对劳动过程控制权的制度设计，实质是剥夺技术工人对生产过程知识的掌握权，并把掌控权转移到管理方手中。

1974 年，布雷弗曼出版的《劳动与垄断资本》一书，对资本主义劳动过程进行了深入分析[3]，这在西方学界引起较大反响。该著作主要分析了自 20 世纪以来的资本主义劳动过程管理模式的转变以及美国工人阶

---

[1] 史蒂芬·马格林:《老板们在做什么?》，张淼、冯志轩译，《政治经济学评论》2010 年第 4 期。

[2] Stone, K., "The Origins of Job Structures in the Steel Industry," *Review of Radical Political Economics*, 6 (1974).

[3] Braverman, H., *Labor and Monopoly Capital: The Degradation of Work in the Twentieth Century* (New York: Monthly Review Press, 1974).

级结构的变化，分析得出，随着垄断资本主义的不断发展，垄断资本主义生产条件下的劳动过程存在着"概念"（conception）与"执行"（execution）相分离的趋势。这里的"概念"大致指的是对某事物或事情的"主张"或"观念"，因而其活动类似于"管理"；而"执行"大致指的是"实际操作"，类似于"生产劳动"。因此，"概念"和"执行"的分离，意味着与"概念"相关的活动即"管理"由少数管理人员来完成，与"执行"相关的活动即"生产劳动"由生产第一线的工人来完成。工人则由于劳动过程这种"去技能化"的分离而逐步"退化"。

布雷弗曼进一步指出，资本家通过劳动力市场购买劳动力以后，面临的最大挑战就是如何让工人付出更多的有效劳动。布雷弗曼认为，面对这种挑战或者说不确定性，资本家剥夺工人对劳动过程的控制权，将控制权转移到自己手中是十分必要的。资本家对控制权的取得，主要是通过调控熟练工人的劳动过程，即将其劳动分解为各种标准化的动作来实现。资本主义生产流水线作业的出现，使资本主义生产过程中的手脑分离，以及"概念"和"执行"的分离达到极致。资本主义生产流水线作业的运作，体现了生产管理部门对生产装配速度的绝对控制，同时也显示了工人劳动强度的进一步提高。①

这些研究对后来的马克思主义劳动过程理论及其相关的劳动力市场分割、劳动压榨和微观失业理论的研究产生了重要影响。其后学界对劳动过程的研究大致可分为三个阶段：第一阶段，即20世纪70～80年代，主要讨论布雷弗曼所提出的"去技能化"问题；第二阶段，即20世纪80年代末至90年代初，研究的重点是管理部门如何应对工人的抗争，关注的焦点是如何实施管理控制和如何推动新技术形成，研究内容和方法呈现多样化趋向；第三阶段，即20世纪90年代至今，探讨福特主义劳动过程的内在缺陷和福特主义积累体系的内在矛盾及其演变过程。下面就对西方学界以上理论做一简要分析。由于研究劳动过程的学

---

① 谢富胜、宋宪萍：《资本主义劳动过程研究：从缺失到复兴》，《马克思主义研究》2011年第10期。

者几乎都要述及布雷弗曼的观点，因此，这里先对布雷弗曼的理论做一简要分析。

1. 布雷弗曼论资本主义劳动过程

哈里·布雷弗曼是美国经济学界著名的马克思主义经济学家，他对垄断资本主义条件下的劳动过程问题进行了深入研究。布雷弗曼于1974年出版的《劳动与垄断资本——20世纪中劳动的退化》是关于这一主题的代表性著作，也是马克思之后开启这一领域研究的奠基之作。布雷弗曼在这一著作中指出，资本主义从自由竞争资本主义发展到垄断资本主义，社会经济领域虽然发生了许多变化，出现了许多新问题、新现象，但"资本主义的经济规律没有发生改变，资本主义的劳资对立关系也没有发生改变，劳动者在生产中的地位同样也没有发生改变，因此，马克思在《资本论》第一卷中所做的论断同样也是不会发生改变的"①。也正是基于这一点，布雷弗曼着手对马克思劳动过程理论进行深入阐述。

布雷弗曼认为以前的马克思主义者对垄断资本主义生产的组织结构、职业分布以及劳动过程缺乏较全面的分析，因而他要着手对这些方面做系统研究。布雷弗曼认为，资本主义的劳动分工、等级管理以及"概念"与"执行"分离，不仅发生在资本主义的生产车间，而且实际上已经扩散到资本主义的其他职业领域。布雷弗曼对服务性行业、零售业以及各类办公室工作组织形式和管理模式的分析，是他对马克思主义劳动过程理论研究的一个重大突破。布雷弗曼在其分析中突出了管理控制在资本主义生产中的作用及其对工人阶级的影响，使马克思主义理论更具现实性。

布雷弗曼分析的中心论点是：资本主义生产的管理者凭借劳动分工将生产劳动划分为"概念"和"执行"两个部分，以获得对劳动过程的控制权，从而实行劳动压榨以获得更多的剩余劳动。随着资本主义垄

---

① Braverman, H., *Labor and Monopoly Capital*: *The Degradation of Work in the Twentieth Century* (New York: Monthly Review Press, 1974), p. 1.

断组织的出现和垄断程度的提高，科学日渐被资本所掌握，并被并入资本，成为资本构成的一部分，从而成为剥削工人的工具。科学管理和科学技术在生产中的运用，深化了组织内部分工。劳动者由于生产技能进一步被削弱，变得越来越依附于资本。布雷弗曼从以下六个层面来剖析这种劳动异化现象。

第一，布雷弗曼将雇佣劳动与资本的契约关系作为资本主义劳动过程的起点。布雷弗曼认为，人类劳动的特殊性在于"概念"与"执行"的高度统一。但资本主义生产过程则建立在"概念"与"执行"的高度分离上。这二者的分离将直接导致劳动的分化，使得劳动过程被分割为两个部分，并由"概念"劳动者和"执行"劳动者在两个不同场所完成，这就是相关文献中的劳动力市场分割。资本家正是通过这种劳动力市场分割获得对劳动过程的控制权。[①]

第二，布雷弗曼认为，资本家通过管理控制来实现对工人的掌控。布雷弗曼指出，尽管工人对劳动过程没有主导权，仅充当劳动过程的工具，但工人的思想意识仍然存在。为了能够更有效地控制工人，资本家充分利用劳动分工，进行劳动力市场分割来分化工人，以达到控制目的。采用的控制手段主要有三条：一是将工人技能与实际劳动过程相分离；二是将生产管理与生产劳动相分离；三是将生产知识和技能与实际参与劳动过程的工人相分离。可见，这种管理控制不仅表现为"去技能化"，也表现为"去知识化"，工人的特殊劳动变为标准化劳动，工人从此沦为生产过程中可相互替换的零件，由劳动过程的主观因素变为客观因素，从而处于劳动过程的从属地位。

第三，布雷弗曼认为，劳动异化现象在机器大工业中表现得最为突出。布雷弗曼认为，泰勒的所谓科学管理指工业工程师通过对局部劳动者劳动过程的基本动作和所花费的时间进行分解、分析、测量，制定相应的作业标准，然后要求雇佣工人在生产过程中所采用的操作动作和时

---

① 赵秀丽：《劳动过程理论视角下的劳资关系研究述评》，《兰州商学院学报》2015 年第 1 期。

间必须符合机器运转规格。也就是说，此时雇佣工人的具体劳动动作，被分解为各种不同的标准化动作。此时，工人在生产过程中只是按照这种标准化动作反复机械地进行操作。尤其是生产流水线出现后，工人的手脑分离，以及对应的"概念"与"执行"的分离，变得更为彻底。在流水线作业中，管理者取得了对生产的绝对控制权，工人的工作强度也上升到一个前所未有的新高度。

第四，布雷弗曼分析指出，劳动异化现象在资本主义生产中已经普遍化。布雷弗曼认为，管理的控制、车间内分工和"概念"与"执行"的分离，已被广泛地应用于社会中的各个行业。"缺乏熟练技能、工资低微、职位可以互换等方面比较相似的大量工作人员，并不限于在办公室和工厂才有，他们也大量地集中在所谓服务性职业和零售业中。"①公司和政府经济部门内的服务性职业之所以能够迅速发展，是因为资本已经完全征服了商品生产的活动，而劳动力则相应地从工业部门中被排挤出去，从而导致这些被排挤的产业后备军与一些新兴工业的资本结合在一起。而由于新型的社会摧毁了一些旧式的社会、团体和家庭的合作关系，因而，服务业的社会需要就会不断增长。

第五，布雷弗曼分析认为，工人对自己的劳动在资本主义劳动过程中被异化是有抵触情绪的，因而，劳资矛盾在异化中不断加深。布雷弗曼指出："工人表面上适应新生产方式，是由于所有其他谋生之路已被破坏……但是……这种表面上相互适应的背后是，工人对现有的强加于他们的这种退化的工作模式的敌视，这种反抗情绪就像地下涌流，一旦条件允许，或者一旦资本家施加给他们的劳动强度超出了他们身心承受范围，就会冲上地面。这种敌对情绪……大多表现为工人对工作的厌恶抵触，表现为玩世不恭，不受约束，而且将反复地以成为社会

---

① Braverman, H., *Labor and Monopoly Capital: The Degradation of Work in the Twentieth Century* (New York: Monthly Review Press, 1974), p. 212.

需解决的问题的形式涌现出来。"①

第六，布雷弗曼进一步指出，资本主义劳资对立的生产关系正在向更宽更广的范围发展。尽管劳动力还不具有完全的流动性，还受到国内资本需要的约束，但出现了国际化的趋势。布雷弗曼考察了服务业和零售业资本主义生产关系的发展状况，分析认为，大量的新兴工人阶级在服务业和零售业的出现，与这两个行业生产机械化和自动化的采用是相符的。并认为，这种一致性符合资本积累的一般特征。布雷弗曼由此指出："表面上看，资本的扩张为劳动力创造了更多的就业机会，但实际上是过剩劳动力的存在支撑了资本的扩张，从而创造了一系列的新职业。"②

2. 资本主义不断机械化的劳动过程与产业后备军

布雷弗曼的理论戳穿了资本家编造的"资本家之所以推动科学技术革命，资本主义生产之所以采用机械化和自动化，是因为它们能够有效促进资本主义生产力发展"这一谎话。布雷弗曼指出，科技革命后，科学本身实际上已经成为资本家的私人财产。相关科学知识和科技成果也全掌握在管理者手中，留给工人的仅是一种有限而重复的动作。布雷弗曼在这里指出，科学越是被纳入劳动过程之中，工人就越不了解这一过程；作为智力产物的机器越复杂，工人就越不能控制和理解这些机器。③

布雷弗曼所著《劳动与垄断资本》的出版，在马克思主义理论界受到广大关注。在该著作中，布雷弗曼接受了马克思的劳动过程等理论，并运用马克思阶级分析方法，对资本主义劳动过程进行了深入探讨。布雷弗曼分析认为，资本主义的工作场所是一个资本家对工人施行权力的场所，也是工人对资本家进行对抗的场所。布雷弗曼就资本对劳

---

① Braverman, H., *Labor and Monopoly Capital: The Degradation of Work in the Twentieth Century* (New York: Monthly Review Press, 1974), p. 151.

② Braverman, H., *Labor and Monopoly Capital: The Degradation of Work in the Twentieth Century* (New York: Monthly Review Press, 1974), p. 336.

③ 闻翔、周潇：《西方劳动过程理论与中国经验：一个批判性的述评》，《中国社会科学》2007 年第 3 期。

动过程控制的分析，以及"概念与执行分离"观点的提出，正是他运用马克思理论方法分析所得出的逻辑结果。《劳动与垄断资本》激起了人们对资本主义劳动过程本身的兴趣。其中"概念和执行的分离"，被后来的相关文献称为"去技术化"。

机械化程度不断提高的劳动过程对产业后备军的规模扩大有重要影响，这一点在布雷弗曼的这部著作中得到了深入阐述。布雷弗曼指出："受到机械化影响的那些工业部门和劳动过程，释放出来大量劳动力，供机械化程度较低的其他资本积累领域剥削。由于这一循环反复地出现，劳动力就在劳动生产率不易受工艺改革影响的工业和职业部门聚集起来。使用机器的职业中不断提高劳动生产率，不断造成相对过剩人口，因而这些'新兴'的工业和职业部门的工资率被压低了。这种情况反转来又鼓励资本投入各种形式的需要大量低工资手工劳动的劳动过程。"[1]

布雷弗曼对劳动过程及其"去技能化"特征，以及由此衍生出的"劳动压榨"及其对产业后备军影响等的分析，成为当代西方马克思主义微观失业理论的重要研究基础。

3. 西方马克思主义劳动过程理论的当代发展

以马格林、鲍尔斯、金蒂斯（Herbert Gintis）等为代表的西方马克思主义经济学家对资本主义生产组织变革和劳动过程进行了深入探讨，并通过对工厂制度和大规模生产组织兴起的历史考察，分析得出工厂制度内部的劳动等级制分工并不具有提高生产效率的作用，工厂制度和大规模生产组织实际上是资本家用来剥削和更好地控制工人的手段。[2]

马格林着重强调了劳动力市场分割对资本控制劳动的意义。他认为，就资本对劳动的控制而言，劳动分工可以实现对工人的"分而治

---

[1] Braverman, H., *Labor and Monopoly Capital*：*The Degradation of Work in the Twentieth Century*（New York：Monthly Review Press, 1974），p. 366.

[2] 谢富胜：《马克思主义经济学中生产组织及其变迁理论的演进》，《政治经济学评论》2005 年第 1 辑。

之", 即可以有效地维护雇主对生产资料的支配地位和对劳动过程的控制地位, 同时也可以有效维护雇主在直接生产者与消费者之间充当中介人的地位。在劳动过程中, 现代的工厂制度通过等级制生产组织的构建, 能够有效延长工人的劳动时间, 强制加快工人劳动的速度, 实现降低劳动力成本的目标。

鲍尔斯和金蒂斯等分析了劳动过程中社会关系与生产技术之间的关系。他们在马格林对劳动力市场分析的基础上做了进一步讨论, 分析认为, 资本家通过机器开发, 建立起与工厂生产相一致的各种生产方式, 形成了资本主义生产组织等级制生产关系。他们通过对资本家在生产中不断地发明新技术、采用新技术这一过程的分析得出, 是生产过程中体现的生产关系(或者说社会关系)决定技术的采用, 而不是技术水平的发展支配了生产社会形式的演变。他们对斯通的美国钢铁行业研究做了进一步讨论, 并分析认为, 美国钢铁行业等级制度的建立, 不是生产技术变化推动的结果, 而是资本家凭借警察力量蓄意破坏钢铁联合工会, 从而打破工人对资本主义劳动过程的控制而实现的。

柯亨(Gerald A. Cohen)则通过对包买商制度转化为工厂制度这一演变过程的研究, 分析得出, 在包买商制度向工厂制度转化的过程中, 资本家的生产管理方式发生了重要改变。这一变化的主要特征是, 从原来对产出的管理, 转变为现在对整个生产过程的控制。生产管理模式转变后, 资本家不仅获得了由生产管理模式改变引起的生产力水平的提高所产生的收益, 而且获得了由生产管理模式改变引起的监督手段的提高, 从而造成工人劳动强度提高所带来的收益。可见, 生产组织形式也是一种由资本家创造的剥削工人的工具, 这种工具随着生产模式的演变, 对工人的控制变得越强、越有效, 工人受到的压榨也就越深。

以埃尔斯特、罗默为代表的分析马克思主义者, 和以鲍尔斯、金蒂斯等为代表的后马克思主义者在以上学者的分析基础上, 进一步讨论了劳动压榨问题及其与产业后备军的关系。前者试图撇开资本主义具体的生产过程，仅从生产资料资本家的不平等占有角度来分析资本主义剥削。他们认为，不需要考虑资本主义劳动力市场的特殊性，不需要考虑劳动力作为商品的买卖问题，只需要考虑资本主义生产资料的不平等占有，就可以分析资本主义剥削。后者则是以具体的资本主义生产过程作为研究对象，讨论生产过程中的劳资对立关系。鲍尔斯还以劳动压榨理论为基础讨论了监督、失业威胁与工人努力程度之间的关系，分析得出劳动力市场的非均衡特征是资本主义常态。

还有学者进一步分析劳动压榨与劳动力市场分割的关系，以及劳动压榨的特征和成因。以埃德沃思（Richard Edwards）、阿克洛夫（George Akerlof）、布洛（Jeremy Bulow）为代表的学者分析了劳动力市场分割与劳动压榨的关系；以罗森伯格（David Rosenberg）为代表的学者分析了"去工会化"所造成的劳动压榨；以迈克尔·瓦雷斯（Michael Wallace）为代表的学者从"空间化与技术控制"角度，分析了资本主义生产过程的空间"劳动压榨"问题。这些理论以马克思的"阶级利益冲突"和"劳动剥削"等思想作为理论基础，并多以新古典主义的瓦尔拉方法为分析工具，将资本主义的生产过程作为分析对象，分析劳动压榨、劳动力市场失衡及其相关问题。下面将系统讨论这些相关理论的核心内容。

第三节　失业理论的微观经济学

市场与效率的关系，在新古典微观经济学中十分简单：市场是竞争主体间分配稀缺资源的机制；经济主体间的相互竞争导致市场均衡。这种均衡是有效率的，因为它优于其他可行性方案。然而，西方马克思主义者则提出了与新古典主义完全不同的经济过程概念。尽管西方马克思主义微观理论并没有形成系统性理论体系，但在许多方面，尤其是在与新古典经济学对立的方面存在很多共识。这些共识主要体现在以下三个方面。①

第一，强调"政治"在经济学中的作用。西方马克思主义者认为，资本主义劳动过程从根本上来说是"政治"的，即使在最抽象的水平上，它们也要依赖于制度安排，这些制度安排主要是为了加强生产支配者的权威。

第二，重视制度安排的合意性。西方马克思主义者认为，强化支配者权威的制度安排，与其他可替代性制度安排相比，或者效率更低，或者公平性更差，或者两者兼而有之。

第三，强调经济结构的历史变迁性。西方马克思主义者认为，现有的经济结构是在特定历史条件自然演变的结果，体制是否最优或者是否有效率，并非事先决定。

需说明的是，就第一点而言，"政治"这一术语与国家层面相联系的"政治"含义大不相同，这里主要指的是支配者对被支配者所施加的影响。第二点表达的是一种"社会工程"思维，认为就现有制度而言，存在比它更优的可实现的替代方案，但这些替代方案不会由市场自发形成。从这个意义上说，现有市场过程的失误是可以补救的。就第三点而言，则是在经济结构分析中引入了制度经济学的"路径依赖"概念。一般而言，由路径依赖所产生的制度安排未必是最优的，而仅是"令人满意的"。这是因为，这种"令人满意"的、具有"历史偶然性"的制度安排，受各种可能性限制，而仅是历史特定情况的产物，因而也就不是最佳的。综合这三点可以得出，理解西方马克思主义微观理论，离不开"政治性"视角，离不开制度和历史分析。这三点的综合一定程度上反映了理论的整体性，可见，西方马克思主义强调历史性和制度性，与马克思经济学的整体性是暗合的。

尽管西方马克思主义的微观理论在方法论上与新古典主义存在诸多差异，但在很大程度上仍可将之视为马克思经济学与新古典经济学相结

① Rebitzer, J. B. , "Radical Political Economy and the Economics of Labor Markets," *Journal of Economic Literature*, 31 (1993).

合的产物。例如，有关经济过程的"政治""可补救"和"历史偶然性"等概念显然源自马克思的经济分析方法，而当它们在仔细分析单个经济主体的行为时，采用的又是新古典经济学的分析方法。

西方马克思主义的劳动力市场理论与新古典主义的劳动市场理论彼此之间产生了重要影响。例如，就劳动力市场分割理论而言，西方马克思主义经济学与新古典主义文献基本融合在一起，相互之间自由引用。而在其他研究领域，如对劳动（力）市场"政治"的考察，两者又是直接对立的。鉴于此，本节分析主要以理论的思想发展为脉络，以当代西方马克思主义区分于新古典主义的理论主要特征即"政治性"为统领，来阐述西方马克思主义生产过程中劳动压榨的特征与成因及其对劳动就业的影响。

一　资本主义生产组织中的政治结构、劳动压榨与失业

强调"政治"在资本主义生产过程中的作用，是西方马克思主义理论区别于新古典主义理论的重要特征之一。西方马克思主义者对劳动力市场的分析始于企业的"政治结构"。在西方马克思主义经济学中，如果当事方之间的利益冲突是通过行使权力来解决的，那么，当事人之间所反映的社会关系就被认为是"政治"的。权力主要通过拥有权力的一方对另一方施加制裁手段所展现出的能力来体现。而在劳动力市场中，权力所诉诸的制裁，则是采用终止雇佣关系等可信威胁的方式对另一方施加实质性影响。

1. 资本主义生产组织中的政治结构

新古典经济学并非完全排斥"权力"概念，西方马克思主义经济学与之存有的区别体现在权力的施行方式上。在新古典主义框架中，"权力"主要体现为，对于当事人之间的利益冲突，主要通过合同的强制执行来解决。因为，新古典主义框架中，竞争性均衡条件下，经济利润为零，而工资则满足当前工作的效用等于下一个最佳选择的效用。因此，厂商和工人的任何一方均不能通过终止雇佣关系对另一方施加制

裁。而西方马克思主义者则认为，施行权力在资本主义劳动力市场中无所不在，也是最基本的运作方式。

西方马克思主义者认为，资本主义经济中的典型企业体现为一种"政治"结构，在这种"政治"结构中，工人必须对资本家负责。在西方马克思主义理论框架中，资本家有资产处置的最终权力并有权获得企业产生的盈余，并对利润最大化感兴趣。而雇佣工人则对利润最大化没有任何兴趣，因而，由此导致的利益冲突，只有通过资本家对工人施行"权力"来解决。①

西方马克思主义文献中的企业"政治结构"这一概念，主要体现在雇主对雇员施加"权力"这一过程中。而相关理论对权力关系概念的表达，则体现在使用解雇威胁来迫使员工付出最大努力的正式模型中。如果工人的信息是不完全的或者获取成本很高，在这类模型中分析最全面的，当属解雇威胁模型。解雇威胁模型是西方马克思主义劳动压榨模型的主要代表。

西方马克思主义的基于解雇威胁的结构模型与新古典主义的"效率工资"或"努力调节"模型几乎是无差别的，尽管各自的研究是完全独立完成的。如斯蒂格利茨的"效率工资"模型②与西方马克思主义者鲍尔斯的"偷懒模型"③，在分析的机理上几乎是无差异的。这些模型都阐述了这样一个事实，即公司监视员工的工作努力，并威胁要解雇那些被发现工作不合格的员工；这种解雇威胁的有效性取决于工人失业的成本；失业的成本又取决于当前工作相对于替代方案的价值。

就具体的"偷懒模型"而言，主要特征是，在既定的工人偏好和劳动力市场的一般条件下，企业可以构建一个将工作强度与企业所付工

---

① Bowles, S. and H. Gintis, "The Problem with Human Capital Theory: A Marxian Critique," *The American Economic Review*, 65 (1975).

② Stiglitz, J. E., "The Causes and Consequences of the Dependence of Quality on Price," *Journal of Economic Literature*, 25 (1987).

③ Bowles, S. and H. Gintis, "The Problem with Human Capital Theory: A Marxian Critique," *The American Economic Review*, 65 (1975).

资挂钩的"工作努力"函数，并将"工作努力"函数纳入利润最大化的生产函数框架，从而根据利润最大化目标来决定工资和就业水平。这就是当代西方马克思主义微观失业理论的一般机理。该模型表达的含义是，在经济体中，所有雇主采用解雇威胁来制约雇员的行为，而所实现的劳动力市场均衡就是，一部分工人被资本家雇用，并获得高于劳动力市场供求均衡工资水平的工资即租金；而另一部分工人则处于非自愿失业状态。

2. 劳动压榨的一般表述：工作强度、监督和失业

当代西方马克思主义的"劳动压榨"思想是从马克思劳动过程理论中得出的结果。马克思在《资本论》第一卷中明确指出："在生产过程中，资本发展成为对劳动，即对发挥作用的劳动力或工人本身的指挥权。人格化的资本即资本家，监督工人有规则地并以应有的强度工作。"[1] 并分析了这种生产的"政治结构"给工人带来的影响。"资本发展成为一种强制关系，迫使工人阶级超出自身生活需要的狭隘范围而从事更多的劳动。作为他人辛勤劳动的制造者，作为剩余劳动的榨取者和劳动力的剥削者，资本在精力、贪婪和效率方面，远远超过了以往一切以直接强制劳动为基础的生产制度。"[2] 在这里，马克思明确阐释了资本之所以能增殖，是因为资本家具有对劳动力使用的强制权——劳动指挥权。资本家的强制指挥权得以实现的制度前提是以劳动者异化为工具。

当代西方马克思主义者运用新古典主义方法将马克思的这一劳动过程理论所体现的"劳动压榨"思想进一步模型化，模型中将"压榨"用"工作强度"变量来代替，并讨论了"工作强度"与"失业成本"和"监督"等变量的关系，并将之纳入生产函数，分析"劳动压榨"对产出和就业的影响。其基本框架可用以下模型[3]来概述：

---

[1] 马克思：《资本论》（第 1 卷），人民出版社，2004，第 359 页。

[2] 马克思：《资本论》（第 1 卷），人民出版社，2004，第 359 页。

[3] Rebitzer, J. B., "Radical Political Economy and the Economics of Labor Markets," *Journal of Economic Literature*, 31 (1993).

$$Q = Q(e, L, K) \tag{3-1}$$

$$e = e(J, S) \tag{3-2}$$

这里，Q 是企业产出；L 是雇用的生产工人人数；K 是企业投入的资本量；e 是工作强度；J 是偷懒雇员的失业成本，S 是指耗费在监督上的资源量，表示监督强度；$\partial Q/\partial e > 0$，$\partial Q/\partial L > 0$，$\partial Q/\partial K > 0$，$\partial^2 Q/\partial e \partial L > 0$，$\partial^2 Q/\partial e \partial e < 0$，$\partial^2 Q/\partial L \partial L < 0$；并假设企业（或管理层）选择 J、S、L 和 K 来生产产出 Q。在实证研究还通常假设：（1）e 是 J 和 S 的连续凹函数；（2）J 的边际"工作强度"随 S 的提高而提高，即 $\partial^2 e/\partial J \partial S > 0$。这些假设所表达的含义是，失业成本或用于监督的资源的增加将导致工作强度的提高，那么，在既定的劳动力市场条件下，企业就可以通过调整工资来调节偷懒雇员的失业成本 J。

韦斯科普夫、鲍尔斯和戈登使用与式（3-1）和式（3-2）相类似的关系式，来估算美国全要素生产率增长的决定因素。他们首次将 J 和 S 引入总生产函数。研究发现，失业成本 J 对于解释 1948~1979 年美国全要素生产率的增长是很重要的。但是，他们同时还发现监督强度 S 对全要素生产率增长没有统计学意义上的显著影响。[①]

韦斯科普夫、鲍尔斯和戈登得出的结果非常有理论上的启发意义。不过，他们的分析也存在测量上的一些问题。其中最重要的也许是他们对失业成本的度量。他们将失业成本 J 定义为工人因失业而预计放弃的年收入的一部分（其中包括工资和政府提供的福利），也就是：

$$J = U_d [W - W_R] / (W + W_G) \tag{3-3}$$

这里，U_d 是失业者的平均失业时间；W 是生产工人的平均每周税后收入；W_R 是平均每周收入，指的是没有工作的人每周所获得的福利；W_G 是政府提供的每周平均的非收入福利，特别是教育和医疗福利。这里有些指标虽存在理论上的价值，但在实际测量时并不十分容易把握。

---

① Weisskopf, T. E., S. Bowles and D. M. Gordon, "Hearts and Minds: A Social Model of U. S. Productivity Growth," *Brookings Papers on Economic Activity*, 2 (1983).

还有学者分析了劳动力市场疲软对美国标准产业分类体系（SIC）中各行业生产率的影响。他们分析认为，如果企业不根据劳动力市场的短期波动来调整工资（W）和监督强度（S），那么失业率的上升将导致工作强度的提高。如果企业不断地调整工资（W）和监督强度（S），"努力调节"模型的比较静态分析表明，劳动力市场的疲软也可能导致工作强度的提高。

从式（3-1）和式（3-2）还可以考察监督强度（S）与工作强度（e）和全要素生产率之间的关系。当然，这里首先遇到的是如何衡量监督强度 S。韦斯科普夫、鲍尔斯和戈登将 S 设定为私营的非农业机构中非生产工人与生产工人的比率。这里隐含的假定是，所有非生产工人都参与对生产工人的监视或监督。

戈登试图采用以下四种方式来度量监管强度（S）：（1）私营非农雇员中非生产雇员占比；（2）私营非农雇员中监督雇员占比；（3）私营非农雇员中制造业工头的占比；（4）私营非农雇员中行政管理人员占比。这些度量方式表明，有相当一部分劳动力参与了监督。观察这些测量指标在 1950～1980 年的变化趋势可以发现，美国的监督强度已大大提高。[1]

进一步考察式（3-2）和式（3-3）可以得出，如果企业选择失业成本（J）和监督强度（S）来最小化每单位工作努力的成本，那么，在监管投入成本很高的企业中，人们可能会观察到，企业将选择较高的失业成本（J）来替代相对昂贵的监管投入。这种"替代"效应将导致观察到的监督强度与工资水平之间存在负相关关系。然而，监督价格的上涨将导致要诱使工人付出高水平努力的成本变得高昂。监督价格的上涨，将促使企业减少付出诱使工人做出较高水平努力的努力，从而降低 J 和 S 的水平。

3. 劳动压榨、"去技能化"的技术选择与失业

前文已经较详细地讨论了布雷弗曼的劳动过程及其"去技能化"

---

[1]　Gordon, D. M., "Who Bosses Whom? The Intensity of Supervision and the Discipline of Labor," *The American Economic Review*, 80 (1990).

理论。这里从更广泛的文献来讨论"去技能化"的成因，着重讨论理论界如何分析资本主义生产组织中所体现出的企业政治结构，是否存在和如何导致偏向于降低员工技能水平的倾向，并试图对某些重要分析进一步做理论化阐述。

就对劳动力的控制会导致"去技能化"的技术变化倾向而言，学者存在多种解释。一种观点认为，用不熟练工人和机器的组合形式来替代熟练工人，企业就可以削弱工会的讨价还价能力。这里隐含的一个论点是，在熟练工作中，工人垄断着有关生产过程的准确信息。正如前文分析，布雷弗曼指出，企业为获得对生产信息的掌控权，将复杂工作分解成几个简单任务，进行"时间—动作"研究，并运用这些信息设立计件工资并加强监控。除提高监控水平外，降低工作技能含量的成本也会比雇用新工人以替代因偷懒而被解雇的工人所花费的成本要低。如果是这样，那么原先依赖解雇威胁的企业将可能倾向于选择低技能的生产组织方法。

西方马克思主义文献对"去技能化"技术变化的关注，始于布雷弗曼对"泰勒主义"在美国大规模工业生产发展中的历史作用所做的分析。"泰勒主义"生产过程的主要特征体现在以下几个方面：一是将复杂的工作分解为几个简单的组成部分；二是将控制权从生产工人手中转移到工程师手中；三是运用"时间—动作"研究，来估算以最快的速度完成所考察的生产任务需花费的时间。

布雷弗曼认为，"泰勒主义"在确保车间纪律方面取得了广泛成功，并认为，它的成功源于生产过程"去技能化"的技术变革摧毁了工人抵抗的能力。尽管布雷弗曼的分析很有影响力，但他的核心论题并未得到后续研究的有力支持。拉佐尼克[1]、马格林[2]、埃尔鲍姆（Ber-

---

① 威廉·拉佐尼克：《车间的竞争优势》，徐华、黄虹译，人民出版社，2007，第239~244页。

② Marglin, S. A., "Knowledge and Power," in Frank, H. S. (ed.), *Firms, Organization and Labour* (NY: St. Martin's Press, 1984), pp. 146-164.

nard Elbaum)[1] 等对"去技能化"的技术变革对管理层实现对工作场所的控制必要提出了质疑。拉佐尼克认为,通过"去技能化"技术的变革而创造的半熟练劳动力非常难管理和激励。"泰勒主义"的计件工资做法虽被劳动者和管理者都视为"科学的",因此也被认为是"公平的",但在用于减少劳资纠纷的实际操作中并不是很成功。

与"去技能化"技术变革紧密相关的一个重要问题就是技术选择的效率性问题。道(Gregory Dow)分析认为,企业在考虑技术选择和工作组织选择时,主要关心的是权威的维护,而在存在经济租金的垄断情况下,企业也可能会投入大量资源来改善自身议价地位,即使这些支出不会增加净产品。因此,这种策略将导致效率低下,因为利润最大化的垄断者可能更愿意在较小的经济蛋糕中占有更大的份额。[2]

列维(David Levine)考察了将解雇威胁作为工作激励因素的外部性问题。[3] 列维认为,为更好地理解产生外部性的原因,需考察由同一企业和同一工人组成的经济体,这里所有企业都使用解雇威胁来维持较高的工作强度,工人可以在高强度和低强度的两个工作强度上工作,企业将工资率和解雇率设定为足以确保员工高强度工作的水平。那么,在没有履约保证金的情况下,这种经济就会在一定失业率(μ)水平上实现均衡。倘若工人因偷懒而被解雇,他就进入了失业大军。由于存在员工自然流失和解雇,每个时期都会雇用一定量的员工(λ),那么,在其他条件不变的情况下,失业的成本将随求职率(μ/λ)的上升而增加。

就式(3-1)和式(3-2)中所界定的生产函数和工作强度函数而言,由于存在连续且复杂的工作强度函数,利润最大化和技术效率最

① Elbaum, B., "The Making and Shaping of Job and Pay Structures in the Iron and Steel Industry," in Osterman, P. (ed.), *Internal Labor Markets* (Cambridge, MA: MIT Press 1984), pp. 71 - 107.

② Dow, G., K., "Internal Bargaining and Strategic Innovation in the Theory of the Firm," *Journal of Economic Behavior & Organization*, 6 (2006).

③ Levine, D. I., "Just-Cause Employment Policies When Unemployment Is a Worker Discipline Device," *The American Economic Review*, 79 (1989).

优之间的关联本身就成为问题。如果利润最大化纳入监督强度（S）和失业成本（J），那么，$\partial e/\partial S$ 和 $\partial e/\partial J$ 将大于零，则意味着该企业将始终能够通过增加工资来提高工作努力程度和增加产出（从而也是增加了 J），这样将导致下调 S 并将监督人员转移到生产任务上。在这种情况下，从实际投入向量的最大化产出意义上看，使利润最大化的 J 和 S 的选取则在技术上是无效的。[①]

二　资本主义劳动力市场分割中的劳动压榨与失业

西方马克思主义者认为，劳动力市场分割是与资本主义特定发展阶段相适应的生产组织的微观制度安排。鲍尔斯在 2005 年出版的《理解资本主义》一书中指出，歧视、官僚控制的扩张和有限的劳资协议，最终在美国塑造了三种相对独立的劳动力市场。[②] 西方马克思主义者的劳动力市场分割理论是与劳动压榨理论紧密相关的，它在一定程度上阐释了在垄断资本主义条件下如何实施劳动压榨。这是本部分所要着重讨论的内容。

西方马克思主义文献分析认为，劳动力市场分割现象大概出现于20 世纪 30 年代。此时大公司为应对工人抗议的增加，强化对劳动过程的管理，在管理中引入科层制，以加强组织内部的人员分化。劳资双方还制定相关的资本与劳动协议制度，以确保资方对劳动过程的控制权，同时也确保协议内工人的工资能适度增长，以及就业和社会福利保障在一定程度上能得到满足，这样就可以减小劳动力市场分割措施实施所遇到的阻力。

劳动力市场分割是以劳动压榨理论中的劳动过程控制为主要特征的，该理论与马克思经济学的研究传统是紧密相连的。马克思对资本

---

① Bowles, S., "The Production Process in a Competitive Economy: Walrasian, Neo-Hobbesian, and Marxian Models," *The American Economic Review*, 75 (1985).

② 塞缪尔·鲍尔斯、理查德·爱德华兹、弗兰克·罗斯福：《理解资本主义》，孟捷等译，中国人民大学出版社，2010，第 209 页。

主义雇佣劳动关系的研究，假定资本家会付给工人符合其劳动力价值的报酬，因而资本家要获取剩余价值，必须对劳动过程和生产出的产品具有完全掌控能力。这使得生产中有一部分工人要承担起监督者的角色。资本主义生产组织作为一个控制系统，本身会制造分化的劳动力。[①] 在劳动力市场分割条件下，式（3-1）和式（3-2）的基本框架可以拓展为：

$$Q = Q\ (e;\ L_1,\ L_2,\ K) \qquad\qquad (3-1')$$

$$e = e\ (J,\ S,\ D) \qquad\qquad\qquad (3-2')$$

这里，Q 是企业产出，$\partial^2 Q/\partial i \partial i < 0$，$\partial Q/\partial i > 0$（$i = e,\ L_1,\ L_2,\ K$），$\partial^2 Q/\partial i \partial j > 0$（$i,\ j = e,\ L_1,\ L_2,\ K;\ i \neq j$）；$L_1$ 是生产工人的人数；L_2 是监督工人（或技术工人）的人数；K 是企业投入的资本量；e 是生产工人的工作强度（这里讨论生产工人的压榨问题）；J 是偷懒生产工人的失业成本，S 是指耗费在监督上的资源量，表示监督强度；D 是劳动力市场的分割程度（可用监督工人工资与生产工人工资的比值来表示）；并假设企业（或管理层）选择 J、S、L_1、L_2、D 和 K 来生产产出 Q。且假设：（1）e 是 J、S 和 D 的连续凹函数；（2）J 和 S 的边际"工作强度"随 D 的提高而提高，即 $\partial^2 e/\partial J \partial D > 0$，$\partial^2 e/\partial S \partial D > 0$。

1. **资本主义劳动过程中的劳动力市场分割与劳动控制**

根据新古典主义的微观经济理论，在自由竞争市场上，相同的商品应以相同的价格出售。短期内存在对均衡状态的偏离，在长期，购买者可通过相反操作来抵消这种偏离，因为购买者将放弃低价等价物的高价商品。而在劳动力市场，抽象掉补偿工资差异，在长期，具有相同生产能力的工人应获得相同的工资。

西方马克思主义的劳动力市场分割理论则认为，即便从长期来看，"一价定律"在劳动力市场中也不适用。相反，劳动力市场的长期均衡

---

① 孟捷、李怡乐：《关于劳动力市场分割动因的三种解释——评述与拓展》，《当代财经》2012 年第 6 期。

将以高工资、理想工作的配给为特征。这种配给的结果是，有能力并愿意以不断上涨的工资接受理想工作的工人，也许很长时间将被困在不太理想的工作中。

劳动力市场分割主要体现在工作激励的部门差异上。西方马克思主义文献认为，美国目前的劳动力市场分割是劳动控制机制在部门间的差异所造成的。就不同劳动力细分市场的激励类型和权力关系而言，西方马克思主义学界存在较大分歧。一般认为，对劳动力市场分割成因的解释大致可分为两类：一是以埃德沃思为代表的"社会学"解释；二是以布洛和萨默斯（Lawrence Summers）为代表的"监察"解释。这里就对这两种具有代表性的劳动力市场分割理论进行阐释。

（1）"社会学"意义上的劳动力市场分割与劳动控制。埃德沃思对劳动控制的分析[①]是劳动力市场分割理论研究中最具影响力的文献之一。埃德沃思认为，在美国经济中，有三种基本的劳动控制机制在起作用：第一种是简单控制，主要是指管理人员对工人的密切监督；第二种是技术控制，主要是指使用机械设备，如装配线等，来控制生产速度并限制工人的渎职范围；第三种是官僚控制，主要是企业试图诱使工人将企业目标内化为工人目标，以减少工人与雇主之间的利益冲突。官僚控制所采用的策略主要有支付高工资和对忠于公司进行巨额奖励等。这种控制类似于具有新古典主义框架的阿克洛夫的"投桃报李"模型。[②] 此外，企业内部的治理结构，如制定申诉程序、发放工资、裁员和召回等规则，也被设计成让工人感觉具有公正感的模式。

埃德沃思认为，以密切监督和解雇威胁作为控制手段的简单控制，是诱使工人付出高强度和高质量的工作努力最原始的也是相对较无效的手段。因此，简单控制主要出现在员工只执行简单且易于监视的工作任

---

① Edwards, R. C., *Contested Terrain: The Transformation of the Workplace in the Twentieth Century* (NY: Basic Books, 1979).

② Akerlof, G. A., "Labor Contracts as Partial Gift Exchanges," *The Quarterly Journal of Economics*, 92 (1982).

务的小型企业中。技术控制则较适用于雇用大量半熟练工人的大型批量生产的企业，其特征与简单控制情形是相同的，仅是采取的手段不同。官僚控制最初是由大型的无工会组织的雇主开发的，是管理白领劳动力和抵制工会力量扩散的一种手段。但也有一些具有工会组织的企业采用了官僚控制方式。这种情形相当于提高了劳动力市场的分割程度，从而提高了产出。

埃德沃思所界定的三种劳动控制机制分别对应着三个不同层次的劳动力市场：一是主要市场；二是次主要市场；三是次要市场。主要市场主要以官僚控制为特征，这一市场的工人通常是专业技术人员和白领工人，他们获得高薪以及任职、教育和经验等的高回报；次主要市场采用的是技术和官僚控制相结合的方式，它们的工人通常是蓝领工人和工会会员；次要市场的工人通常技能水平偏低，离职率高，他们通常是非工会成员，在小型工厂工作，工资偏低，教育和经验回报也较少。

埃德沃思对企业权威、劳动力市场分割和工作多样性这三者间关系的分析有一定理论价值，但他没有进一步分析劳动力市场分割是否会产生对劳动力资源的合理配置。

（2）"监察"意义上的劳动力市场分割与劳动控制。布洛和萨默斯着重讨论了各分割市场的监督特征。[①] 布洛和萨默斯分析指出，主要市场的工作是很难被监察的，这里雇主主要采用解雇威胁来诱使工人付出高强度的工作努力，这样，为使解雇威胁成为有效威胁，主要市场的雇主通常给雇员提供的工资要高于其他可比企业的水平。相对于主要市场而言，次要市场不存在任何重大的劳动监督问题，因此，企业提供的是市场出清工资。由此产生的主要市场的劳动力过度供给，将导致劳动力市场的分割。有能力且愿意以原来的速度工作的主要市场工人被迫接受次要市场的工作。雷必泽和泰勒（Lowell Taylor）分析得出，当产品需

---

① Bulow, J. I. and L. H. Summers, "A Theory of Dual Labor Markets with Application to Industrial Policy, Discrimination, and Keynesian Unemployment," *Journal of Labor Economics*, 4 (1986).

求不确定时，即使在所有工作都难以监控的经济中，劳动力市场细分也可能出现。[①]

布洛和萨默斯模型的含义是跨行业分配工人可能效率低下。劳动力主要市场所提供的工资溢价可能会导致利润率最大化雇主提供很少的主要市场的工作。如果雇用更多的工人从事高生产率（即高工资）的主要市场的工作，则在任何给定的劳动力规模下，总产出都可以增加。该结论主要取决于两个假设：一是在劳动力主要市场，工资等于劳动力的边际产品；二是向劳动力主要市场工作的企业提供补贴将导致主要市场的就业有所增加。如果这些假设成立，从效率角度来看，向劳动力主要市场的企业提供补助也是合理的，这是因为提高主要市场的工资福利水平，会提高劳动力市场分割程度（D），从而会提高生产效率，即 $\dfrac{\partial Q}{\partial D} > 0$。

由埃德沃思与布洛和萨默斯所发展的劳动力市场分割模型将劳动力主要市场的工作形式与它所采用的激励计划类型联系在一起。但是，两种方法所采用的激励方案特征有所不同。在布洛和萨默斯模型中，主要市场的雇主采用撤回工资溢价的威胁（即通过解雇威胁）来激发工人付出高水平的努力。相反，埃德沃思则认为，在工作要求复杂的地方，负面制裁不能保证工人遵守规定。相反，工人必须内部化企业目标。因此，主要市场雇主采用的激励计划是给工人树立企业的对等和公平观念。

2. 分割的劳动力市场的工资决定

如果按照新古典经济学的理论分析，在度量上具有相似特质和相似教育水平的工人，在长期应该得到相同的工资。而劳动力市场分割理论则认为，即便从长期来看，处于不同劳动力市场分区的同一工人，也不会得到相同的工资。

---

① Rebitzer, J. and L. Taylor, "A Model of Dual Labor Markets When Product Demand Is Uncertain," *The Quarterly Journal of Economics*, 106 (1991).

有学者从不同经济部门的工资决定过程角度分析了工资差异的因素。这些研究大致发现，持续的较大工资差异似乎与工厂、车间规模、行业特征有关。即便不考虑工人的个人特征、接受教育的程度、是不是工会成员以及其他的工作的非工资特性，管理人员规模和行业特性对工人工资也有较强的影响。行业工资溢价[①]以及与规模相关的各变量[②]与较低的辞职率和较长的任职期有关，这一事实表明，观察到的工资溢价所反映的不仅仅是补偿工资差异。

根据一般的劳动力市场分割模型，分析工资差异，可以考察劳动力主要市场工人的工作，这里工人的工作表现相对难以观察。而且，这里工人的工资应随着监察难度的加大而增加。当然，监察难度数据并不轻易可得。但一般认为，监察难度的加大一般表现为管理人员人数的增加。根据布洛和萨默斯的分析，工人工资随着管理人员人数的增加而增加。这一发现可以作为劳动力市场分割的证据。雷必泽和泰勒分析发现，管理人员规模在劳动力市场分割的主要市场对工资的影响比容易监察的次要市场要大得多。[③]

3. 劳动力市场分割中的劳动生产率与失业率

以上诸多证据表明，行业特征与管理层规模对工资差异的确有实质性影响。还有学者通过分析生产率特征来考察劳动力市场分割状况。在前文劳动压榨的基本框架模型中，解雇威胁对于工作强度的确定至关重要。式（3-1′）和式（3-2′）所示的生产函数和工作强度函数表明，所有会引起失业率上升的因素都将对失业成本（J）的增加产生实质性影响，并因此提高生产率。如果解雇威胁是重要的诱因，那么，即便劳动力供应紧张和解雇工人成本（相当于监督强度 S）上升，工作强度（e）和劳动生产率（$\partial Q/\partial L$）都可能会提高（其中 $L = L_1 + L_2$）。

① Kruger, A. B. and L. H. Summers, "Efficiency Wages and the Inter - industry Wage Structure," *Econometrica*, 56 (1988).

② Rebitzer, J, B. , "Establishment Size and Job Tenure," *Industrial Relations*, 25 (1986).

③ Rebitzer, J. and L. Taylor, "A Model of Dual Labor Markets When Product Demand Is Uncertain," *The Quarterly Journal of Economics*, 106 (1991).

雷必泽[1]、格林（Francis Green）和韦斯科普夫[2]实证考察了劳动力市场疲软对产业生产率的影响。由于工作强度不能直接观测，他们在控制了生产投入的其他因素后，分析失业率上升对生产率的影响。分析的总体结果是，劳动力市场越疲软，也就是失业率（μ）越高，工人的工作强度（e）就越高，即 $\dfrac{\partial \mu}{\partial e} > 0$。然而，这一效应存在较大的部门差异。在主要市场占较大比重的行业（例如，工会集中度高，平均任期时间长，辞职率低，工资水平高以及产品市场集中度高），劳动力市场状况变化对工作强度的影响较小。相反，在次要市场较为集中的行业，劳动力市场疲软对生产率的影响是很显著的。这是因为，次要市场工会覆盖率相对较低，工人的市场力量相对较弱，工人被资本控制和压榨更为明显。[3]

以上分析表明，解雇威胁在次要市场中的作用明显。在主要市场，失业对劳动强度的影响相对较弱，这与"社会学"劳动力市场分割模型的含义是较为相近的。如果在主要市场企业解雇工人的成本很高（例如，就企业投入的特定人力资本而言，重置成本较高），失业对劳动强度的弱效应可能会很明显。

4. 资本主义劳动过程的全球化：劳动的空间控制与失业

根据本章第一节的分析，资本主义从垄断时期进入新自由主义时期，生产组织形式发生了革命性变化，从原来有较强计划性的大型装配线的泰勒制和福特制生产组织形式，转向新自由主义定制化、流程化和协同化的生产组织形式，生产方式更为灵活。而随着政治经济全球化时期的来临，垄断资本为了在全球化范围内进行资本积累，在时间和空间

---

① Rebitzer, J. B., "Unemployment, Long-term Employment Relations and the Determination of Unit Labour Cost Growth in US Manufacturing Industries," *International Review of Applied Economics*, 3 (1989).

② Green, F. and T. E. Weisskopf, "The Worker Discipline Effect: A Disaggregative Analysis," *The Review of Economics & Statistics*, 72 (1990).

③ 自 20 世纪 80 年代以来，雇主为强化统治地位，集体抵制工会，资本主义生产组织出现"去工会化"趋向，工人的市场力量受到明显削弱。

上进行了广泛的重新组合。① 这种组合则是以劳动过程和技术系统控制的空间结构重构为前提的。

哈维（David Harvey）是较早运用马克思的资本积累理论对生产的空间范畴进行探索的学者。在 1982 年出版的专著《资本的限度》中，哈维阐明了劳动力和资本的空间转移途径，即通过固定资产的投资而实现资本的增殖；并阐明了这种转移的连续性，他认为，当积累达到一定程度时，又会发生地理上的转移，进而在新的地点通过城市和空间建构实现资本增殖的目的；同时指出，资本不断向外地理扩张的过程伴随着全球化的发生。②

可见，新自由主义时期的资本主义全球化以资本主义生产跨时空的全球重组为特征。这意味着资本和劳动等生产要素流动、技术扩散、国际分包、精益生产等都已经成为跨国性的跨时空的过程，即体现为资本主义生产在时间上和空间上的重新建构。这种生产空间化重构不仅造成了多层次空间化的劳动分工，也造成了多层次的空间化劳动力市场分割。这就要求形成一个与之相适应的新的劳动控制系统，以使资本家能够在不集中和地域分散的情况下维持有效的控制和协调。要实现这种控制必须采用先进的技术手段，当代人工智能和信息技术的发展则为这种控制提供了保障。这种以全球化为背景、以生产过程的跨时空分布为特征、以信息化和智能化为技术手段对劳动实施的控制，被称为"空间控制"。

瓦雷斯和布雷德（David Brady）分析了生产空间化的形成过程。③他们分析得出，20 世纪 70 年代，部分资本主义国家进入"去工业化的10 年"。在这 10 年，工厂倒闭或业务转移（即资本从发达国家流向发

① Harvey, D. , *Spaces of Hope* (Edinburgh：Edinburgh University Press, 2000), p. 24.

② Harvey, D. , *The Limits to Capital* (Oxford：Blackwell, 1982).

③ Wallace, M. and D. Brady, "The Next Long Swing：Spatialization, Technocratic Control, and the Restructuring of Work at the Turn of the Century," in Kallberg, A. L. and I. Berg (eds.), *Sourcebook on Labor Markets：Evolving Structures and Processes* (New York：Plenum Press, 2001), pp. 101 – 133.

展中国家），导致上百万发达国家蓝领工人失去工作。与此同时，劳动的空间控制问题出现。在这种情况下，美国公司总部正是采用了信息技术来监测全球的日常业务。这种控制带来的直接影响是，美国总部工人的经济奖励和工作保障日趋减少，资本家常用劳动过程的灵活性给在职工人施加压力，以提高工人的劳动强度。

这种劳动的空间控制实则是一个高级的、有别于传统技术控制——如埃德沃思所揭示的车间装配线技术控制，或如前文讨论的流程化生产模式所讨论的信息技术控制——的技术控制，所采用的是人工智能与信息化技术相结合的手段。从劳动力市场分割的意义来看，这种控制的特征和后果：一是对劳动过程的监控比以前任何控制系统都更为精准、全面；二是导致富人和穷人之间技术知识的两极分化；三是形成了空间化的内部组织网络模式，促进劳动力市场的空间分割；四是产生了新的泰勒主义。①

对于式（3-1′）和式（3-2′）中所界定的生产函数和工作强度函数而言，这种控制相当于提高了监督强度（S）。智能化和信息化水平的提高，提高了技术工人的工资水平，进而提高了失业成本（J），对应地，也有 $\partial e/\partial S$ 和 $\partial e/\partial J$ 大于零。这也就意味着，劳动控制所导致的市场分割与其他市场分割所产生的效果是相同：一方面增加工资以提高劳动力市场分割程度（D），从而提高工作强度（e）和增加产出（Q）；另一方面导致非熟练技术工人的工作变得更加不稳定，失业率（μ）进一步提高。

5. 资本主义平台经济中的劳动过程：数字控制与失业

以现代信息技术为支撑的平台经济是当代资本主义发展的新趋势，它促成了人类的生产方式和生活方式的重塑以及资本主义生产关系的局部变革，同时也促成了传统劳动过程向数字劳动过程的转变。意大利学者泰拉诺瓦针对平台经济的发展，首次提出"数字劳动"（digital labor）

---

① 特伦斯·迈克唐纳、迈克尔·里奇、大卫·科茨：《当代资本主义及其危机——21世纪积累的社会结构理论》，童珊译，中国社会科学出版社，2014，第115~117页。

概念，并指出网民在互联网上的日常活动作为一种免费劳动被资本家所利用。[①] 弗莱德曼则将这种经济称为"零工经济"。其含义是，数量众多的劳动者作为"独立承包人"，通过互联网企业的中介自主地从事计件工作。[②]

马蒂厄·蒙塔尔班等运用调节学派的观点分析了平台经济对资本主义积累体制的影响。他们指出，平台经济不仅体现在数字等方面的基础设施上，而且体现为一种治理结构，从而体现为一种调节模式。不过，蒙塔尔班等认为，这种调节模式仅是金融化积累体制的内在转型，内生于金融化新自由主义积累体制。他们进而认为，这种积累体制进一步加剧了资本主义的收入不平等和失业，其"去技能化"趋向也更为明显。[③]

平台经济的一个显著特征是，通过平台算法与直接数据、用户的反馈数据进行低成本、高效率的管理和监督，并通过控制劳动者的直接劳动过程及其结果进一步促进自身的资本积累。[④] 伊万·马诺卡分析了平台经济运行中资本对劳动控制方式的特征。他认为，在平台经济条件下，工作场所的监视特征及权力关系的性质发生了巨大变化。进入 21 世纪，由于信息和通信技术的发展，无处不在的电子设备和传感器可以实时收集和处理雇员表现相关的电子数据，雇员的健康状况和行为表现日益被生物统计学和可穿戴技术等新技术所监测和分析，工人、工人的表现和身体成为能被检查和操控的代码行和数据流，资本对劳动的控制被大大加强。[⑤] 勒登维塔等进一步指出，平台经济还运用用户评分和评论机制，即将对劳动者服务的"质量控制"外包给了用户，实现了用

---

① Terranova, T., *Free Labor: Producing Culture for the Digital Economy* (Durham: Social Text, 2000), pp. 33 - 58.

② Fridman, G., "Workers Without Employers: Shadow Corporations and the Rise of the Gig Economy," *Review of Kenesian Econmics*, 2 (2014).

③ Montalban, M., V. Frigant and B. Jullien, "Platform Economy as a New Form of Capitalism: A Regulationist Research Programme," *Cambridge Journal of Economics*, 43 (2019).

④ 谢富胜：《零工经济是一种劳资双赢的新型用工关系吗》，《经济学家》2019 年第 6 期。

⑤ Manokha, I., "New Means of Workplace Surveillance: From the Gaze of the Supervisor to the Digitalization of Employees," *Monthly Review*, 70 (2019).

极低的成本对劳动者的日常工作情况进行高效监督和激励，取得了劳动者的持续努力。[①]

数字平台推动的新一轮标准化和模块化，使传统劳动的外包更为普遍和深化。戈特弗里德把数字平台经济看成福特主义的新发展。[②] 原因是，一方面，作为外包或承包商的供应链下游企业，面临着数字化基础设施平台的垄断压力，只能获得较低利润率，从而只得压低工资；另一方面，数字信息技术造成的"去技能化"，在世界范围造就规模日益庞大的产业后备军，为资本对劳动的剥削提供了更大空间。其典型特征表现为外包企业工人频繁流动，相关工人就业变得极不稳定。

由此可见，数字资本主义的发展提高了平台资本的垄断水平，从理论模型来看，此时的劳动压榨程度与垄断程度（H）呈现正相关关系，那么，基本关系式即式（3-2'）变为 $e = e(J, S, D, H)$，并进一步满足：$\frac{\partial e}{\partial H} > 0$。这一方面意味着，如果监督强度（$S$）或平台资本的垄断程度（$H$）越高，那么产业工人受压榨的程度就越高，工人付出的努力程度即工作强度（e）就越高。另一方面，平台资本垄断程度越高，对应的产业工人的工资水平越低，即失业成本（J）越低。然而，在平台经济条件下，失业成本（J）与工作强度（e）的关系出现反常，即二者反方向变动。这是因为，工资水平越低，意味着，平台经济条件下的产业工人之间的竞争越是激烈，这也意味着，工人只有付出更多的努力才能维持劳动力再生产的需要，从而导致 $\frac{\partial e}{\partial J} < 0$。

与此同时，工人分化也在加剧，即劳动力市场分割程度（D）在不断上升。一部分掌握先进技术的工人被平台资本家拉进了管理阶层，这部分技术工人除被平台资本家剥削外，也成为普通产业工人的剥削者。

---

① Lehdonvirta, V., et al., "The Global Platform Economy: A New Offshoring Institution Enabling Emerging-Economy Microproviders," *Journal of Management*, 4 (2018).

② Gottfied, H., "Developing Neo-Fordism: A Comparative Perspective," *Critical Sociology*, 21 (1995).

由此可见，平台经济条件下，普通产业工人的境况变得更为恶劣，许多零工劳动者的工作变得极不稳定，经常失去被剥削机会，处于半失业状态，因而，产业后备军规模不断扩大。

概而言之，正如前文指出，产业后备军是资本主义积累的必然产物，也是资本主义生产方式存在和发展的必要条件。资本主义生产必然创造一批产业后备军；而为了再生产资本主义生产方式就必须相应地再生产出产业后备军；为强化资本对资本主义生产过程的控制，也必须维持产业后备军。此外，产业后备军的存在，则能够给在职工人制造巨大压力，迫使他们付出更多劳动。为加强资本的控制力，还必须对工人分而治之，人为制造差异，削弱工人组织的力量，压制工人的反抗。

对于资本主义不同的生产组织形式，不同层次劳动力市场所采用的监控手段各不相同：有简单监控，有技术监控，有官僚监控，还有空间监控和数字控制。但其目的和后果基本一致，即都是为资本追求更多的剩余价值服务，都造成工人阶级的分化，都强化了资本的市场力量，都降低了工人的技能水平，都造成工人劳动强度的提高，都以维持和扩充产业后备军为手段。可见，当代西方马克思主义的劳动力市场分割理论和劳动压榨理论是对马克思的劳动过程理论和产业后备军理论的进一步阐释和具体化运用。

第四章　当代西方马克思主义失业理论的模型建构与阐释

当代西方马克思主义失业理论是以马克思相关理论为基础，吸收借鉴西方经济学其他研究传统的理论和观点，主要运用马克思经济学的阶级分析方法和其他基本方法而发展起来的。马克思的相对过剩人口理论，是马克思失业理论的核心。马克思主要从资本主义相互联系的两个方面，即生产过程和资本主义积累，围绕这一核心展开了分析。

产业后备军是资本主义资本积累的必然产物。作为资本主义资本积累重要特征的资本有机构成的提高，必然从造成劳动力需求的减少，以及由此产生的机器排挤所造成的劳动力供给的增加两个方面来扩充产业后备军队伍。资本积累必然造成两极积累，即资产阶级财富的积累和无产阶级贫困的积累，这种两极性的积累也必然导致资本主义经济危机。此外，资本积累和循环需依靠金融来维系，从而金融的扩张会进一步加剧资本主义危机。经济危机则进而加剧资本主义失业。这一内容在《资本论》中得到充分阐释，也贯穿整个马克思经济学理论体系。西方马克思主义者结合当代资本主义发展现实对此进行了拓展，形成了当代西方马克思主义宏观失业理论，这是第二章阐述的内容。

产业后备军是资本主义生产方式存在和发展的必要条件。资本主义生产是以雇佣劳动为基础，以获取剩余价值为目的的生产。其过程具有二重性：一方面是生产使用价值的劳动过程；另一方面又是生产剩余价值的价值增殖过程。资本主义生产方式首先表现为劳动方式或劳动过程。体现在劳动过程中的则是劳动分工、分化以及劳动压榨，其外在表现则是工资与利润的对立运动。资本家正是将维持产业后备军的存在作为手段，来提高工人的劳动强度，加强对工人的压榨，最后造成整个无产阶级的状况趋于恶化的。这也是马克思在《资本论》中所阐释的主要内容。西方马克思主义者在此基础上进一步发展出了当代西方马克思主义微观失业理论，这是第三章阐述的内容。

然而，马克思的失业理论并不是宏观和微观各自孤立的或割裂的两个部分，而是整体性理论。① 马克思的资本积累和循环的宏观层面分析实际已贯穿资本主义生产过程的微观层面；而马克思对生产过程微观层面的分析也以资本主义生产中的积累和循环等宏观方面的运作作为基本前提。因此，理解马克思的失业理论就必须从整体上去把握，即必须从资本主义的整体运作逻辑上去理解资本主义的生产过程、资本积累和循环以及所产生的劳动压榨和失业问题。因此，要分析以马克思理论为基础的当代西方马克思主义失业理论，必须从整体性视角出发。而整体性方法论正是当代西方马克思主义宏观、微观理论所共同强调的。本章则试图基于马克思的整体分析视角构建理论模型来整合当代西方马克思主义的宏观、微观失业理论，以更好地体现马克思主义经济学的整体性方法论思想。

第一节　失业理论模型构建的基础框架

在对当代西方马克思主义失业理论进行阐释之前，我们先对作为分析起点的基础框架做一简单概述。假定一个封闭经济仅生产一种产品，该产品或用于消费或用于投资。该经济体按资本主义生产方式组织生产，生产要素为同质的劳动和资本。厂商占有生产资料即资本，并雇用劳动力生产产品以获取利润。经济体仅包括居民和厂商两个部门，不包括政府行为，折旧率为零，不考虑货币市场和资产市场的影响。根据以

---

① 卢荻：《马克思主义经济学作为历史理论》，《企业家日报》2018 年 7 月 2 日，第 A02 版。

上假定，该经济体运行可用以下三个方程来概括：

$$X = CL + g_k K \qquad\qquad (4-1)$$

$$XP = wL + rPK \qquad\qquad (4-2)$$

$$PCL = wL + (1-s)rPK \qquad\qquad (4-3)$$

方程（4-1）为产品的实物量平衡方程式，即实物产品或用于消费或用于投资。其中 X 代表产出，C 为人均消费，K 为资本存量，g_k 为资本增长率；L 代表就业总量，包括工人和资本家。方程（4-2）为产品的货币分配方程式，代表的是产品的货币价值或作为劳动报酬或作为资本报酬（即利润）。其中 P 为产品价格，w 为货币工资率，r 为利率（或利润率）①。方程（4-3）代表的是社会总消费的货币构成，即包括社会的基本生活消费和资本家奢侈品消费，其中 s 代表储蓄率。

以上三个方程所形成的框架可以反映相关文献②中"模型构建的不同完成条件"的基本思想。为了更好地讨论资本积累对生产技术结构的影响，在该框架中引进劳动扩张型技术进步，并令技术参数为 A。按照现代经济学的方法，将单位有效劳动的产出、资本和实际工资分别记为 $a = \dfrac{X}{AL}$、$v = \dfrac{K}{AL}$ 和 $\omega = \dfrac{w}{AP}$。

为讨论方便，这里假定 a 为常数，这样 A 的增长反映了劳动生产率的提高。由于 $\dfrac{K}{X} = v/a$，而 a 为常数，因此 v 的大小则反映了"资本深化"

---

① 在新古典主义框架下，学者一般不严格区分利率与利润率。在马克思经济学中，利率通常指信贷资本的利息率。对于资本主义经济，随着竞争的充分展开，利润转化为平均利润，商品的价值转化为生产价格，利润率就转化为一般利润率；换言之，等量资本获得了等量利润。此时，经济处于古典经济学意义上的一般均衡状态，信贷资本的利息率与其他各种资本的利润率在量上也是无差别的。本书多在均衡条件下讨论各理论传统的特征，利率和利润率在量上可视为等同的。为便于各理论传统的比较，本书对这两者也不做严格区分。

② Sen, A. K., "Neo-Classical and Neo-Keynesian Theories of Distribution," *Economic Record*, 39 (1963)；Marglin, S. A., *Growth, Distribution and Price* (Cambridge Mass.：Harvard University Press, 1974)；Dutt, A. K., *Growth, Distribution, and Uneven Development* (London：Cambridge University Press, 1990).

的程度。进一步地，可将式（4－1）、式（4－2）和式（4－3）转化为：

$$a = \frac{C}{A} + g_k v \qquad\qquad (4-4)$$

$$a = \omega + rv \qquad\qquad (4-5)$$

$$\frac{C}{A} = \omega + (1-s) rv \qquad\qquad (4-6)$$

综合式（4－4）、式（4－5）和式（4－6）可得：

$$g_k = \frac{s(a-\omega)}{v} \qquad\qquad (4-7)$$

再根据 $v = \frac{K}{AL}$，可以得到劳动力需求的增长率 n_d 为：

$$n_d = \frac{s(a-\omega)}{v} - g_A - g_v \qquad\qquad (4-8)$$

其中，g_A 为技术进步率，g_v 为单位有效劳动资本的变动率。式（4－8）表明，劳动力需求的增长率与 s 呈正相关关系，与 ω、g_A 和 g_v 呈负相关关系。

正如第二、第三章分析的，当代西方马克思主义失业理论包括宏观和微观两大分支。宏观失业理论主要以马克思的资本积累理论为基础，侧重从资本主义生产的宏观特征角度分析资本积累对劳动就业的影响。与资本积累趋势相伴的则是资本主义经济危机，因此，西方马克思主义的宏观失业理论往往建立在危机理论基础上。而经济危机又可大致分为与实际因素相关的经济危机和与货币因素相关的经济危机。前者可进一步分为与一般利润率下降趋势相联系的经济危机和与剩余价值实现困难相联系的经济危机，后者则是与金融化①相关联的危机。

----

① 金融化问题本是西方马克思主义失业理论的重要组成部分，由于金融化对经济的影响虽在总体上属于宏观问题，但也包括微观方面，并且还涉及实际变量和名义变量的关系，仅构建实际变量模型难以较为全面地涵盖金融化的核心内容。因此，本专著将这部分内容单独放在第五章，并从金融与实际生产部门的关系角度来拓展基础框架以对金融化问题进行深入讨论。

微观失业理论则以资本主义劳动过程中的劳资对立关系作为考察对象，着重研究劳动过程中劳动的异化、劳动力市场的分割和劳动压榨问题，进而分析它们对劳动就业的影响，相关的理论有鲍尔斯、金蒂斯的劳动压榨理论，以埃德沃思、布洛等为代表的劳动力市场分割理论等。

本章试图根据马克思失业理论和当代西方马克思主义的宏微观失业理论各自的理论特征完善理论模型，然后运用所构建的模型讨论各理论的相关性质，以更好地把握当代马克思主义失业理论的整体性特征，凸显各理论的洞见与局限。

第二节　马克思主义宏观失业理论模型

当代西方马克思主义的宏观失业理论主要以马克思的资本积累理论为基础，从总需求（包括消费不足、投资过度等）、宏观结构失调、技术结构变动等多种视角来对马克思失业理论进行阐释。这些理论一般包含以下三个基本假定：（1）资本有机构成不断提高；（2）工人仅获得生存工资率；（3）利润率不断下降。这些理论在一定程度上丰富和发展了马克思主义经济学，但不足的是，这些理论或从线性技术角度来分析失业问题，如森岛通夫[1]、罗默[2]等，或虽重视了技术结构变动对有机构成变动的影响，如置盐信雄[3]、弗斯（David Furth）等[4]，但没有从动态角度深入考察这种影响的内在机制。本节将从这三个基本假定出发，以马克思资本积累理论为基石，以资本积累推动下的内生技术进步为分析主线，对马克思的失业理论进行模型构建和阐释，并分析与

---

① Morishima, M., *Marx's Economics: A Dual Theory of Value and Growth* (London: Cambridge University Press, 1973).

② Roemer, J., *Analytical Foundations of Marxian Economic Theory* (London: Cambridge University Press, 1981), pp. 93 – 173.

③ Okishio, N., "Notes on Technical Progress and Capitalist Society," *Cambridge Journal of Economics*, 1 (1977).

④ Furth, D., A. Heertje, R. J. Van Der Vee, "On Marx's Theory of Unemployment," *Oxford Economic Papers*, New Series, 30 (1978).

此相关的经济波动与危机理论，以期能更好地把握马克思失业理论的精髓，也力图能较全面地反映出当代西方马克思主义宏观失业理论的基本思想。

一　资本积累与内生技术进步

马克思在《资本论》中分析了两种形式的资本积累：有机构成不变的资本积累和有机构成不断提高的资本积累。第一种积累代表的是不变技术的资本构成；第二种积累则要求不断地采用新的节约劳动的技术，这种积累隐含着劳动生产率的不断提高。根据马克思的观点，正是这种积累反映了资本主义生产的特性。

马克思在《资本论》第一卷中指出："在正常的积累进程中形成的追加资本，主要是充当利用新发明和新发现的手段，总之，是充当利用工业改良的手段。""剩余价值不断再转化为资本，表现为进入生产过程的资本量的不断增长。这种增长又成为一种扩大的生产规模以及随之出现的提高劳动生产力和加速剩余价值生产的方法的基础。可见，一定程度的资本积累表现为特殊的资本主义的生产方式的条件，而特殊的资本主义的生产方式又反过来引起资本的加速积累。"根据马克思的分析，资本主义积累过程中，体现劳动生产率提高的技术进步是经济系统的内生变量，它随着资本积累规模的不断扩大而不断发生。[①] 这种技术进步既体现了内生性，又反映了规模效应，与相关文献中的"干中学"模型、知识积累模型等的技术进步具有类似特征，因此，马克思资本积累理论中的技术进步可用这些文献中技术进步的相似结构来表示，即可表示如下：

$$\dot{A} = K^{\beta} A^{\gamma} \quad 0 < \beta < 1, \ 0 < \gamma < 1 \tag{4-9}$$

其中 $\dot{A} = \dfrac{\mathrm{d}A}{\mathrm{d}t}$。式（4-9）的含义是，技术的进步（劳动生产率的提高）取决于资本的规模和当前的技术水平：一方面，资本规模越大技术进步

---

① 马克思：《资本论》（第 1 卷），人民出版社，2004，第 707~724 页。

的速率就越高；另一方面，技术水平越高，技术进步的难度越大。由该式进一步可得：

$$\frac{\dot{g}_A}{g_A} = \beta g_k - (1 - \gamma)g_A \qquad (4-10)$$

不难发现，满足式（4－10）的技术进步具有自动纠偏机制，即当 $g_A < \dfrac{\beta}{1-\gamma}g_k$ 时，有 $\dot{A} > 0$；反之，当 $g_A > \dfrac{\beta}{1-\gamma}g_k$ 时，则有 $\dot{A} < 0$。为讨论方便，假定 A 按稳定的路径变动，即：

$$g_A = \frac{\beta}{1-\gamma}g_k \qquad (4-11)$$

二 马克思基础失业理论：生存工资率与失业

马克思按照市场的"自愿"交易原则来分析资本主义劳动力市场的供求关系。就劳动力的需求而言，在马克思的资本积累理论中，不变资本和可变资本的增长对劳动力需求产生正效应，而技术变动对劳动力需求则产生负效应。因此，资本积累对劳动力需求的影响则是这两种效应共同作用的结果。当前者起主导作用，即 $\beta + \gamma < 1$[①] 时，资本积累与劳动力需求呈正相关关系；当后者起主导作用，即 $\beta + \gamma > 1$ 时，资本积累与劳动力需求呈负相关关系；当这两种效应相互抵消，即 $\beta + \gamma = 1$ 时，资本积累对劳动力需求无影响。由于资本积累与劳动力需求的正向关系反映的是经济常态，因此这里继续假定 $\beta + \gamma < 1$，并将式（4－11）代入式（4－8），为简化讨论，进一步假定 $g_v = \tau$，可以得到马克思的动态劳动力需求曲线：

$$n_d = \frac{s(a - \omega)}{\rho v} - \tau \qquad (4-12)$$

其中，$\rho = (1-\gamma)/(1-\gamma-\beta)$。这里，当 β 或 γ 增加时，或两者同时增

---

① 当正效应起主导作用时，由式（4－8）可得 $g_k > g_A$，再根据式（4－11），有 $\beta + \gamma < 1$。以下分析类同。

加时，ρ 也增加，因此 ρ 的增加可代表劳动生产率的提高。

在劳动力供给方面，马克思接受了李嘉图的观点，认为在制度决定的生存工资率下，现代工业部门的劳动力供给具有无限弹性，而生存工资率是确保资本快速积累的必要前提。[1] 马克思认为，工业部门劳动力供给的增加独立于人口的增长[2]，是由资本积累规律所决定的。一方面，城市大工业的资本主义生产方式向农村的扩张，摧毁了农村的自然经济，使得农村大量的劳动力不断加入城市的无产阶级队伍中；另一方面，资本主义的竞争也使得一批破产的中小资产者相继加入无产阶级的行列中。这使得工业部门的劳动力供给即使在人口零增长的情况下也能保持以高于劳动力需求的增长速度增长。为简化讨论，现假定劳动力供给以外生于经济系统的增长率 n 增长，即：

$$n_s = n \qquad\qquad (4-13)$$

这样，我们可以将劳动力的动态需求曲线和供给曲线统一到同一二维相位图中进行讨论。

生存工资率是马克思分析资本主义劳动就业的核心假定之一，它也是资本快速积累的基础。马克思曾在《资本论》第一卷中指出："过剩的工人人口是积累或资本主义基础上的财富发展的必然产物，但是这种过剩人口反过来又成为资本主义积累的杠杆，甚至成为资本主义生产方式存在的一个条件。"[3] 过剩工人人口的存在，使得工人仅能获得满足劳动力再生产需要的生存工资率（$\bar{\omega}$）。[4] 而反过来，生存工资率的特性也说明单位有效劳动的实际工资具有向下刚性，即不能通过单位有效劳

---

① 速水佑次郎：《发展经济学：从贫困到富裕》，李周译，社会科学文献出版社，2003，第 121 页。
② 马克思：《资本论》（第 1 卷），人民出版社，2004，第 729 页。
③ 马克思：《资本论》（第 1 卷），人民出版社，2004，第 728 页。
④ 马克思曾指出，劳动力的价值由一定量的生活资料的价值决定，当劳动生产率提高时，工人的生活资料量可以按同样的比例增长（见《资本论》第 1 卷，人民出版社，2004，第 597 页）。因此，这里将固定的单位有效劳动实际工资 $\omega\left(=\dfrac{w}{Ap}\right)$ 视为生存工资率是合理的。

动实际工资的下降来调节劳动力市场的供求失衡。

图4-1正好反映出马克思失业理论中生存工资率与产业后备军之间的这种依存关系。图4-1显示，市场的均衡工资率（ω_e）低于工人的生存工资率（$\bar{\omega}$），并且在生存工资率水平，劳动力的需求增长率（n_d）小于劳动力的供给增长率（n），失业规模不断扩大。此时，失业率以（$n_s - fn_d$）/（$1-f$）的速率增长（其中f代表总劳动力的就业比例）。并且，随着资本规模的扩大，劳动生产率不断提高（即参数ρ不断上升），劳动力动态需求曲线将向下方移动，劳动力的供求缺口不断扩大，产业后备军规模呈累积性扩大态势。

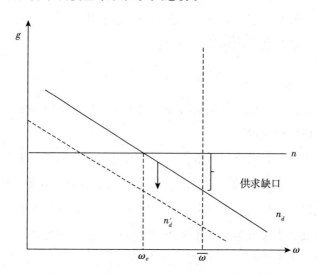

图4-1 资本主义劳动力市场的供求动态

三 宏观失业理论（一）：利润率下降、经济危机与失业

资本积累的后果，一是产生了日益膨胀的产业后备军，造成无产阶级的贫困化；二是在增加资产阶级财富的同时导致了利润率的不断下降，最终导致经济危机的爆发。由此可见，马克思的失业理论与危机理论是融合在一起的。

马克思在《资本论》中用利润率的下降趋势来证明经济危机的不

可避免性。伊藤诚将之视为马克思成熟的危机理论。[①] 马克思认为，资本家在追逐超额利润的内在动力和资本主义竞争的外在压力的共同驱使下，不断改进技术，从而引起各部门进而全社会有机构成的提高，使平均利润率趋于下降。[②] 在马克思看来，资本积累、有机构成提高、劳动生产率提升与一般利润率下降是同一过程。但有学者认为，马克思的分析是在剩余价值率不变的假定条件下所取得的，从而对此规律提出了质疑。[③] 下面笔者试图在我们的分析框架中为马克思理论中的利润率下降规律及与此相关的经济危机提供一个较合理的解释。

在我们的分析框架中，利润率可表示如下：

$$r = \frac{a - \omega}{v} \tag{4-14}$$

该式表明，利润率 r 与单位有效劳动的实际工资 ω 及资本深化程度 v 反方向变动。由 $v = \frac{K/L}{A}$ 可得 $g_v = g_{(K/L)} - g_A$，即当资本主义竞争使得有机构成（K/L）的提高速率超过反映劳动生产率提高的技术进步的速率时，代表资本深化程度的 v 将不断增长。由式（4-14）可得，v 不断增长，必然导致利润率 r 不断下降。

斯威齐从需求的角度分析了利润率下降的原因。[④] 斯威齐认为，资

---

① 伊藤诚研究发现，在《资本论》出版以前，马克思对危机的考察主要从消费需求不足、比例失调等流通领域角度来分析。在《资本论》中，马克思对危机问题的考察已从流通领域转到了生产领域，并用利润率的下降作为经济危机爆发的主要原因。参见伊藤诚《马克思的危机理论的形成》，载《现代国外经济学论文选》（第三辑），商务印书馆，1982。

② 马克思：《资本论》（第3卷），人民出版社，2004，第235~257页。

③ Philippe 曾试图通过数学公式的推演来否定这一规律。详见 Philippe, V. P., "The Falling-Rate-of-Profit of Crisis: A Rational Reconstruction by Way of Obituary," *Review of Radical Political Economics*, 1 (1980)。Wolff 则试图通过统计数据来否定利润率下降趋势。参见 Wolff, E. N., "The Rate of Surplus Value, The Organic Composition, and the General Rate of Profit in the U. S. Economy 1947 – 1967," *The American Economic Review*, 3 (1985)。

④ Sweezy, P, *The Theory of Capitalist Development* (New York: Monthly Review Press, 1970), pp. 93 – 210.

本家不能实现所生产商品的全部价值也会导致利润率的下降，并导致经济危机。斯威齐将此称为"实现的危机"，并认为这种危机存在两种类型，即"比例失调危机"和"消费需求不足危机"，但最终都体现为"总需求不足的危机"。斯威齐的分析逻辑在我们的分析框架中也可得到较好说明。将我们的分析框架即式（4-1）和式（4-2）中的 X 用 θX 表示，从而可得：

$$r = \frac{a\theta - \omega}{v} \qquad (4-14')$$

其中 $0 < \theta \leqslant 1$，$0 < \theta < 1$ 表示出现了总需求不足。由（4-14'）可以看到，当 θ 越小，即总需求 θX 越少时，资本家生产的商品所实现的价值就越小，从而导致利润率 r 就越低，即出现了总需求不足所引起的利润率的下降。

利润率的下降必然引发经济危机。因为，当利润率下降到不能弥补资本折旧的损失时，即当 $r < \delta$（其中 δ 为折旧率）时，将出现"资本过剩"的经济危机。

资本主义经济危机是周期性爆发的。马克思认为，固定资本大规模更新可以暂时摆脱危机，促进复苏和高涨阶段的到来，但它也为下一次危机的到来准备了物质前提。[①] 这在我们的分析框架中表现为，在利润率下降到一定水平以后，资本的贬值和更新将使得单位有效劳动资本即 v 减少，从而促使利润率逐步回升，投资增加，劳动力需求也随之增长，经济开始复苏。不过，"在生产条件扩大，市场扩大以及生产力提高的情况下，同样的恶性循环会再次发生"[②]。

利润率的下降及其所引发的经济危机必然带来失业的增加。在我们的分析框架中，在 X 用 θX 表示后，劳动力的动态需求曲线可变为：

$$n_d = \frac{s(a\theta - \omega)}{\rho v} - \tau \qquad (4-12')$$

---

① 马克思：《资本论》（第2卷），人民出版社，2004，第207页。
② 马克思：《资本论》（第3卷），人民出版社，2004，第284页。

由式（4-12′）可以看到，不论是有机构成的快速提高所引起的利润率的下降，还是社会产品的实现困难所导致的总需求不足从而引发的利润率的下降，都将导致劳动力需求的减少。结合图 4-1 可以看到，在生存工资率的假定条件下，利润率的下降，将导致劳动力动态需求曲线向下移动，从而导致劳动力供求缺口扩大，失业水平进一步上升。

四 宏观失业理论（二）：市场波动、剩余价值实现危机与失业

马克思认为："劳动的价值本身不是一个常数，而是一个变数，它甚至在其他一切商品的价值仍旧不变的条件下也是一个变数。"[1] 工人的工资是在劳动力价值的最低界限和最高界限之间变动的。"劳动价格的提高被限制在这样的界限内，这个界限不仅使资本主义制度的基础不受侵犯，而且还保证资本主义制度的规模扩大的再生产。"[2] 马克思还认为，工资的变动是资本积累的结果，"资本积累量是自变量，工资量是因变量，而不是相反"[3]。从马克思对劳动力价格的分析中可以看出，短期内工资是可以调整的。

罗默[4]、马格林[5]、达茨[6]等当代西方马克思主义者运用新古典主义框架讨论了资本主义劳动力市场从波动到均衡的动态调整过程。在我们的分析框架中，他们的动态分析可以用以下两个方程来概括：

$$\frac{\mathrm{d}\omega}{\mathrm{d}t} = \Omega\left[\frac{s(a-\omega)}{\rho v} - n\right]\omega \qquad (4-15)$$

$$\frac{\mathrm{d}s}{\mathrm{d}t} = \Phi(\omega - \overline{\omega}) \qquad (4-16)$$

---

[1] 《马克思恩格斯全集》（第16卷），人民出版社，1964，第165页。

[2] 马克思：《资本论》（第1卷），人民出版社 2004，第716页。

[3] 马克思：《资本论》（第1卷），人民出版社 2004，第715页。

[4] Roemer, J., "A General Equilibrium Approach to Marxian Economics," *Econometrica*, 48 (1980).

[5] Marglin, S. A., *Growth, Distribution and Price* (Cambridge Mass.: Harvard University Press, 1974).

[6] Dutt, A. K., *Growth, Distribution, and Uneven Development* (London: Cambridge University Press, 1990).

在该系统中，单位有效劳动的实际工资（ω）和储蓄率（s）为系统的内生变量，Ω 和 Φ 分别为两个方程的调整系数。方程（4 – 15）表示单位有效劳动实际工资的增长率 $\left(\dfrac{\mathrm{d}\omega/\mathrm{d}t}{\omega}\right)$ 与劳动力的供求缺口 $\left(\dfrac{s(a-\omega)}{\rho v}-n\right)$ 呈正相关关系。就劳动力需求而言，为讨论方便，这里假定 $\tau = 0$，从而 v 为常数。

方程（4 – 16）是作为市场的内在稳定机制，来促使系统趋向稳态的。其含义是，当单位有效劳动的实际工资（ω）高于生存工资率（$\overline{\omega}$）时，市场的有效需求将增加，从而投资将增加，即资本家的储蓄率（s）将上升；反之，当单位有效劳动的实际工资（ω）低于生存工资率（$\overline{\omega}$）时，市场将出现有效需求不足，预期的利润率将下降，从而导致储蓄率（s）下降。

下面对式（4 – 15）、式（4 – 16）中单位有效劳动的实际工资（ω）和储蓄率（s）的动态调整做一个简单分析。求解微分方程（4 – 15）和方程（4 – 16），可得满足该系统的（ω，s）的均衡解为（$\overline{\omega}$，$\dfrac{\rho vn}{a-\overline{\omega}}$）。由此，可以进一步求出该系统的雅可比行列式：

$$|\mathbf{J}_{\mathrm{E}}| = \begin{vmatrix} -\dfrac{\Omega n\overline{\omega}}{a-\overline{\omega}} & \dfrac{\Omega\overline{\omega}\,(a-\overline{\omega})}{\rho v} \\ \Phi & 0 \end{vmatrix} \tag{4 – 17}$$

观察该雅可比行列式可以得到：$\mathrm{tr}\mathbf{J}_{\mathrm{E}} < 0$，$|\mathbf{J}_{\mathrm{E}}| < 0$。因此，（$\omega$，$s$）的动态调整将产生鞍点均衡，即只存在一条均衡路径，其相位图见图 4 – 2。

但这种波动均衡在资本主义生产体系中往往不能通过市场机制，而是通过资本主义经济危机强制来实现。在市场振荡的过程中，会出现结构性失衡和剩余价值实现危机。危机中，市场处于萧条状态，劳动力需求减少，失业增加，导致一大批工人加入产业后备军队伍，这一特征仍可用图 4 – 1 来反映；而处于经济繁荣的上升时期，将有一批失业工人

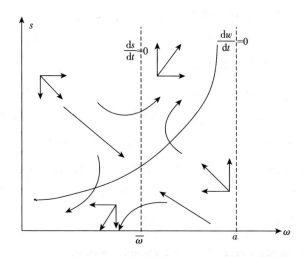

图 4 – 2　单位有效劳动的实际工资 (ω) 和储蓄率 (s) 的动态调整

被雇用，从而进入生产过程，而受到资本家的压榨。产业后备军作为资本主义生产劳动力供给的蓄水池，成为维系资本主义生产方式存在的必要条件。

第三节　马克思主义微观失业理论模型

当代西方马克思主义微观失业理论，接受了马克思的"阶级利益冲突""剥削劳动"等一些基本思想，并在此基础上做了进一步拓展，形成了一套较系统的劳动力市场微观理论。雷必泽将之称为"激进政治经济学劳动力市场理论"，并对它进行了较系统的阐释。雷必泽认为该理论与新古典经济学劳动市场理论最重要的区别在于，前者强调了"政治"在经济中的作用。所谓的"政治"，雷必泽认为是一种能强化一个团体对另一个团体支配能力和支配权力的制度安排。[1] 鲍尔斯也强调"政治"在劳动过程中的意义，认为马克思主义经济学揭示了经济过程中的两种关系，即资本主义"市场交换"过程中买卖双方的自愿关系

---

① Rebitzer, J. B., "Radical Political Economy and the Economics of Labor Market," *Journal of Economic Literature*, 31 (1993).

和"工场生产"过程中资本对劳动的支配关系，后者体现了资本主义生产的本质，这也是马克思主义经济学区别于瓦尔拉方法的一个重要特征。鲍尔斯并认为，马克思对资本主义生产过程的分析建立在三个基本假定基础之上：一是从资本家视角来看，维持对工人的控制优于对生产效率的提升；二是资本家通常通过差别工资和控制生产过程等手段来分化工人；三是强调非自愿失业在维持资本主义制度中的作用。[①] 在马克思主义经济学中最具代表意义的劳动力市场理论即劳动压榨理论，能较好地体现出资本主义经济中"政治"的作用，本节试图运用本章所构建的基础框架对该理论做一个简单阐释。

一　劳动压榨与劳动力市场的非出清均衡

鲍尔斯、雷必泽等通过对资本主义生产过程的分析，创建了以解雇为基础的劳动激励模型即劳动压榨模型，这类模型从分析的技术方法来看与主流文献的"效率工资"模型[②]没有实质上的区别。但从制度结构来看，前者强调了生产过程中的"政治"特性，后者则强调了经济行为主体的个体理性。正如鲍尔斯所认为的，马克思模型与主流模型的区别不在于市场结构的差异，或者集体行为与个体行为的差异，而在于对生产过程本身的分析。在马克思的分析中，资本主义整个生产过程都渗透了"政治"的影响，即都体现了资本对劳动的支配关系。

概言之，劳动压榨模型既运用了新古典主义方法，假定资本家追求利润最大化，生产函数具有凹性特征和边际递减规律，同时又承继了马克思的制度分析法，强调生产过程中"政治"的作用，即假定资本家拥有对生产过程及资产和生产剩余的控制权，资本家与工人利益冲突的

---

① Bowles, S., "The Production Process in a Competitive Economy: Walrasian, Neo-Hobbesian, and Marxian Models," *The American Economic Review*, 75 (1985).

② Shapiro, C. and J. E. Stiglitz, "Equilibrium Unemployment as a Worker Discipline Device," *The American Economic Review*, 74 (1984).

解决通过资本家对工人施加强制力来实现。[①] 因此，劳动压榨模型是在新古典主义的瓦尔拉方程（即生产函数和成本函数方程）的基础上增加了"生产过程模型"来完成构建的。该生产过程模型假定在生产过程中资本家通过各种手段监督工人的劳动，并威胁工人如试图偷懒将予以解雇，以迫使工人尽最大可能地提高自己的努力程度。因此，此类模型都将"工人努力程度"和"监督"作为内生变量。这里监督的有效性取决于工人被解雇的成本，而被解雇的成本反过来又依赖于当前工作相对于其他工作的价值。具体而言，工人的努力程度 e 和被解雇成本即失业成本 ω_c 的决定可用以下两式来表示：

$$e = h\ (\omega_c,\ \xi) \qquad\qquad (4-18)$$

$$\omega_c = u_d\ (\omega - \omega_b) \qquad\qquad (4-19)$$

式（4-18）中 e 为关于 ω_c 和 ξ 的凹函数，其中 ξ 为监督投入，且 e 关于 ω_c 的导数是 ξ 的增函数，即 $\dfrac{\partial^2 e}{\partial \omega_c \partial \xi} > 0$，因此，式（4-18）代表的是，不论是失业成本的增加还是监督投入的增加，都将导致工人努力程度的提高。式（4-19）中 u_d 为失业持续时间的长度，ω 为当前工作所获得的工资收入，ω_b 为政府提供的失业救济金等方面的收入，即式（4-19）代表的是失业成本与失业持续时间的长度和失业后的净经济损失呈正向关系。在这里假定：当监督投入趋于零时，失业成本的变动对工人的边际努力不产生影响；而当失业成本趋于零时，监督投入的变动也不能改变工人的边际努力，即：当 $\xi \to 0$ 时，$h_{\omega_c} \to 0$；当 $\omega_c \to 0$ 时，$h_\xi \to 0$。

对监督投入现实的测度，戈登曾提出四种指标。[②] 为讨论方便，将

① Marglin, S. A., "What do Bosses Do? The Origins and Functions of Hierarchy in Capitalist Production," *Review of Radical Political Economics*, 6 (1974); Bowles, S. and H. Gintis, "The Problem with Human Capital Theory: A Marxian Critique," *The American Economics Review*, 65 (1975).

② Gordon, D. M., "Who Bosses Whom? The Intensity of Supervision and the Discipline of Labor," *The American Economic Review*, 80 (1990).

监督雇员占总雇员的比重记为 ξ，并假定监督雇员的工资与其他雇员的工资相同。

由此，根据努力函数的界定，投入生产中的实际劳动力即为 eL。根据本章基础框架中的假定 $a = \dfrac{X}{AeL}$，有 $X = aAeL$，结合瓦尔拉方法，可得厂商利润最大化目标函数：

$$\max \varPi = aAeL - rK - \omega\,(1+\xi)\,L \qquad (4-20)$$

令 $eL = \bar{L}$，将式（4-19）代入式（4-20），利润最大化问题可转化为：

$$\max \varPi = aA\bar{L} - rK - \frac{\left(\dfrac{1}{u_d}\omega_c + \omega_b\right)(1+\xi)}{h\,(\omega_c,\ \xi)}\bar{L} \qquad (4-21)$$

因此，这个利润最大化问题可转化为求解 $\min \dfrac{\left(\dfrac{1}{u_d}\omega_c + \omega_b\right)(1+\xi)}{h\,(\omega_c,\ \xi)}$。由于在该式中存在两个内生变量，最优解就为一扩展路径。这一扩展路径反映了劳动力市场的竞争性均衡，在这一均衡路径上，厂商和工人都没有动力和能力去改变均衡路径上工资、就业和工人努力程度的组合。现令最小化目标函数的最优值为 φ，则劳动力市场的竞争性均衡解 $(\omega_c,\ \xi)$ 的扩展路径满足：

$$\left(\frac{1}{u_d}\omega_c + \omega_b\right)(1+\xi) = \varphi h\,(\omega_c,\ \xi) \qquad (4-22)$$

其一阶条件为：$\varphi h_{\omega_c} = \dfrac{1+\xi}{u_d}$，$\varphi h_{\xi} = \dfrac{\omega_c + u_d\omega_b}{u_d}$，从而可消去 φ，得到：

$$\frac{1+\xi}{\omega_c + u_d\omega_b} = \frac{h_{\omega_c}}{h_{\xi}} \qquad (4-23)$$

式（4-23）即均衡解的轨迹方程。然而，式（4-23）所展示的竞争性均衡并不能实现劳动力市场的出清。鲍尔斯认为，劳动力市场出清意味着工人的失业成本为零（即 $\omega_c = 0$）。但在该表达式中，只要失业工人再就业存在时滞（即 $u_d > 0$），只要工人与资本家存在利益冲突（$h_\xi > 0$），在（ω_c，ξ）二维空间中，竞争性均衡解只能是内部解，而不能是边界解，因为当 $\omega_c \to 0$ 时，有 $h_\xi \to 0$，因此，满足式（4-23）的失业成本 ω_c 必然大于零。

以上分析说明，在非出清劳动力市场均衡状态下，对于既定的均衡所决定的工资水平和监督投入水平及由此所决定的工人努力程度，工人感觉就业与非就业并不是无差异的。换言之，在非出清劳动力市场均衡状态下，利润最大化厂商拒绝接受失业工人以当前在业工人的努力程度而低于当前的工资水平来进行工作，即均衡工资高于市场的出清工资，从而使得劳动力市场的产业后备军长期存在。

将该劳动力市场的微观机制纳入本章的基础框架能更直观地看到劳动压榨对失业的影响。在基础框架中，引入努力函数后，劳动力投入 L 则需用 eL 来代替，此时的动态劳动力需求曲线为 $n_d = \dfrac{s(a-\omega)}{\rho v} - \tau - g_e$，其中 g_e 代表工人努力程度的提高率。根据以上分析，市场的出清工资为 ω_b，竞争性均衡条件下 $g_e = 0$，竞争性均衡工资 ω_{eq} 高于市场出清工资 ω_b。由图 4-3 可知，在竞争性均衡工资 ω_{eq} 水平上，劳动力供过于求，且竞争性均衡工资不能自动下降到市场出清工资，失业将长期存在。另外，图 4-3 还显示，压榨程度的变动将对劳动就业产生实质性的影响，如压榨程度的提高，将导致劳动力需求下降，进一步加剧劳动力市场的失衡。

二 "去技能化"、劳动力市场分割与劳动压榨

鲍尔斯认为，马克思的资本主义生产理论的一个核心观点是，资本家对利润的竞争性追逐，必然要求他们所组织的生产过程有利于维持他们对工人的控制。由此，当前广泛采用的生产组织形式，包括当前所使用的技术，并不仅是外生既定的可供选择的技术与消费者对商品的偏好以及工人对闲暇和各种工作环境的选择等各方面因素共同促成的结果，

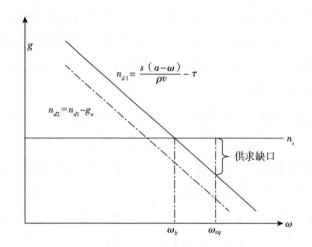

$$n_{d1} = \frac{s(a-\omega)}{\rho v} - \tau$$

$$n_{d2} = n_{d1} - g_e$$

供求缺口

图 4 - 3　劳动压榨与劳动力市场的失衡

而更重要的是体现了资本的阶级利益。[①] 简而言之，资本家为强化对工人的控制，倾向于采用能弱化工人技术能力的生产组织形式和技术设施以维护自身的利益，即资本主义企业的"政治"特性必然导致在技术选择上存在"去技能化"的倾向。

对于资本主义生产的"去技能化"倾向，西方马克思主义文献给出了多种解释：一是认为通过用非熟练工人与机器的结合代替熟练工人，厂商能够削弱工会的议价能力；二是认为在熟练工作中，工人垄断了生产过程的精确信息，如果将复杂工作分解为几个简单工作并进行"时间—动作"研究，厂商可获取生产的准确信息，并运用这些信息制定计件工作率以提高监督水平；三是认为对于厂商而言，降低工作的技术含量与雇用新员工以替代由于偷懒而被解雇的旧员工相比，成本相对更低。[②] 从这些解释中可以看出，资本主义"去技能化"的生产技术的选择服从于劳动压榨的目的。

将技术选择作为阶级对抗的工具，并不意味着厂商在选择技术时不

①　Bowles, S., "The Production Process in a Competitive Economy: Walrasian, Neo-Hobbesian, and Marxian Models," *The American Economic Review*, 75 (1985).

②　Rebitzer, J. B., "Radical Political Economy and the Economics of Labor Market," *Journal of Economic Literature*, 31 (1993).

考虑利润最大化（或成本最小化）的竞争性要求。在新古典主义框架下，利润最大化也必然是技术有效的，即能实现既定实际要素投入条件下的产出最大化。但如果厂商将一部分资源用于维护自身对生产过程的支配权或用于确保获取更多的租金，效率、成本和利润之间的关系就变得更为复杂。

道认为，在垄断条件下，由于经济租金的存在，厂商可能将更多的资源投入非生产领域以提高它们的议价地位，这种策略将导致技术上的非效率性，因为利润最大化的垄断厂商更偏好于"生产更小的经济蛋糕，占有更大的份额"。[①] 列维认为，在竞争性市场中，由于作为工作激励的解雇威胁所导致的外部性，为利润最大化所选择的生产组织形式可能出现技术上的非效率性。[②] 鲍尔斯从劳动压榨的角度分析了利润最大化与技术效率两者相背离的可能性。根据本章的基础框架，鲍尔斯的分析可理解为，由于努力函数的凹性特征使得 $h_{\omega_c} > 0$，$h_{\xi} > 0$，厂商则可以通过提高工资从而增加失业成本、减少监督投入并将监督工人转变为生产工人，提高工人的努力程度以增加产出，因此，实现利润最大化的 (ω_c, ξ) 组合，并不能实现技术有效。

劳动力市场分割是实施资本主义劳动压榨的重要手段。埃德沃思分析了资本主义生产劳动控制的三种机制：一是简单控制，主要是管理人员对员工的直接监督；二是技术控制，主要是运用机械设施如生产装配线来控制生产步骤、限制工人渎职的范围；三是官僚控制，主要指的是厂商试图诱使工人将厂商的目的内在化，以减少工人与厂商之间的利益冲突。[③] 前文以解雇威胁为基础的激励模型，主要分析的就是第一类控制方式；"去技能化"的生产技术选择则是第二类控制方式的具体体

① Dow, G. K., "Internal Bargaining and Strategic Innovation in the Theory of the Firm," *Journal of Economic Behavior & Organization*, 6 (1987).

② Levine, D. I., "Just-cause Employment Politcies When Unemployment Is a Worker Discipline," *The American Economic Review*, 79 (1989).

③ Edwards, R. C., *Contested Terrain: The Transformation of the Workplace in the Twentieth Century* (New York: Basic Books, 1979), pp. 145 – 147.

现；劳动力市场分割就是第三类控制方式的一种。阿克洛夫的"投桃报李"模型、长期劳动合同理论和内部劳动力市场理论等都与此相关。[①]

劳动力市场分割的重要特征之一就是分化工人，削弱工人的议价能力，以加强对工人的控制，提高工人的工作效率。这是一种不用提高工资水平就能增加工人的失业成本，从而提高工人努力程度的有效方式。鲍尔斯认为，工人对工资等的议价能力与工人间的团结程度呈正相关关系，因此资本家倾向于对不同工人（甚至是相同能力的不同工人）采用差别工资等劳动力市场分割手段来促使工人之间的竞争，甚至是妒忌仇视，以削弱工人间的团结，从而达到加强劳动压榨的目的。[②] 用本章的基础框架分析此类劳动力市场分割，可将个人努力函数修正为：

$$e = h[\omega_c, \xi, u\ (R)] \qquad\qquad (4-18')$$

其中，u 代表工人的团结程度，R 代表工人间的不平等程度，该函数满足 $\partial h/\partial u < 0$，$\partial u/\partial R < 0$。该函数的含义为，资本家提供给工人的工资差别越大，工人间的不平等程度 R 越高，工人的联合程度 u 就越低，从而导致工人的努力程度 e 就越高。

第四节　西方马克思主义经济学与西方主要经济学派失业理论的比较

正如前文分析，马克思在《资本论》中对资本主义失业问题有系统的分析，从这个意义上可以说，马克思的《资本论》不仅是一部研究资本主义生产方式、揭示资本主义发展规律的巨著，也是一部阐释资本主义失业问题的伟大著作。而对应的古典经济学则回避了资本主义矛盾，不敢面对资本主义大规模的失业现实，不肯承认资本主义非自愿失

---

① Akerlof, G. A., "Labor Contracts as Partial Gift Exchange," *The Quarterly Journal of Economics*, 92 (1982).

② Bowles, S., "The Production Process in a Competitive Economy: Walrasian, Neo-Hobbesian, and Marxian Models," *The American Economic Review*, 75 (1985).

业的存在。

自《就业、利息和货币通论》问世以来，就业问题日益受到包括新古典主义在内的资产阶级经济学家的关注，现已成为现代宏观经济学研究的核心。西方经济学的一些其他理论流派也根据各自的理论体系，分别从工资、市场结构和宏观需求等角度对就业问题做了专门的研究，形成了各种特色的失业理论。本节从整体性角度将这些西方主要经济学派中的失业理论与马克思主义经济学的失业理论进行对比分析，以凸显各自的理论洞见与局限。

一　新古典主义与凯恩斯主义的失业理论

按照关于充分就业的观点，当前西方主要经济学分析方法可分为两大体系。一是货币主义和理性预期方法，即新古典主义的分析方法。这个体系认为工资价格具有完全弹性，从而使得市场能够实现充分就业，而失业不过是工资偏离均衡状态的一种暂时性失衡，这是古典主义的复兴。二是将失业视为常态，包括后凯恩斯主义经济学和新凯恩斯主义经济学等，它们都将自己视为凯恩斯主义者。

新古典经济学有两个重要模型：一个是卢卡斯的总供给模型，另一个是实际经济周期模型。卢卡斯的总供给模型认为预期到的货币供给的变动是总产量和就业波动的主要原因。这个模型假设厂商知道自己产品的目前价格，而对别的市场的一般价格水平的了解存在时间上的滞后，因此货币供给的变动会导致"意外"的供给变动，从而引起产品市场和劳动市场的波动，当通货膨胀预期完全准确时，总产量和就业又会恢复到自然水平上。实际经济周期模型则将新古典主义对总量不稳定的解释，从货币冲击转移到"真实冲击"上来，他们强调技术变化是总产量和就业波动的主要原因，其理论赖以建立的假设前提是技术进步的随机波动性。这两个模型都接受了新古典主义的基本假设，比较全面地反映了新古典宏观经济学的基本思想和方法。

凯恩斯主义经济学理论较为庞杂，但大体可以分为两类：一类是从总量结构出发来讨论市场的非均衡问题，反对新古典主义的微观经济理论；另一类是从讨论个体行为最优化出发来分析市场的非均衡特征，力图为凯恩斯的非均衡理论构建微观基础。它们分别被学术界称为后凯恩斯主义和新凯恩斯主义。

有效需求问题是后凯恩斯主义者共同关心的问题之一，代表性的理论有卡莱茨基的有效需求理论、温特劳布的有效需求理论等。卡莱茨基的有效需求理论将垄断厂商的成本加成定价作为分析的微观基础，以国民收入分配的决定作为联结纽带来讨论宏观的需求问题，得出了与新古典经济学相反的结论，认为提高工资，增加工资在总产出的份额，可以增加有效需求，从而减少失业。这个理论是后凯恩斯主义最具代表性的理论之一，对后来后凯恩斯主义的发展产生了深远影响。

新凯恩斯主义的代表性的失业理论有效率工资理论、菜单成本理论、局内人－局外人理论等。效率工资理论为新凯恩斯主义的实际工资黏性提供了较有力的解释。索洛是效率工资理论的开拓性研究者之一。他的效率工资模型认为，实际工资对工人的努力程度有重要的影响，厂商制定较高的效率工资以提高工人的努力程度，导致市场无法出清，出现非自愿失业。这个效率工资模型为以后的效率工资理论的发展提供了基本框架。

这些理论从不同角度对失业问题做出了各种不同的解释。但由于这些理论的理论体系各不相同，分析方法差异较大，所以缺乏较好的对话平台。为了便于理论之间的相互比较，本节试图运用本章所构建的统一框架，对现代西方主要经济学派的各代表性失业理论进行简单的梳理和重新做出解释，以便更好地进行比较分析。

二 新古典主义与凯恩斯主义失业理论的模型重构

1. 新古典经济学的失业理论

新古典经济学是"凯恩斯革命"以前的经济学，即传统的古典经济学的复兴。它继承了古典经济学的二分法，坚持货币中性论，并且同样将市场能够出清作为核心假定，认为失业只是一种短期的偶然现象，或至多存在一些由于经济结构的变动等而导致的摩擦性失业，而否认非自愿失业的存在。我们先对古典经济学的失业理论做一简要概括，再对新古典经济学的两个代表性理论的失业模型进行分析。

（1）传统的古典主义失业理论模型。工资价格弹性是传统的古典经济学失业理论的理论基石，它的存在可以使劳动市场实现瓦尔拉均衡。为了模型具有可比性，下面我们就用新古典经济学的分析框架对古典经济学的失业理论做一简单概括。

假定新古典经济学的宏观生产函数为 $X = K^a (AL)^{1-a}$（$0 < a < 1$），函数两边同除以 AL 后可转化为 $a = v^a$[①]。由于单位有效劳动的实际工资 ω 等于单位有效劳动的边际产品，则有 $\omega = (1-a)v^a$，从而可得劳动力需求增长率：

$$n_d = sa \left(\frac{1}{1-a} \right)^{\frac{1}{a}} \omega^{\frac{a-1}{a}} - \mu \qquad (4-24)$$

这里，μ 代表外生决定的技术进步率。注意，这里我们假定产品市场已经实现均衡增长，劳动力需求增长率为一个常数。这个表达式仅表示的是劳动力需求增长率与单位有效劳动的实际工资之间的静态对应关系。

假定劳动力供给的自然增长率为 n。当劳动力的需求增长率等于自然增长率时，实现了均衡增长。当单位有效劳动的实际工资小于 ω_0 时，即劳动力的需求增长率超过了自然增长率，单位有效劳动的实际工资将上升，反之则下降。最后由于市场机制的作用终将回归到自然增长率水平。因此，失业在传统的古典经济学中仅是劳动市场短期或偶然的对均衡的偏离。

---

① 这个生产函数两边同除以 AL，结合 $a = \frac{X}{AL}$，$v = \frac{K}{AL}$，可得 $a = v^a$。前文假定 a 为常数，意味着 v 也为常数，从而单位有效劳动的实际工资 ω 及劳动力需求的增长率也为常数，这与新古典主义增长理论是一致的。

（2）新古典主义失业理论模型。新古典宏观经济学是对古典经济学、货币主义和理性预期的综合和发展，其宏观体系是建立在两个基本假设之上的，即工资价格弹性和理性预期。该学派有两个重要模型。

卢卡斯的总供给模型引进了预期的概念，认为由于理性预期的存在，人们不会犯系统性的错误，在长期内货币是中性的，只有未预料到的货币的变动才会引起就业的波动。根据卢卡斯的总供给函数思想，在新古典主义框架中可假定劳动力的短期动态需求曲线为：

$$n_d = s\alpha \left(\frac{1}{1-\alpha} \right)^{\frac{1}{\alpha}} (E\omega)^{\frac{\alpha-1}{\alpha}} - \mu \qquad (4-25)$$

这里，$E\omega$ 代表对单位有效劳动实际工资 ω 的预期。当货币供给增加时，厂商预期到价格水平的变动，则有 $E\omega = \omega$，从而劳动力需求不会增加，即货币供给的增加只会引起名义工资水平的上升，不会影响实际工资水平的变动，从而不会引起就业和产量的变动；当厂商没有预期到货币的增加时，则有 $E\omega > \omega$，劳动力需求将下降，劳动力的实际需求增长率小于稳态时的需求增长率，导致失业（即在单位有效劳动实际工资 $\omega = \omega_0$ 处，劳动力需求增长率低于劳动力供给增长率）（见图4-4）。然而由于人们不会犯系统性错误，最终人们预期的工资率必等于实际的工资率，劳动力市场终将回归到充分就业的均衡状态。

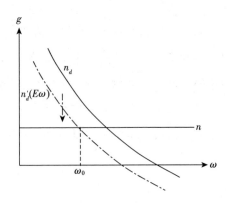

图4-4　新古典主义失业模型

新古典宏观经济学的实际经济周期模型的一个重要特点是，通过引进劳动的跨期替代假说来说明家庭对外来冲击的反应。该模型认为作为理性人，工人的劳动供给会对实际相对工资的变动做出反应，但是实际扰动（如技术变动或资本变动等，这里主要讨论技术进步的影响）不仅会对劳动供给产生相对工资效应，还会对劳动供给产生利率效应，这两种效应正好彼此抵消。因此，尽管家庭愿意对其劳动供给进行跨期替代，但劳动供给仍然不变①。例如，一项技术改进，会使当期工资提高（相对于预期的未来工资），从而使得劳动供给增加。但技术进步通过储蓄增加，降低了预期利率，从而使劳动供给减少。这两种效应在某种情况下可以相互抵消。在分析劳动供给的跨期替代选择时，运用了理性预期的分析方法，体现了新古典经济学的宏观分析方法特点。

但实际冲击能够引起一定投入的产出发生变化，这种冲击是真实的（与货币或名义相对照），因此这个模型被称为实际经济周期模型。在我们的分析框架下，假设技术扰动使得短期的技术进步率为 $\mu + \varepsilon\ (\tilde{A})$，此时劳动力的短期动态需求函数则可表示为：

$$n_d = s\alpha \left(\frac{1}{1-\alpha} \right)^{\frac{1}{\alpha}} \left(\omega e^{-\varepsilon(\tilde{A})} \right)^{\frac{\alpha-1}{\alpha}} - \mu - \varepsilon\ (\tilde{A}) \qquad (4-26)$$

这种短期的技术扰动从劳动力需求的角度来看，使得单位有效劳动的实际工资下降，从而增加对劳动力的需求，但技术的进步将产生资本对劳动的替代，从而会减少对劳动力的需求，因此技术的冲击在短期内会引起劳动力需求的波动（就业的增加或减少取决于两种效应的对比程度），但随着扰动和冲击的消退，劳动力市场仍会恢复到均衡状态。

新古典宏观经济学后来发展起来的其他失业理论，如搜寻和匹配理论等，主要是试图来为自然失业率建立微观基础，这里不展开论述。

---

① 当劳动的跨期替代弹性为 1 时，外来冲击不会引起劳动供给的变化。但当劳动的跨期替代弹性不为 1 时，外来冲击对劳动供给有影响，而且弹性越大，劳动供给对外来冲击的反应越敏感。这里为了简化讨论，对劳动供给的变动情况不做讨论。

2. 凯恩斯主义经济学的失业理论

（1）凯恩斯的失业理论。《就业、利息和货币通论》在理论上反对代表古典和新古典经济学理论基本传统观念的所谓"萨伊定律"，强调总需求对国民收入决定的至关重要的作用。提出在三大心理因素的作用下，有效需求不足将导致社会上出现大规模失业和生产过剩，市场自动调节的机制将无法发挥有效作用来纠正这种失调。

根据凯恩斯的基本思想，在我们的分析框架中可将式（4-1）变为：

$$\theta X = CL + g_k K \quad (0 < \theta \leqslant 1) \tag{4-27}$$

该方程表示的含义是，当 $\theta = 1$ 时产品供求平衡；当 $0 < \theta < 1$ 时，代表有效需求不足。其他方程与假定与基础框架中的界定一致。因此，结合式（4-2）、式（4-3）可得出劳动力的动态需求曲线：

$$n_d = \frac{s(a-\omega) + a(\theta-1)}{v} - g_A \tag{4-28}$$

当出现有效需求不足时，即 θ 下降，劳动力的动态需求曲线向下移动，从而出现非自愿失业。不过，凯恩斯认为，通过增加政府支出来增加总需求可以解决或缓解社会的就业问题。

在凯恩斯模型中引起 $\theta < 1$ 的原因是，资本家由于三大心理因素的作用，认为预期的利润率低于均衡时的利润率，即 $r^e < r$，从而减少投资，进而出现 $g_k = g(r^e) < sr$，造成总需求低于新古典主义模型中的均衡产出，即：

$$AD = CL + g_k K < \left[\frac{wL}{P} + (1-s)rK\right] + srK = \frac{wL}{P} + rK = X \tag{4-29}$$

（2）后凯恩斯主义的失业理论。后凯恩斯主义的主要理论，可以追溯到凯恩斯的货币观点、卡莱茨基的真实分析以及斯拉法的价值和分配论，其核心论题都是围绕着有效需求不足问题展开的。后凯恩斯主义对投资特别关注，并将投资与收入分配联系在一起。卡莱茨基是后凯恩斯主义经济学派的先驱，他的理论模型的两个基础，是成本加成定价理论和收入分配理论，可用以下 4 个方程来概括：

$$P = \frac{wL}{X'}(1 + \mu) \qquad (4-30)$$

$$g_k = \rho - \lambda\mu \qquad (4-31)$$

$$s(\Pi/P) = g_k K \qquad (4-32)$$

$$X'P = wL + \Pi \qquad (4-33)$$

这里 X' 为有效需求①（相当于凯恩斯框架中的 θX），μ 为成本加成比率，Π 为总利润，ρ 和 λ 为常数，其他符号的含义与前面的界定相同。其中 μ 的大小也反映了垄断程度的高低，μ 越大意味着垄断程度越高。方程（4-30）为卡莱茨基的成本加成定价方程。方程（4-31）为投资率（资本增长率）函数，表示投资取决于市场的需求特征，一般而言，垄断程度越高，即 μ 越大，意味着投资越少。方程（4-32）类似于凯恩斯理论中的"投资等于储蓄"，但代表的含义不相同。在凯恩斯框架下，投资和储蓄由不同的因素决定，投资不一定等于储蓄；在卡莱茨基模型中，投资决定储蓄，并能创造等额储蓄，从而为"自身融资"。方程（4-33）与方程（4-2）含义类似。

根据式（4-30）和式（4-33），可以得出工资所占份额和利润所占的份额分别为 $\frac{1}{1+\mu}$ 和 $\frac{\mu}{1+\mu}$，意味着垄断程度越高，工资所占份额越小，利润所占份额越大。

综合式（4-30）~式（4-33）可得有效需求：

$$X' = \frac{(\rho - \lambda\mu)\ K}{s}\left(1 + \frac{1}{\mu}\right) \qquad (4-34)$$

如果将新古典主义框架下的产出 X 作为充分就业产出，则 $X = avK$，

---

① 卡莱茨基的有效需求理论与凯恩斯的有效需求理论在分析方法上的最大区别在于，卡莱茨基认为投资决定储蓄，并等于储蓄，由此决定的实际产出低于充分就业时的产出，表现出有效需求不足；凯恩斯则认为投资小于储蓄，出现总支出小于总产出，出现有效需求不足。从这里看出，这两个模型的主要区别在储蓄的概念不同，而卡莱茨基模型中的产出实际为凯恩斯模型中的有效需求。

那么有效需求 – 收入比满足：

$$\theta = \frac{\rho - \lambda\mu}{sav}\left(1 + \frac{1}{\mu}\right) \tag{4-35}$$

式（4-35）表明，垄断程度越高，对应的有效需求越小，失业的人数就越多。换句话说，降低垄断程度，从而提高工资在收入中的份额，可以增加有效需求，从而可以增加就业。

（3）新凯恩斯主义的失业理论。新凯恩斯主义重新将非市场出清作为基本假定，这个假定使新凯恩斯主义同原凯恩斯主义有了相同的基础。新凯恩斯主义劳动市场理论的关键性假设是工资黏性。代表理论有交错调整工资理论、长期劳动合同理论、隐性合同理论、效率工资理论以及局内人 – 局外人理论等。这些理论从不同的角度对工资黏性和失业原因做了探索性研究，在某种程度上为凯恩斯的宏观失业理论打下了微观基础。

效率工资理论是实际工资黏性最具代表性的理论之一。效率工资理论认为，由于工人生产率（努力或效率）并非与工资无关，相反，实际工资和工人的努力是相互依赖的，至少在某个有意义的区间内如此，因而降低工资不符合厂商的利益。索洛提供了效率工资模型的基本结构。[①] 在索洛模型中，由于削减工资将降低生产率并提高成本，因而工资黏性是符合厂商利益的。索洛在分析效率工资时，在新古典主义框架下将工资以增进劳动的方式纳入企业生产函数，因此在我们的分析框架中仍采用新古典主义模型作为出发点来解释效率工资理论。这里为讨论方便，假设技术参数 $A = 1$，那么劳动力的动态需求曲线为：

$$n_d = s\alpha\left(\frac{1}{1-\alpha}\right)^{\frac{1}{\alpha}}\omega^{\frac{\alpha-1}{\alpha}} \tag{4-36}$$

劳动力供给的增长率仍假定为 n。在实现充分就业的均衡增长下，均衡

---

① Solow, R. M., "Another Possible Source of Wage Stickiness," *Journal of Macroeconomics*, 1 (1979).

工资率为 $\omega = (1-\alpha)v^{\alpha}$。下面我们分析模型中效率工资的决定。

在效率工资模型中，代表性厂商的生产函数为：

$$X = K^{\alpha}(eL)^{1-\alpha} \qquad\qquad (4-37)$$

面临的决策问题为：

$$\max_{L,\omega} K^{\alpha}(eL)^{1-\alpha} - \omega L - rK \qquad\qquad (4-38)$$

这里，e 为工人的努力程度参数，且 e 为关于 ω 的函数，即 $e = e(\omega)$，而且满足 $e' > 0$，$e'' < 0$。令 $\overline{L} = eL$，式（4-38）可转变为：

$$\max_{L,\omega} K^{\alpha}\overline{L}^{1-\alpha} - \frac{\omega}{e}\overline{L} - rK \qquad\qquad (4-39)$$

因此，厂商的最大化策略可分解出求单位有效劳动的成本最小化问题，即求满足 $\min \dfrac{\omega}{e(\omega)}$ 的工资率 $\tilde{\omega}$。根据式（4-38）关于 L 和 ω 的两个一阶条件，可求得这个工资率满足：

$$\frac{\tilde{\omega}e'(\tilde{\omega})}{e(\tilde{\omega})} = 1 \qquad\qquad (4-40)$$

由式（4-40）可知，效率工资与生产和市场供求无关，只与工人的努力函数的特征有关。因此，当效率工资高于出清工资时就会出现失业（见图 4-5）。

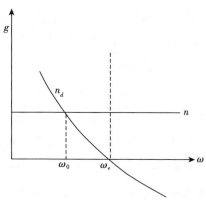

图 4-5　新凯恩斯主义失业理论模型

3. 马克思主义失业理论与西方主要经济学派失业理论的比较

就业问题是当代宏观经济学研究的核心问题，西方马克思主义经济学与西方主要经济学派，都对就业问题提出了各自的理论见解。但由于这些理论的分析范式各不相同，难以进行较好的对话。本节试图运用本章所构建的统一分析框架，对这些理论的代表性模型，在忠实这些理论核心思想的基础上重新做出解释，这样将有利于各理论之间的相互比较。

从以上的模型重构和分析中可以发现，建立在马克思的相对过剩人口理论之上的当代西方马克思主义失业理论与西方主要经济学派的失业理论在理论研究的出发点上有着本质的区别。当代西方马克思主义的失业理论研究的是资本主义制度下资本积累对劳动力供求的影响，即资本积累与工人的贫困化以及产业后备军的形成之间的关系，揭示的是资本主义的人口变动规律和工人贫困化趋势，以及资本主义制度内在的对抗性矛盾。西方主要经济学派的失业理论阐述的是资本主义市场机制失灵下的失业，认为如果消除这些导致市场失灵的因素，劳动市场仍然能实现充分就业的均衡。仅有的区别是，古典主义的信奉者认为市场能自发地恢复均衡，而凯恩斯主义者认为由于市场的不完全性，政府必须加以干预，市场才能恢复均衡。因而在维护资本主义市场经济这一本质上，古典主义与凯恩斯主义是一致的。

从研究的方法论来看，当代西方马克思主义的失业理论与西方主要经济学派的失业理论也有着较大的区别。当代西方马克思主义的失业理论从动态的角度考察资本积累规律，以及相应的工人阶级日益贫困化的状况。该理论通过分析生产力的演进过程，着重从生产的技术结构变动和制度的局限性上探寻资本主义失业的原因，这是马克思主义者分析失业理论的独特视角。西方主要经济学派的许多失业理论都仅从劳动市场的变化，从静态和比较静态的角度来分析劳动就业问题，缺乏全局观和动态观。凯恩斯经济学虽从宏观角度考察失业问题，但仅把视野聚焦在流通领域，认为失业主要由有效需求不足所造成，而没有考虑到失业的生产技术和制度因素。这些方面也是凯恩斯以后的经济学所存在的不足。另外，就新古典宏观经济学与新凯恩斯主义经济学相比较而言，新古典宏观经济学从几个公理性的假定前提出发，力图演绎出一套精致的失业理论，但由于在分析方法上刻意追求形式上的完美，忽略了对这些公理性假设与事实是否相符的检验，因而相应理论显得缺乏对现实的解释力。新凯恩斯主义经济学的失业理论则从经济现象出发构造理论，再用这些理论来描绘经济现实，因而相应理论显得缺乏理论的深刻性，从而走向了事物的另一个极端。然而退一步来看，凯恩斯主义者在理论上能够承认非自愿失业的存在，毕竟比否认非自愿失业的古典主义及其信奉者要现实得多。

当然，这些理论还是有许多共同之处，正如本章所指出的，许多失业理论能统一到同一分析框架来进行讨论。劳伦斯·克莱因在他出版的《凯恩斯革命》（1947年）一书中构造模型对马克思理论和凯恩斯理论进行了比较，在他的分析框架下，凯恩斯理论仅是马克思理论的特殊情况。他指出，马克思构造了一个完整方程体系来决定收入水平（或就业水平），在他的理论体系中由于实现充分就业的条件得不到满足而出现危机，从这一点来看与凯恩斯理论是相似的。不过马克思的充分就业实现条件要比凯恩斯的有效需求理论所分析的复杂得多。

古典经济学与凯恩斯主义经济学在方法论上也有许多共同之处。它们虽在观点上存在较大的分歧，但在微观分析方法上仍存在许多相通之处。后凯恩斯主义尽管反对新古典主义的微观分析方法，但还是存在微观经济理论。后凯恩斯主义经济学在分析过程中将厂商的垄断定价行为引进自己的理论框架中，这一点与新凯恩斯主义的分析方法基本是一致的。如上文中所提及的新凯恩斯主义效率工资模型中的企业，实际上就是一个制定价格的垄断竞争企业。因此，凯恩斯主义（后凯恩斯主义和新凯恩斯主义）与新古典主义在微观分析上的一个关键区别在于对定价行为的看法，因为新古典主义认为企业是市场价格的接受者。此外，如上文所述，新古典主义和新凯恩斯主义都是从个体最优化行为出发来分析宏观经济现象的，在分析方法上采用的是从微观到宏观的单向式关系。而后凯恩斯主义对微观和宏观的关注，主要将重点放在这两者的共生关系上。从卡莱茨基的模型中可以看出，后凯恩斯主义倾向认为宏观对微观的影响和微观对宏观的影响是一样的显著，它们实际上采用的是一种双向式的分析方法。

不仅如此，当代西方马克思主义失业理论的许多思想还开始渗入这些主要经济学派中。例如，夏皮诺和斯蒂格利茨的效率工资假说中的"偷懒模型"援引了马克思的著名论点：资本家购买的是工人的劳动力，而不是工人的劳动；失业工人所构成的产业后备军是资本主义生产方式存在的条件。马克思主义的以鲍尔斯为代表的劳动压榨模型与主流文献的"偷懒模型"已基本融合在一起。另外，马克思的有关生产力的提高、出现机器替代工人的观点，由于对现实失业问题有很强的解释力，也越来越被更多的西方学者所认同。

还须指出的是，虽然失业的根源存在于生产过程之中，但生产过程并不是失业存在的唯一因素。市场经济中客观存在的信息问题、结构性因素以及劳动者自身原因都有可能造成失业，因此西方的许多失业理论对我国社会主义市场经济的发展和完善具有一定的借鉴意义。

第五节　当代西方马克思主义失业理论的理论价值与现实意义

马克思主义失业理论是马克思主义经济学的重要组成部分，也是劳动力市场理论的重要分支。本章以相关文献中"模型构建的不同完成条件"为基础框架，以马克思经济学的基本思想为理论基础，并分别以资本积累所推动的内生技术进步和资本对劳动的控制等作为分析主线，完成了对当代西方马克思主义宏观失业理论和微观失业理论的模型构建，并根据所构建的模型分别对西方马克思主义宏观、微观失业理论进行了梳理和阐释，并将它们与西方主要经济学派的失业理论进行了对比分析，以便更好地凸显西方马克思主义失业理论在相关文献中的理论价值和现实意义。

当代西方马克思主义宏观失业理论以马克思的资本积累理论为分析基础，从消费不足、投资过度、比例失调、技术变革等多种视角对马克思失业理论进行阐释。由于这些理论是从资本主义制度的固有特性来分析资本主义失业原因的，因而与回避资本主义制度缺陷的西方主流文献相比，更具全局观和洞察力。这些理论的共同点是，以资本有机构成提高、生存工资率、利润率下降规律等作为基本假定前提，来阐释资本主义失业和危机产生的原因，认为生存工资率下具有无限供给弹性的产业后备军的存在，是支撑资本主义工业经济高积累的基本机制，并认为资本积累必将导致失业的加剧和危机的爆发。这些观点较好地把握了马克思的基本思想，本章宏观部分则试图对这些内容进行系统梳理和阐释。这部分内容分析的主要特点是，从内生技术进步的视角，考察了这些文献所涉及的变量之间相互作用的内在机理。从本章的分析中可以发现，资本积累所推动的技术进步，是以节省劳动为目的的，这意味着，利润率的提高是以牺牲劳动收入为代价，那么不平等则是资本主义固有的发展趋势。

从当代西方马克思主义宏观失业理论中引申的一个现实问题是，许多发展中国家为实现快速发展，试图将大量资源集中投入现代工业部门，尽管这些国家从统计绩效来看较成功地实现了工业生产的增长，但由于这些部门采用的是高收入国家所采用的节约劳动的现代机械设备和技术，日趋严重的"资本深化"是这些部门所呈现的基本特征。这种发展模式所带来的后果是，就业的增长远慢于产出的增长。另外，这些国家传统的农业部门对劳动力的吸收已超饱和，大量的农村剩余劳动人口被推向城市，而由于城市工业部门就业吸纳能力的有限，这些人口在城市长期处于失业或半失业状态，最终沦为城市的赤贫人口。这种现象及由此所产生的不平等和社会不稳定，与马克思所描述的 19 世纪欧洲的景象是极为相似的。因此，如何克服这些问题，是发展中国家进一步发展所必须严肃面对的问题。

当代西方马克思主义微观失业理论，则以马克思的"阶级利益冲突""劳动剥削"等思想作为理论出发点，以新古典主义的瓦尔拉方法为分析工具，将资本主义的生产过程作为分析对象，对生产过程中阶级冲突的就业影响进行了考察。代表性的理论有劳动压榨理论、"去技能化"理论和劳动力市场分割理论等。这些理论区别于新古典主义劳动就业理论的一个重要特点是，强调了"政治"在劳动过程中的作用，即强调了劳动过程中资本对劳动的支配权。本章的微观部分则通过构建模型对以鲍尔斯、雷必泽等代表的劳动压榨理论进行了梳理和阐释，并探讨了"去技能化"理论和劳动力市场分割理论与劳动压榨理论的内在联系。本章分析表明，劳动压榨理论的贡献在于，揭示了只要存在阶级利益冲突，存在劳动雇佣关系，资本主义失业就不可避免。资本家在资本主义生产过程中不论是采取"去技能化"的生产技术，还是对工人"分而治之"，即采取劳动力市场分割策略，目的无非都是加强对劳动的控制，强化对劳动的压榨。

泰勒主义管理模式可以说是采用"去技能化"技术选择以实现劳动压榨的最好的现实例证。它将一项复杂的工作分解为若干个组成部分，并将对生产任务的管理权从生产工人的手中转移给管理人员，同时通过对"时间—动作"的研究来构建任务完成情况的评估体系，从而加强对劳动的控制。这种管理模式（及与此类似的管理模式）不仅存在于 20 世纪 80 年代的发达资本主义国家的工业企业，也存在于正在积极融入全球化过程的发展中国家的部分工业企业。只要这些国家在工业化过程中利用了资本主义因素，其工业资本就必将倾力实现对劳动力使用的最大化，劳动压榨则在所难免。这种由工业资本发展内在逻辑所导致的对劳动力的不合理剥削和使用，是产生社会不公和引发社会不稳定的重要因素，这也是值得发展中国家政府高度重视的问题。

通过对比分析发现，当代西方马克思主义失业理论，与当代西方主要经济学派的失业理论相比，由于更侧重历史和制度分析，因而更具洞察力。不过西方主要经济学派的失业理论，尤其是后凯恩斯主义的失业理论，由于在市场运行层面考察了市场机制对劳动市场的影响，对分析当代中国特色社会主义市场经济建设过程中所产生的失业问题有一定的启发意义。

第五章　改革开放以来的中国经济增长与就业动态

　　当代西方马克思主义失业理论虽以资本主义国家的经济发展现实为研究背景，来考察资本主义的劳动就业状况，但该理论传统在宏观方面有关资本积累历史趋势的讨论，即资本积累程度的提高必将导致利润率下降与失业率上升，以及消费需求不足、比例失调和过度金融化都将对增长和就业产生不利影响，对于研究当代中国经济增长与就业的动态关系有着重要的启发意义。在微观方面，该理论传统有关工资与利润的对立运动关系，以及有关资本主义生产方式下资本对劳动压榨的分析，对于研究当前中国的社会生产过程以及工人的劳动就业状态和劳动报酬的变动状况有着重要的借鉴意义。

　　就宏观方面而言，科学技术的突飞猛进是当前世界经济发展的主趋势，有机构成提高是其重要特征。马克思分析了资本主义积累规律，即有机构成提高和相对过剩人口增加的这一必然趋势，并论证了资本主义经济危机必然爆发的这一历史性规律。当代的西方马克思主义者继承了马克思的基本观点，进一步从不同角度分析了有机构成提高与利润率下降趋势之间的关系，并以此分析了当代资本主义危机和失业的原因。中国经济发展虽然不存在资本主义固有的制度性矛盾和制度性危机，但由有机构成提高所导致的资本对劳动的替代是社会经济发展的共同特征，中国自然也就难以避免。因此，马克思的资本有机构成理论以及西方马克思主义者的相关研究成果，对于分析中国当前经济发展模式和失业问题有重要的借鉴意义。

　　自改革开放以来，建立社会主义市场经济体制成为中国经济体制改革的目标。在改革进程中，非公有制得到了较快发展，中国的劳动关系和劳动制度由此发生了深刻变革。中国的失业问题与中国生产组织形式的演变和中国经济体制的变革是密不可分的。此外，中国的改革开放年代，也正是新自由主义的全球化年代。在整个改革开放年代，中国的市场化改革是在政府主导下有序推进的。因此，中国的发展保持了较强的自主性和相对的独立性。即便如此，中国经济仍不免受到新自由主义全球运作的冲击。因此，就微观方面而言，马克思的剩余价值生产理论、当代西方马克思主义的就业与劳动报酬理论以及劳动过程理论，对于分析中国生产组织形式的变革、劳动过程和劳资关系等有着重要的借鉴意义。

　　金融化是新自由主义全球化的一个重要特征，身处新自由主义全球化浪潮中的中国经济不可避免地受到金融全球化的影响。这种影响不仅体现为中国经济受到国际金融垄断资本全球化的冲击，而且体现为中国也存在日趋金融化的趋向。马克思的金融理论和当代西方马克思主义金融化理论对于分析中国经济发展模式和失业问题有着巨大参考价值。

　　由于有机构成提高是导致失业率上升的经常性的决定性因素，宏观方面，本章将有机构成作为主要分析对象，来讨论它对就业的影响，相关论题包括中国资本深化发展模式的特征、中国全要素生产率的影响因素及其对就业的影响，以及中国利润率和工资份额的变动规律及其对就业的影响等。而就单个指标而言，作为资本有机构成代理性指标的资本深化①、全

---

①　由于资本有机构成可以分解为资本产出比即资本深化、劳动生产率和工资率的倒数三者的积，即 $\frac{K}{wL}=\frac{1}{w}\frac{K}{Y}\frac{Y}{L}$（这里，$Y$ 为实际产出、K 为实际资本量、L 为劳动量、w 为工资率）。因此，资本深化通常不仅反映了有机构成的提高，而且意味着有机构成的提高幅度大于劳动生产率的增长幅度。

要素生产率①、利润率和工资份额②等，都属于微观指标，因此，对这些因素的分析已深入经济体系的微观方面。本章不再区分宏观和微观来讨论中国的失业问题，而采用马克思的整体性分析方法，并运用马克思相关基本理论和借鉴西方马克思主义有价值的成分来分析中国经济发展模式和就业模式的变动特征。值得一提的是，中国虽然也在建设市场经济，具有市场经济的一些共性，但在基本经济制度方面与西方资本主义国家有着本质区别。因此，分析中国经济问题不能机械、盲目地照搬马克思和西方马克思主义者针对资本主义分析所得出的基本结论。

第一节　改革开放以来中国经济增长与就业模式的演变

自改革开放以来，中国经济增长和就业模式都发生了深刻的变革。1979～2019 年，中国劳动力供给从 4.16 亿人增加到 8.11 亿人，就业人数从 4.10 亿人增加到 7.75 亿人。③ 换言之，在这 41 年间，中国劳动力供求几乎都翻了一番。从世界范围来看，中国劳动力和就业的扩张有着全球意义。按照国际货币基金组织的估算方法，可推算出，在 2007 年的高峰期，中国为世界市场生产所贡献的劳动力占 35% 以上。因此，中国的就业、工资、劳动条件的演化，越来越为国际社会所关注。

与中国劳动力供求扩张相关的是改革开放以来中国经济的快速增长。1979～2019 年，中国实际国内生产总值翻了 5 番。在经济快速增长的同时，随着市场化改革深入，劳动就业模式发生了深刻变革，收入分配的两极分化现象开始凸显。为此，自世纪之交以来，政府积极采取福利、就业政策和其他相关政策措施，以推动劳动报酬提升和加强劳动

---

① 由于全要素生产率通常用 $A = \dfrac{Y}{L^\alpha K^{1-\alpha}}$ 来核算，因而 $A = w^\alpha \left(\dfrac{K}{wL}\right)^\alpha \dfrac{Y}{K}$。在短期，根据卡尔多典型事实，$Y/K$ 相对保持稳定，全要素生产率的提高反映了资本有机构成的提高。

② 根据韦斯科普夫的利润率分解式即式（2-5）和式（2-6），有机构成与利润率反方向变动，与工资份额同方向变动。

③ 除有特别说明外，本章数据均来自《中国统计年鉴》。

保护。简言之，劳动报酬提升与经济增长和就业增长并列，成为世纪之交以来中国政府所追求的经济发展的三大主要政策目标。

　　然而，中国经济增长的实际表现与政府所追求的目标并不完全吻合。诚然，在改革开放后的大部分年份（尤其是在改革开放的前半阶段），产出增长主要靠就业增加来推动。更确切地说，工业化和经济增长的主要动力，是规模巨大的劳动力从农业部门向工业和服务业部门转移。但自20世纪90年代初期以来，经济增长呈现"资本深化"特征，资本替代劳动的现象在工业部门日趋显著。结果是，经济增长创造就业的能力趋于减弱。与90年代之前相比，近年来就业的增长要显著滞后于劳动力供给的扩张。

　　自2008年的全球性经济金融危机以来，全球经济长期停滞不前。这一时期以来，中国经济发展的主要任务就是实现经济的"再平衡"，包括内部与外部之间需求平衡，以及内部需求中的消费和投资之间平衡，这就是当前"双循环"的主要关切点。当前学界的主流观点是，与2008年之前情形相比，更加平衡的发展模式将使经济增长更可持续、收入分配更加公平、高报酬的劳动就业机会更多，但经济增长速度有所减缓。

　　自党的十八大以来，中国政府采取了一系列措施以保护普遍的资本深化工业化道路的利益即维持生产力的快速发展，并同时减轻这种模式吸收劳动力能力较弱的问题。面对复杂多变的国际国内环境，国内政策需要做相应的调整。自2008年以来，中国依赖出口增长来促进经济增长的空间已大大缩小。同时，社会发展的国家目标要求在增加消费的同时抑制收入分配的不平等。这进一步要求政府采取适当政策来促进生产力的发展、生产性就业和工资的增长。初步数据虽显示，"再平衡"近几年初见成效，总体上朝着预期目标发展，但实际上并没有实现通过设想的结构变革机制向能促进更多就业的经济增长模式迈进。净出口在总支出中所占的比重已大大减小。目前，经济增长模式的资本深化特征得到了加强，而不是减弱。

就劳动力而言，令人意外的是，资本深化的增长路径增强而不是减弱了就业机会的创造能力。不过，在 1993～2010 年资本深化型增长时期，失业状况趋于恶化，尤其是在 2005～2010 年这 6 年间。外部冲击的不利影响不容忽视。这种情况类似于 20 世纪 90 年代后期的亚洲金融危机，也类似于 2008 年以来的西方发达经济体的金融危机。然而，工业化内在的一般机制更值得深入探究，这是本章第二部分着重讨论的内容。

值得一提的是，快速的工业化必然伴随着迅速的城镇化。而中国过快的城镇化，超出了工业和服务业吸收农业外流劳动力的能力。自世纪之交以来，伴随着生产力快速发展的是城镇工资的上升，这是社会和经济发展所取得的巨大成就。然而，它也成为城乡劳动力转移的重要诱因，从而使城镇失业问题的解决变得更加困难。

概言之，自 2004 年以来，中国经济政策的实施似乎已取得了较大成效。中国经济虽然受到了外部冲击的不利影响，但仍实现了较快的经济增长和劳动报酬不断提高的就业增长的双重目标。这些成就既是工业化内在机制作用的结果，也至少部分归因于平衡需求并维持资本深化发展道路的国家政策。然而，这种发展模式存在的重大缺陷是城镇失业问题依然严峻。为了解决这一问题，需协调好工业和服务业的劳动力吸收能力与劳动力从农村向城镇的迁移速度亦即城镇化速度之间的平衡关系。而这种平衡则需要政府制定相关政策以提高农业生产力和加大对农业的补偿力度。

另外，随着中国改革开放的不断深入，中国的劳动就业制度发生了深刻变革。随着以市场化为导向的国企改革的不断推进，国企部门的劳动就业制度由原来的以计划经济为基础的劳动统招统配制度逐步转变为以市场经济为基础的劳动合同制度。随着国企改革的推进和外资企业的进入，非公有制经济的规模不断扩大，并成为中国经济的重要组成部分。相应地，雇佣制的就业模式变得越来越普遍，与此同时产生了一大批完全或半无产阶级劳动力。整个改革开放年代，也是新自由主义全球扩张的年代。中国的的改革开放虽是在政府的主导下推进的，但中国发展模式仍不免留下新自由主义全球化冲击的烙印。当然，我们也必须充分认识到，中国的改革开放保持了较强的自主性和相对独立性，体现了"中国模式"对新自由主义的超越。

一　资本深化的中国经济增长及其就业的创造能力

改革开放后的中国经济增长，在前后两个阶段呈现根本性的结构性差异。从 20 世纪 70 年代末到 20 世纪 90 年代初，即改革开放的前半阶段，经济增长主要由劳动密集型工业化进程所推动。而自 20 世纪 90 年代初至今，即改革开放的后半阶段，资本深化的工业化进程一直是经济增长的主要动力。

经济增长路径的这种变化对包括劳动就业在内的各个方面都产生了重要的影响。图 5 - 1 显示了 1980 ~ 2019 年中国经济的增量资本产出比以及就业增长率。值得注意的是，增量资本产出比曲线在改革开放的前半阶段相对平坦，增量资本产出比在 1980 年和 1993 年均在 3 上下。从 20 世纪 90 年代初开始，该比值趋于上升。首先，1997 年该比值上升至 4.12，2005 年该比值达到 4.97，其后，迅速达到 2016 年的 15.65。之后虽有所下降，但 2019 年该比值仍维持在 13.60 的高水平。同时，在整个改革开放时代就业增长率呈长期下降趋势。从 20 世纪 80 年代末期开始，就业增长率迅速降至 1% 以下，2018 年以后甚至出现了负值。因此，经济增长模式从劳动密集型的工业化向资本密集型工业化的过渡非常明显。

增量资本产出比的增长是由就业增长放缓引起的，还是相反？要验证这两种趋势之间的关系，需要仔细观察劳动力需求和供给的变化。图 5 - 2 显示了劳动力供给和就业的增长率变动情况。尽管就业统计口径的变化会在一定程度上影响数据可比性，但仍可以观察到两个阶段就业增长的显著特征：第一阶段的增长率远远超过第二阶段。这一观察结果表明，经济增长路径的变化对就业的影响是显而易见的。

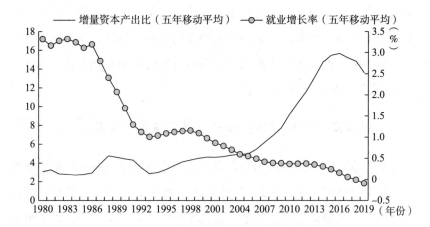

图 5 – 1　经济增长从劳动密集型向资本深化型转变

注：增量资本产出比为资本实际增量与 GDP 实际增量的比值。

数据来源：《中国统计年鉴》。

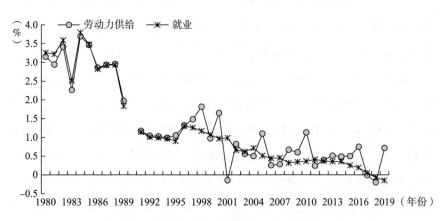

图 5 – 2　劳动力供给与就业的增长率

注：1990 年对劳动力供给和就业的统计范围进行了调整，因此尽管增长率
数据的可比性不太受调整的影响，但 1990 年前后的数据不具可比性。

数据来源：《中国统计年鉴》。

　　与此同时，就业增长率在第一阶段大多超过了劳动力供给的增长
率，而在第二阶段则相反。由此可以推断出，与增量资本产出比上升相
关的经济增长路径变化，导致生产过程中出现资本代替劳动现象，很可
能是就业增长放缓的原因而非后果。换句话说，在资本深化的工业化时
期，需求已成为就业增长的硬约束。随着时间的推移，这种约束变得越

来越严格。

经济增长与就业的动态关系有着自身的结构特征。改革开放前半阶段的劳动密集型工业化致使大规模的第一产业（农业）劳动力向第二产业和第三产业转移。实际上，从 20 世纪 90 年代初期到 2004 年左右，资本不断深化的工业化意味着第二产业吸收农业劳动力的能力在逐渐减弱。如图 5 - 3 所示，1980 ~ 1992 年，农业就业占总就业的份额下降了 10. 25 个百分点，而第二产业则上升了 3. 51 个百分点，第三产业增长了 6. 74 个百分点。在直到 2004 年的随后几年中，虽然农业就业份额继续下降了 11. 60 个百分点，但第二产业就业份额基本没有变化，仅增加了 0. 80 个百分点。随后的 15 年，即到 2019 年，产业的就业结构又发生了巨大变化。在这 15 年的时间里，农业就业份额下降了 21. 8 个百分点。这主要是由于第三产业吸收了更多的劳动力，同期第三产业就业份额增加了 16. 8 个百分点，而第二产业的就业份额增加了 5. 0 个百分点。

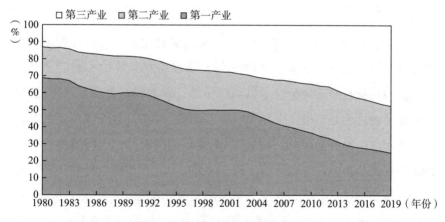

图 5 - 3　各产业就业份额变动情况

数据来源：《中国统计年鉴》。

与劳动就业变化趋势相反，从劳动密集型的工业化向资本深化的工业化过渡伴随着劳动生产率持续增长。图 5 - 4 显示了工业部门相对于非工业部门的劳动生产率和全要素生产率变动趋势。从中可以看出，以不变价格测得的相对劳动生产率曲线和相对全要素生产率曲线从 20 世纪 90 年代初期至 21 世纪初都倾向于上升。2004 年以后前一条曲线显著下降，这与这段时期工业吸收劳动力的能力减弱是一致的。而后一条曲线上升的速度趋于放缓，这一特征是由工业化的变动规律所决定的，这将在第二节专门进行讨论。

图 5 - 4　工业部门相对非工业部门的劳动生产率和全要素生产率变动趋势

注：$A = Y/(K^{0.4} L^{0.6})$ 代表全要素生产率。

数据来源：《中国统计年鉴》。

此外，从图 5 - 4 可以看到，工业部门劳动生产率的提高有助于促进整体经济增长。以基准年（1978 年）不变价格计算的相对劳动生产率的曲线持续且显著地超过了以当年价格计算的相对劳动生产率曲线。这意味着通过相对价格变化的影响，工业部门将劳动生产率增长的收益转移到经济中的其他部分。而且在 21 世纪初期以前，这两条曲线之间的差距在逐渐扩大。这意味着，这一时期劳动生产率收益转移随着工业化的发展而加速。其后，这个差距的扩大有所放缓。

综上所述，以上关于工业部门相对劳动生产率的两个观察结果表明，除能取得劳动密集型工业化所能实现的目标外，资本深化的工业化还有足够的潜力促进整体经济劳动生产率的增长。从表 5 - 1 可以看出，在 1978 ~ 1992 年，人均实际 GDP 的年均增长率为 6.73%。在 1992 ~ 2019 年这一长达 28 年的时间，这一速率达到了 8.76% 的惊人水平。但从劳动力的供求状况看，就业的增长速度低于劳动力供给，尤其是在 2004 ~ 2019 年，这一缺口达 0.22 个百分点。

表 5 – 1 实际 GDP、就业与劳动力供给的年均增长率

单位：%，个百分点

期 间	（a）实际 GDP	（b）就业	（c）劳动力供给	（a）–（b）	（b）–（c）
1978～2019 年	9.37	1.62	1.70	7.75	– 0.08
1978～1992 年	9.40	2.67	2.62	6.73	0.04
1992～2019 年	9.35	0.59	0.72	8.76	– 0.13
1992～2004 年	9.87	0.97	1.00	8.90	– 0.04
2004～2019 年	8.93	0.28	0.50	8.65	– 0.22

数据来源：《中国统计年鉴》。

根据以上分析，可以初步得出关于中国经济增长与就业关系的三个推断。第一，与劳动密集型工业化相比，资本深化工业化将导致就业增长的放慢。1992～2004 年工业的劳动力吸收能力比 1978～1992 年要小得多。第二，然而，由于资本深化工业化出现实质性的变化，对就业的影响出现逆转。2004～2019 年资本深化的加速趋向于增强而不是削弱工业的劳动力吸收能力，但服务业等第三产业的扩张不足以吸纳从农业转移出的劳动力，导致劳动力供求缺口扩大。第三，毫无疑问，工业劳动生产率增长收益的转移有助于促进服务业的增长和其劳动力吸收能力提升，尽管这种关系不一定是线性的。将 1992～2004 年与 1978～1992 年相比较，转移的加速与服务业更强的劳动力吸收能力是正相关的。但是，随着 2004～2019 年转移的进一步加速，这一能力没有得到相应增强，对此需要做进一步分析。

二 中国经济增长的驱动力及其再平衡

是什么因素导致了经济增长和就业关系的变化？直观答案是需求构成的变化，即经济增长"宏观驱动力"相对重要性的变化。显而易见，1980～1992 年的工业化主要由消费需求拉动，而 1993～2010 年的工业化主要由投资来拉动，尤其是自 2000 年开始表现得更为明显。如图5 – 5 所示，消费占总支出的比重后半阶段比前半阶段平均低出近

10 个百分点。而总支出中投资占比的变化则表现相反（尽管幅度较小）。而净出口从 1980～1992 年的部分赤字，变为 1993～2010 年的普遍盈余。2010 年以后的情况更加复杂。消费在总支出中所占的份额从 2000 年开始明显减小，但自 2010 年后开始恢复增大。而投资的比重在 2000～2011 年呈上升趋势，此后随同净出口比重开始呈下降趋势。

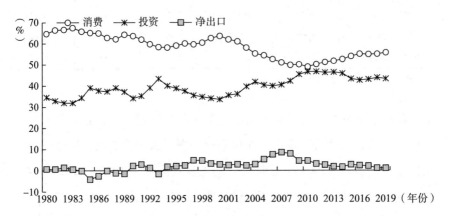

图 5-5　消费与投资占比的变动

数据来源：《中国统计年鉴》。

从实际增长率来看，改革开放以来，经济增长的主要驱动力来自投资。然而，消费作为经济增长的宏观驱动力一直发挥着重要作用，尽管在改革开放的大部分时期其增长率均低于投资。在 1980～1992 年，消费的年均增长率为 7.99%，低于投资增长率 10.21%。1992～2010 年，投资增长率上升至 12.96% 的高水平，消费增长率也上升至 9.95%，差距显著扩大（见表 5-2）。而在 2010～2019 年，消费与投资的年均增长率分别下降到 9.10% 和 7.02%，在这一时期消费的年均增长率明显高于投资，这一结果与需求结构表现完全相同。

表 5-2　消费与投资的年均增长率

单位：%

期　　间	消费	投资
1980～1992 年	7.99	10.21

续表

期　间	消费	投资
1980～2019 年	9.15	10.72
1992～2019 年	9.66	10.94
1992～2010 年	9.95	12.96
2010～2019 年	9.10	7.02

数据来源:《中国统计年鉴》。

　　中国近年来的再平衡政策还是取得了一定成效。这说明，资本深化的增长路径能够带来家庭收入的增长，在改革开放的后半阶段，家庭的边际消费倾向有所好转，这在图 5－6 中得到较好体现。从该图可以看出，2010 年后居民消费率和社会消费率都呈现小幅上升趋势，这与改革开放之初的长期下降趋势形成鲜明对比，与 2010 年以来的消费驱动的增长模式是相适应的。

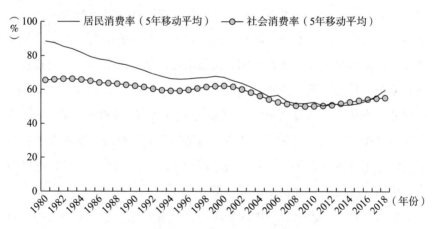

图 5－6　居民和社会消费率

数据来源:《中国统计年鉴》。

　　可以推断，家庭消费率变动的背后，必然是整个社会收入分配方式的重要变化。自 1978 年以来，中国的收入分配一度出现严重恶化。从表 5－3 中可以看出，1978 年，城镇和农村的基尼系数还处于适度值，分别为 0.21 和 0.16，而到 1990 年则分别升至 0.31 和 0.24，此后收入分配恶化仍在继续发展。从整个社会来看，基尼系数继续以非常快的速度从 1990 年的 0.343 增长到最高水平，2008 年的 0.491，而自 2010 年以来，虽然基尼系数仍远高于 0.4 的国际警戒线，但已呈现一定的下降趋势。这在一定程度上支撑了增长模式从投资驱动向消费驱动的转变。

表 5 – 3　改革开放后基尼系数的变化

地区	1978 年	1985 年	1990 年	1995 年	2005 年	2008 年	2010 年	2013 年	2016 年	2019 年
全国			0.343	0.389	0.485	0.491	0.481	0.473	0.465	0.465
农村	0.21	0.30	0.31	0.34						
城镇	0.16	0.19	0.24	0.28						

数据来源：Wind 数据库。

近年来，随着中国经济日益融入世界市场，"再平衡"受到了中国经济发展的外部动力的限制。2005～2010 年，在消费增长加速的同时，投资增长的加速表现得更为强劲。这意味着这一时期消费增长主要通过挤压净出口来实现。然而，净出口的变化有着自身的动力。资本深化的工业化带来的是工业劳动生产率的快速增长，也带来了外商直接投资的快速增加，其目的是获得低成本的生产收益。因此，自 21 世纪初以来，外资企业在中国贸易顺差中所占的比重快速增长。2000～2008 年，资本与金融账户顺差与经常账户顺差一同迅速扩大。此后，这两个账户的盈余的增加总体而言不复存在（如图 5 – 7 所示）。面对外部的这种阻力，中国经济被强制地实现了再平衡。

总体而言，上述分析与中国经济的典型事实是基本保持一致的。自 20 世纪 90 年代初以来，投资快速扩张的需求特征一直与资本深化的经济增长路径保持一致。然而，自 2010 年开始，新的平衡机制开始发生作用，主要表现为消费作为经济增长的驱动力日趋明显。这种再平衡与这一时期工业吸收劳动力的能力不断增强保持一致。

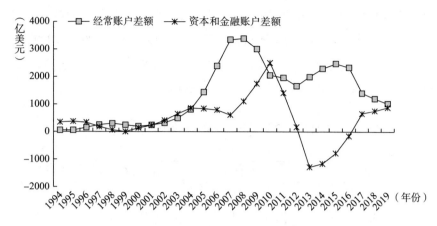

图 5 - 7　经常账户与资本和金融账户的再平衡
数据来源:《中国统计年鉴》。

三　劳动力吸收能力、就业模式与劳动报酬

1. 中国工业化和城镇化对劳动力的吸收

尽管近年来经济增长的宏观驱动因素发生了变化,但资本不断深化的工业化仍在继续给就业岗位的创造带来困难。如表 5 - 1 所示,在整个改革开放时代,平均而言,就业增长与劳动力供给增长基本保持平衡,这是值得肯定的成就。然而,这些平均指标模糊了改革开放前后两个阶段实际绩效的巨大差异。1978 ~ 1992 年,就业的年均增长率超过劳动力供给 0.04 个百分点。在 1992 ~ 2019 年,差异则变为 - 0.13 个百分点。此外,改革开放的后半阶段就业显然有恶化的趋势。在 1992 ~ 2004 年,就业增长比劳动力供给增长慢 0.04 个百分点,然后,在 2004 ~ 2019 年,差异扩大到 0.22 个百分点。

仅从以上的增长率数据来看似乎还比较适中。然而,从绝对数来看,它们涉及的人数是规模巨大的。表 5 - 4 给出了劳动就业和劳动力供给的年均增量变动情况。从表中可以看出,在所考察的整个改革开放年代,平均每年有 988 万个新人进入劳动力市场,新创造的就业机会有911 万个。每年向社会增加 77 万名失业工人,这种状况延续了长达 41

年。在 1979～1992 年的劳动密集型工业化时期，失业工人的净减少量为每年 7 万人。在其后的资本深化的工业化时期，即在 1992～2019 年，失业工人每年净增加 111 万人。并且，1992～2004 年每年净增加 33 万人，而在 2004～2019 年的 16 年，每年净增加达 174 万人。

表 5-4　劳动就业与劳动力供给的年均增量

单位：万人

期　间	劳动就业	劳动力供给	缺口
1979～2019 年	911	988	-77
1979～1992 年	1184	1177	7
1992～2019 年	419	530	-111
1992～2004 年	676	709	-33
2004～2012 年	305	451	-146
2012～2015 年	249	399	-150
2015～2019 年	5	253	-248

数据来源：《中国统计年鉴》。

当然，2004～2019 年失业状况的恶化可能是由于外部冲击的影响而造成的。早在 2006 年，就有报告称沿海省份的出口导向型行业普遍存在劳动力短缺。在那一年的全国范围内，就业人数增加了 136 万人。第二年的情况基本相同，所涉人数为 127 万人。随之而来的是发达经济体金融危机引起的全球性衰退。对于中国而言，经济衰退的直接影响是贸易顺差的大幅减少，贸易顺差占 GDP 的比重从 2007 年的 8.8% 连续下降至 2010 年的 3.7%，到 2012 年进一步下降至 2.8%。后虽有所上升，2015 年上升为 5.3%，但其后一直下跌，2019 年降至 2.9%。2008～2010 年，就业增量比劳动力供给增量分别少了 272 万人、200 万人和 601 万人。正是这些失业导致了整个 2004～2012 年失业状况的恶化。2012～2015 年贸易顺差占 GDP 的比重虽有些上升，但对就业的带动不是十分明显。2015 年以后贸易顺差的恶化，导致失业人数直接飙升，2015～2019 年的劳动力市场年均供求增量缺口达 248 万人。

为了考察抑制经济增长的劳动力吸收能力的内在因素，有必要分析城镇的劳动就业情况。由于对农业部门现有的劳动力数据很难做出就业、失业或就业不足等判断，对城镇劳动力数据进行分析是有一定价值的。表5-5给出了中国城镇就业的总体情况。这里用全国从事经济活动的人口总数减去农村就业人数来估算城镇从事经济活动的人口数据，然后在此基础上估算城镇失业率，以便与登记失业率进行比较。

表5-5 城镇劳动力供给与就业的年均增量与失业率

单位：万人，%

期 间	新增劳动力供给	新增就业	新增供求缺口	估算失业率	登记失业率
1979～2019年	933	856	77	4.5	3.4
1979～1992年	610	605	4.7	2.9	2.8
1992～2019年	1175	1055	120	5.2	3.7
1992～2004年	819	786	33	4.7	3.3
2004～2012年	1372	1226	146	5.0	4.1
2012～2015年	1253	1103	150	5.9	4.1
2015～2019年	1208	959	249	6.9	3.9

注：这里的失业率是将农村经济活动人口视为农村就业人口情形下所估算的失业率，即将农村劳动力视为充分就业条件下所估算的城镇失业率。这种估算虽低估了城镇失业率，但能基本反映城镇失业率变动趋势。

数据来源：《中国统计年鉴》。

从表5-5可以看到，经济活动年均新增人口数量从1979～1992年的610万人急增到1992～2019年的1175万人，这反映了较快的劳动力从农业向工业和服务业转移速度和较快的城镇化进程。同时，与此保持相同趋势的是失业率的较快上升，即从1979～1992年的2.9%上升到1992～2019年的5.2%。在改革开放的后半阶段内，1992～2004年的失业率为4.7%，2005～2019年上升至5.7%，这种趋势与中国宏观经济的总体就业情况是基本一致的。由于外部冲击的影响，这种表现可能会有所夸大。自2010年以来，城镇失业率超过5%的年份正对应中国经济遭遇恶劣外部冲击的年份，这充分说明了外部冲击对中国劳动就业有着不容忽视的影响。

2. 中国劳动就业模式的演变

中国失业规模的扩大，除了由中国资本深化的增长模式所驱动的技术因素外，也与中国就业制度和就业模式的变革有着重要关联。由于时代因素，中国的改革开放不可避免地受到新自由主义全球化的影响。最早的也是最为直观的影响体现为"外商直接投资（FDI）的自由化"。在改革开放初期的20世纪80年代，中国的FDI不超过20亿美元。而进入20世纪90年代后，FDI开始大幅增长，并于2009年上升至900亿美元（见图5-8），仅次于美国，且在此后个别年份甚至超过美国而位居世界第一。从FDI的净流入来看，中国的FDI净流入占新兴经济体的比重从1983年的12%迅速上升至1993年的69%，其后虽有所下降，但大部分年份仍维持在50%以上。

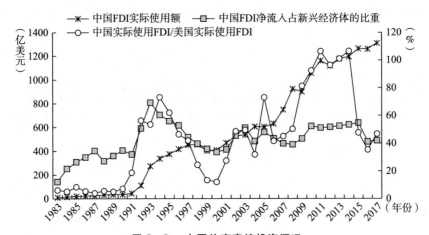

图5-8 中国外商直接投资概况

注：新兴经济体主要包括中国、俄罗斯、南非、巴西、印度、墨西哥、韩国、菲律宾、土耳其、波兰和埃及。

数据来源：世界银行数据库。

外商直接投资的自由化对中国经济的影响是深远的。一方面，不可否认，FDI的进入意味着国内资本存量净增加，这的确有力地促进了中国经济增长。从图5-9可看到，自20世纪90年代初，即FDI开始大量流入中国以来，中国FDI净流入占GDP的比重和GDP增长率一直保持了较强的正相关性。

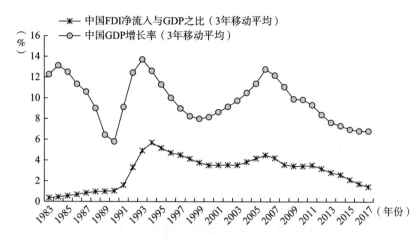

图 5 – 9　中国外商直接投资与经济增长的关系

数据来源：中国 FDI 净流入与 GDP 之比的数据来自世界银行数据库；中国
GDP 增长率数据来自《中国统计年鉴》。

另一方面，中国在引进外资的同时，也引进了相应的生产方式，因
而由此引进了资本对劳动的雇用关系。外资的流入深刻影响了中国劳动
者的就业模式。图 5 – 10 显示，自 20 世纪 90 年代初期 FDI 大幅流入中
国以来，城镇职工采用雇佣模式即采用合同制模式的比重显著上升，至
21 世纪初，城镇职工就业基本实行了合同制。

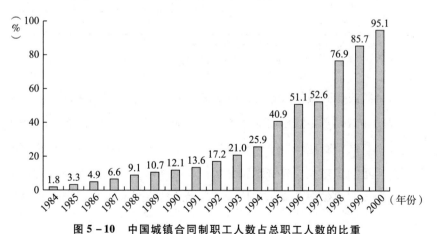

图 5 – 10　中国城镇合同制职工人数占总职工人数的比重

数据来源：《中国统计年鉴》《2000 年劳动与社会保障事业发展年度统计
公报》。

FDI 进入中国的根本动力在于利用中国的廉价劳动力，最大限度地榨取中国工人的剩余价值。FDI 进入将上亿名的中国工人卷进了全球新自由主义旋涡。按照国际货币基金组织的估算方法①，即以外贸出口与GDP 的比值乘以工人总数作为直接为世界市场生产的工人人数，可推算出，中国被卷入世界市场的工人，在最高峰的 2007 年达 2.66 亿人（而其中由 FDI 所推动的为 1.52 亿人），占新兴经济体的 65.1%，占全球的35.7%，此后虽有下降，但截至 2015 年，中国进入世界市场的工人仍占全球就业的 22.0%（见表 5 - 6）。

表 5 - 6　中国工人被卷入世界市场概况

单位：亿人，%

项　目		1995 年	2000 年	2005 年	2007 年	2010 年	2013 年	2015 年
绝对数	中国	1.39	1.51 (0.72)	2.55 (1.49)	2.66 (1.52)	2.02 (1.10)	1.82 (0.86)	1.63 (0.72)
	新兴经济体	2.15	2.90	4.00	4.09	3.72	3.71	3.56
	世界	4.26	5.34	6.65	7.45	7.36	8.06	7.41
相对数	中国占新兴经济体的比重	64.8	52.2	63.9	65.1	54.4	49.0	45.7
	中国占世界的比重	32.7	28.3	38.4	35.7	27.5	22.5	22.0

注：括号中数值为由 FDI 企业所推动的进入世界市场的中国工人数量。
数据来源：根据世界银行数据库相关数据推算所得。

除中国改革开放的政策导向外，外商直接投资的自由化也在一定程度上鼓励和带动了中国私营经济的发展。从表 5 - 7 可以看到，自 1990年以来，在城镇就业中，个体私营经济单位就业所占比重与三资企业就业所占比重同步增长。外资对私营经济发展所起的作用主要表现为，外资企业的生产组织形式和生产技术手段给中国私营企业发展提供了仿效模板。

① International Monetary Fund, *World Economic Outlook*（April 2007）（Washington, D.C.: International Monetary Fund, Publication Services, 2007）.

表5-7 中国城镇各类经济单位就业所占比重

单位：%

经济单位	1985年	1990年	1995年	2000年	2005年	2010年	2015年
国有经济单位	70.2	60.7	59.1	35.0	23.7	18.8	15.4
集体经济单位	26.0	20.8	16.5	6.5	3.0	1.7	1.2
个体私营经济单位	3.5	3.9	10.7	14.7	22.8	30.4	29.6
三资企业	0.0	0.4	2.7	2.8	4.6	5.2	6.9
其他城镇经济单位	0.3	14.2	11.0	40.9	45.9	43.9	46.9

数据来源：《中国统计年鉴》。

FDI的进入和私营企业的壮大，削弱了国有企业的地位。从表5-7可以看到，城镇国有经济单位就业比重自1990年以来呈明显下降趋势。外资的进入和私营经济的壮大，也必然冲击了国有企业原有的劳动就业制度。它们以利润为导向的生产方式给国有企业生产带来了巨大的市场竞争压力，国有企业的市场化改革也正是被这种"引入的竞争"不断地向前推动。

正如前文分析，中国工业化和城镇化的发展，拉动了大量的农村剩余劳动力向第二、第三产业和城镇转移，与此同时也造成了中国庞大的城镇产业后备军。根据谢富胜等的估算[1]，在1991~2013年，中国城镇失业人口从1000万人左右上升至7000万人左右。在此期间，失业人口占劳动年龄人口的比例从5.9%上升至17.0%。上升速度最快的时期是在1999~2002年，这一时期正是中国加入世贸组织、市场化改革推进最为显著的时期。在这些失业人口中，农村剩余劳动力是最大的组成部分，比重为65%~85%。

由于从农村转移至城镇的剩余劳动力即农民工工作的不稳定性，产业后备军规模处于动态中。在1993~2000年，从失业转向就业和从就业转向失业的劳动力数量保持相对稳定，并均处于440万人左右的低水

---

[1] Xie, F., X. Kuang and Z. Li, "The Reserve Army of Labor in China's Economy, 1991 - 2015," *Monthly Review*, 70 (2018).

平。然而，在 2001～2008 年，这两者急速增长，至 2008 年增长至 1200 万人以上。这也正是中国日益被卷入世界市场成为"世界工厂"的一个重要表现。在双向流动即从产业后备军转为就业和从就业转为产业后备军中，后者显著多于前者，这就导致中国产业后备军规模在不断扩大（见图 5 -11）。

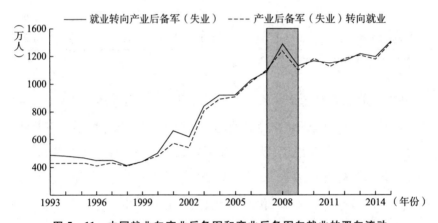

图 5 -11　中国就业向产业后备军和产业后备军向就业的双向流动

数据来源：Xie, F., X. Kuang and Z. Li, "The Reserve Army of Labor in China's Economy, 1991 -2015," *Monthly Review*, 70（2018）。

3. 中国劳动报酬的演变与失业

城镇失业不仅取决于经济增长对劳动力的吸收能力，还取决于农村向城镇转移劳动力的速度。驱使农村劳动力向城镇转移自然是城镇工资的相对较高水平。21 世纪以来，农村劳动力向城镇的转移正好与城镇工资的上涨相呼应。如图 5 -12 所示，在改革开放的前 20 年，城镇单位实际平均工资的增长率一直落后于人均实际 GDP 的增长率。不过，自 1995 年开始，城镇单位实际平均工资的增长率大幅增长，并在 1998 年开始超过人均 GDP 的增长率，实现逆转。尽管两者都倾向于先上升然后逐渐下降。工资上涨趋势与总体经济增长特别是工业部门劳动生产率的增长相对应（见图 5 -4 和表 5 -1），但这也是农村劳动力迁移的强烈诱因。

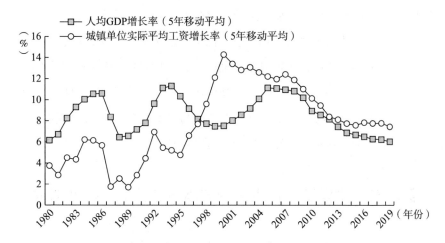

图 5-12 城镇工资增长与人均 GDP 增长的对比

数据来源:《中国统计年鉴》。

城镇工资的增长并不意味着工人境况尤其是农民工境况的好转。城镇工资增长只是促使农民工向城镇转移的原因。但实际境况正如前文分析,工人尤其是零工的工作条件正日趋恶化。此外,图 5-13 显示,自20 世纪 90 年代初大量农村劳动力流向城镇以来,总体劳动报酬在 GDP 中的比重在 2011 年以前一直呈下降趋势。

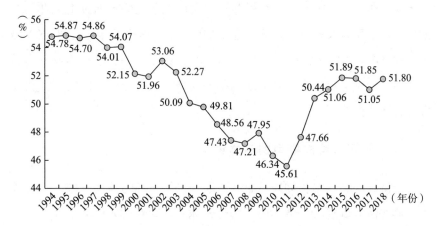

图 5-13 劳动报酬占 GDP 的比重

数据来源:《中国统计年鉴》。

当然,中国政府一直在致力于改善工人生活状况,制定相关法律,如制定最低工资标准等，来保障劳动者的合法权益，改善工作条件。自2011 年开始，劳动报酬占 GDP 的比重有了显著提高。这说明，中国社会主义市场经济在劳动就业制度上虽普遍采用雇佣制，但仍接受国家的调节，处于可控范围。中国的失业规模虽在扩大，也确有大量的工人被卷入新自由主义市场，但就业规模始终保持扩大态势，而且大量的就业增长是依靠生产性投资和劳动生产率提高实现的。

第二节　中国工业化进程中的增长与就业：模型构建

工业化作为经济增长的原动力，是发展中国家尤其是像中国这样大型的发展中国家的重要特征。具体而言，不论是在理论上还是从经验观察判断，与经济增长过程结合在一起的，往往包括资本的积累、技术的进步、需求结构和体制结构的演化等，这些因素的相互作用形成特定的增长模式，而在发展中国家，工业化往往就是这种特定增长模式的载体和经济增长的驱动力。卡尔多—维尔敦定律将工业化的驱动机制概括为，工业部门的扩张往往带来边干边学、诱导更新和创新投资以及整体经济的专业化等效应即动态规模效应，因而工业化能够通过扩大非工业部门的产出和需求规模推动非工业部门劳动生产率提升，从而促进整体经济的发展。本节试图根据发展中国家的工业化是经济增长的驱动力这一议题，构建工业与非工业两部门结构模型，用以分析中国的工业化发展及经济增长。

一　两部门结构模型的基本框架

经济体的二元结构问题一直是发展经济学研究的重要领域，从传统的古典经济学到现代经济学的三大理论体系，即新古典经济学和凯恩斯主义经济学以及马克思主义经济学，都对这一问题都做了深入研究，取得了丰硕成果。传统的古典经济学和现代西方主要经济学派的相关文献主要从工业与农业关系的角度来考察经济结构。这类文献的一个基本特征是，假设一个欠发达的经济体内部，存在一个"现代"的资本主义领域和一个落后的传统领域。经济体在发展过程中，现代领域不断扩大，传统领域逐渐收缩。当二元性消失时，发展也就实现了。传统的古典主义模型如刘易斯 – 费景汉 – 拉尼斯（Lewis-Fei-Ranis）模型[1]及早期的新古典主义模型如乔根森模型[2]等一般将工业化作为实现发展和消除二元性的途径；而后期的新古典主义模型如约翰斯顿和克拉克模型[3]、艾利斯模型[4]及金模型[5]等则更注重农业自身的现代化和发展，它们着重强调了农业在经济结构转变中的作用。

　　自 20 世纪 30 年代的大萧条以来，不论是发达国家还是发展中国家都受到程度不同的有效需求不足的困扰。发展中国家的工业化此时面临着劳动力过剩与有效需求不足的双重制约，这是古典主义和新古典主义的二元经济学说所无法解释的。拉克西特[6]、卡尔多[7]等凯恩斯主义者试图将有效需求理论纳入他们的理论框架，着重强调需求在经济结构转换中的意义。卡尔多还认为技术进步也是需求驱动的，工业的增长对非工业增长的显著促进作用，就是通过需求规模的扩大来实现的。[8]

　　许多马克思主义经济学文献对生产规模扩大的技术进步意义给予了充分肯定。马克思在《资本论》中多次阐述了生产技术水平可以通过

---

[1]　Rains, J. C. H. and G. Fei, "The Theory of Economic Development," *The American Economic Review*, 51（1961）.

[2]　Jorgenson, D. W. , "Surplus Agricultural Labor and the Development of A Dual Economy," *Oxford Economic Papers*, 19（1967）.

[3]　Johnston, B. F. and W. C. Clark, *Redesigning Rural Development：A Strategic Perspective*（Maryland：Johns Hopkins University Press, 1982）.

[4]　Ellis, F. , *Agriculture Policy in Developing Countries*（London：Cambridge University Press, 1992）.

[5]　King, M. B. , "Interpreting the Consequences of Middle-western Agriculture Industrialization," *Journal of Economic Issues*, 34（2000）.

[6]　Rakshit, M. , *Labor Surplus Economy：A Neo – Keynesian Approach*（Delhi：Macmillan India Press, 1982）.

[7]　Kaldor, N. , "Economic Growth and the Verdoorn's Law：A Comment on Mr. Rowthorn's Article," *Economic Journal*, 85（1975）.

[8]　卢荻：《面对全球化的制度变革和后进发展》，《政治经济学评论》2005 年第 2 辑。

资本积累而不断提高。① 后来的马克思主义者对这一理论进行了发挥，并根据马克思的再生产理论，得出生产资料生产部门优先增长对整体经济发展具有重要促进作用的结论，并进而将此应用于发展中国家的工业化实践。费尔德曼－马哈拉劳比斯－多马（Feldman-Mahalanobis-Domar）模型就是这一思想的重要体现，该模型探讨了一个封闭经济如何分配更多的资本品给资本品生产部门以获取更高的增长率。② 达茨的南北模型则从这一视角出发讨论了两个不同技术发展水平的经济体如何进行分工生产等问题。③

以上这些文献从不同角度解释了发展中国家相应时期所遭遇的现实，对分析当代发展中国家工业化仍具有重要的启发意义。本节试图以马克思再生产理论为基础，借鉴达茨的南北模型分析思路，构建工业与非工业的二元结构模型，来分析发展中国家工业化过程中增长与就业的动态结构特征，并进而阐释发展中国家工业化作为经济增长动力和作为技术进步载体作用的微观机理。

假设一封闭经济可划分为工业和非工业两大部门，劳动和资本是这两大部门的基本生产要素。工业部门按社会化大生产方式组织生产，生产的产品包括消费品和投资品。工人和雇主是工业部门内部的两大利益集团，工人将所有的工资收入全部用于消费，雇主将利润收入的一部分作为储蓄，剩余部分作为对奢侈品的消费。非工业部门按照传统生产方式组织生产，生产的产品全是消费品。生产者将收入的一定比例作为储蓄，用以购买工业部门的投资品作为非工业部门再生产需要，剩余部分作为消费。并假定所有的储蓄都能够转变为投资。同时假定工业部门的

① 马克思在《资本论》第一卷（人民出版社，2004）中写道（第724页和第720页）："在正常的积累进程中形成的追加资本，主要是充当利用新发明和新发现的手段，总之，是充当利用工业改良的手段。""一定程度的资本积累表现为特殊的资本主义的生产方式的条件，而特殊的资本主义的生产方式又反过来引起资本的加速积累。"
② 海韦尔·G. 琼斯：《现代经济增长理论导引》，商务印书馆，1999，第199页。
③ Dutt，A. K.，*Growth，Distribution，and Uneven Development*（London：Cambridge University Press 1990）.

工资收入与非工业部门的工资收入相等，两大部门劳动者（工业部门包括工人和雇主）的消费偏好无差异。根据以上假定，基本框架可建构如下：

$$X_m = C_m^m L_m + C_m^n L_n + g_m K_m + g_n K_n \qquad (5-1)$$

$$X_n = C_n^m L_m + C_n^n L_n \qquad (5-2)$$

$$X_m P_m = W_m L_m + r_m P_m K_m \qquad (5-3)$$

$$(1-s_n) X_n P_n = W_n L_n \qquad (5-4)$$

$$C_m^m L_m P_m = a[W_m L_m + (1-s_m) r_m P_m K_m] \qquad (5-5)$$

$$C_n^m L_m P_n = (1-a)[W_m L_m + (1-s_m) r_m P_m K_m] \qquad (5-6)$$

$$C_n^n L_n P_n = (1-a)(1-s_n) X_n P_n \qquad (5-7)$$

$$C_m^n L_n P_m = a(1-s_n) X_n P_n \qquad (5-8)$$

$$W_m = W_n \qquad (5-9)$$

其中，X_i、K_i、L_i、P_i、r_i、W_i、s_i、g_i 分别代表 i 部门产品的产量、生产中投入的要素资本和劳动、产品的价格、资本的利率、工人工资或劳动收入、储蓄率以及资本的增长率（$i=m$，n；m 代表工业部门，n 代表非工业部门），C_i^j 代表 j 部门劳动者对 i 部门产品的人均消费（i，$j=m$，n），a 为工业部门产品消费占总消费的比重。

等式（5-1）代表的是工业部门产品的实物构成。意为工业部门生产的产品由四个部分构成，其中第一部分作为工业部门自身内部的消费品，第二部分为非工业部门的消费品，第三、第四部分分别为工业部门和非工业部门的投资品。等式（5-2）说明非工业部门的产品，一部分用作工业部门工人的消费品，另一部分用作非工业部门自身劳动者的消费品。等式（5-3）代表的是工业部门的收入分配结构，即工业产品的一部分为工资收入，另一部分为利润收入。等式（5-4）代表的是非工业部门的收入分配结构。表达式的含义是，总收入中 s_n 比例的收入作为购买投资品的资金，剩余部分为工人的可支配收入。等式（5-5）、等式（5-6）、等式（5-7）、等式（5-8）反映的是工业部门和非工业部门的可支配收入对工业和非工业部门产品的消费分配构成。

根据基本框架，如两个部门的产出实现市场供求平衡，则必须满足如下平衡关系式：

$$C_n^m L_m P_n = C_m^n L_n P_m + g_n K_n P_m \qquad (5-10)$$

从式（5-10）所示的平衡关系可以看出，部门间产品的供求关系直接影响部门间产品的价格水平比，即部门间的相对贸易条件。反过来，部门间的相对贸易条件也将调节各部门产品的供求。而在短期，各部门的产量主要取决于各部门的生产技术。

二 两个部门的均衡增长与比较静态

各部门经济协调发展是国民经济良性运行的基本要求。要实现各部门经济协调发展，除实现市场的供求平衡外，还必须保持各部门的平衡增长。就本节所构建的两部门结构模型而言，除需满足式（5-10）所示的平衡关系外，还必须满足两部门资本的增长率相等，即 $g_m = g_n$。下面就两部门均衡增长的条件及相关影响因素做一个简单讨论。

首先讨论平衡增长条件下非工业部门资本增长率的决定因素。由等式（5-2）、等式（5-10）可得：

$$P_n X_n = P_n C_n^m L_m + P_n C_n^n L_n$$
$$= P_m C_m^n L_n + P_m g_n K_n + P_n C_n^n L_n$$

将式（5-7）和式（5-8）代入上式可得：

$$P_n X_n = (1 - s_n) X_n P_n + P_m g_n K_n$$

即可得：

$$g_n = s_n \cdot \frac{P_n}{P_m} \cdot \frac{X_n}{K_n} \qquad (5-11)$$

式（5-11）表明，非工业部门的资本增长率与该部门储蓄率和非工业部门相对工业部门的贸易条件呈正相关关系。类似地，可以得到工业部门资本增长率的表达式。由式（5-1）可得：

$$P_m X_m = P_m C_m^m L_m + P_m C_m^n L_n + P_m g_m K_m + P_m g_n K_n \tag{5-12}$$

将式（5-10）代入式（5-12）可得：

$$P_m X_m = C_n^m L_m P_n + C_m^m L_m P_m + P_m g_m K_m$$

再代入式（5-3）、式（5-5）、式（5-6）可得：

$$W_m L_m + r_m P_m K_m = W_m L_m + (1 - s_m) r_m P_m K_m + P_m g_m K_m$$

即可得工业部门资本的增长率：

$$g_m = s_m r_m \tag{5-13}$$

再根据式（5-3）、式（5-4）和式（5-9）可得：

$$r_m = (P_m X_m - W_m L_m) / P_m K_m$$

$$= [P_m X_m - (1 - s_n) X_n P_n L_m / L_n] / P_m K_m$$

即有：

$$r_m = \left[1 - (1 - s_n) \frac{P_n}{P_m} \cdot \frac{X_n}{L_n} \cdot \frac{L_m}{X_m} \right] \cdot \frac{X_m}{K_m} \tag{5-14}$$

令非工业部门相对工业部门的贸易条件 $\frac{P_n}{P_m}$ 为 π，各部门的劳动生产率为 $A_i = \frac{X_i}{L_i}$（$i = m$，n），并将工业部门相对非工业部门的劳动生产率记为 A_r，即 $A_r = \frac{A_m}{A_n}$。根据卡尔多典型事实，不妨假定工业部门和非工业部门的资本 - 产出比为常数，为简化讨论，假定这两者相等，记作 $\frac{X_i}{K_i} = \varphi$（$i = m$，$n$）。根据等式（5-11）、等式（5-13）和等式（5-14）可得：

$$g_n = s_n \varphi \pi \tag{5-15}$$

$$g_m = s_m \varphi [1 - (1 - s_n) \pi / A_r] \tag{5-16}$$

根据资本 - 产出比的不变性假定，等式（5-15）和等式（5-16）

所表示的非工业和工业部门的资本增长率实际就是两个部门产出的增长率。从式（5-15）和式（5-16）可知，两个部门的均衡增长率和相对贸易条件分别为：

$$g^e = \varphi \Big/ \left[\frac{1}{s_m} + \frac{1-s_n}{s_n A_r} \right] \tag{5-17}$$

$$\pi^e = 1 \Big/ \left[\frac{s_n}{s_m} + \frac{1-s_n}{A_r} \right] \tag{5-18}$$

从式（5-17）和式（5-18）可以看出，两个部门的相对贸易条件对它们的供求平衡起着重要的调节作用。当工业部门资本的增长超过非工业部门资本的增长时，工业部门贸易条件将改善，反之则恶化。两个部门的储蓄率对经济增长都起着重要作用。工业部门储蓄率的提高不仅能提高两个部门的均衡增长率，还能改善非工业部门对工业部门的贸易条件；工业部门与非工业部门的相对劳动生产率和工业部门的储蓄率对经济增长有相同的意义，这充分说明工业部门的增长能够带动非工业部门的增长。这一结果与后凯恩斯主义的"卡尔多-维尔敦定律"是基本相符的。

三　工业化进程中的均衡与非均衡增长

1. 工业化进程中的均衡增长

对两个部门的相互需求做进一步的讨论，可以得到均衡意义下增长的动态结构特征。将式（5-5）、式（5-8）、式（5-11）、式（5-13）代入式（5-12）可得：

$$P_m X_m = a \big[W_m L_m + (1-s_m) r_m P_m K_m \big] + a(1-s_n) X_n P_n + r_m s_m P_m K_m + s_n X_n P_n$$

$$= a W_m L_m + \big[a(1-s_n) + s_n \big] X_n P_n + \big[a(1-s_m) + s_m \big] r_m K_m P_m$$

$$\tag{5-19}$$

令 $\lambda_i = a(1-s_i) + s_i (i = m, n)$，则式（5-19）可简写为：

$$P_m X_m = a W_m L_m + \lambda_n X_n P_n + \lambda_m r_m K_m P_m \tag{5-20}$$

将式（5-4）、式（5-9）、式（5-14）代入式（5-20）可得：

$$(1 - \lambda_m) P_m X_m = \frac{X_n P_n}{L_n} [\lambda_n L_n - (1 - s_n)(\lambda_m - a) L_m] \qquad (5-21)$$

令非工业部门与工业部门的相对就业量 $\frac{L_n}{L_m}$ 为 l_r，并将 $l_r = \frac{L_n}{L_m}$、$\pi = \frac{P_n}{P_m}$、$A_i = \frac{X_i}{L_i}$ 和 $A_r = \frac{A_m}{A_n} (i = m, n)$ 代入式（5-21）可得：

$$(1 - \lambda_m) A_r = [\lambda_n l_r - (1 - s_n)(\lambda_m - a)] \pi \qquad (5-22)$$

即得：

$$\pi = \frac{(1 - \lambda_m) A_r}{[\lambda_n l_r - (1 - s_n)(\lambda_m - a)]} \qquad (5-23)$$

根据式（5-23），可以假定非工业部门相对工业部门的贸易条件 π 的短期调整方程为：

$$d\pi / dt = \rho \{(1 - \lambda_m) A_r - [\lambda_n l_r - (1 - s_n)(\lambda_m - a)] \pi\} \qquad (5-24)$$

其中 ρ 为调整系数，$\rho > 0$。另外，根据 $A_r = \frac{X_m}{X_n} \cdot \frac{L_n}{L_m}$，可以得到：

$$g_{A_r} = (g_m - g_n) + g_{l_r} \qquad (5-25)$$

在相关文献中，技术进步一般反映为工业（或制造业）部门劳动生产率相对其他部门的领先发展。而这种技术进步又具有规模效应，即随着生产规模的扩大，对应的技术水平就越高。新古典主义的干中学和知识积累模型、后凯恩斯主义的"卡尔多-维尔敦定律"以及马克思的再生产理论对技术进步都有过类似的阐述。这里不妨将相对劳动生产率的变动规律表述如下：

$$\dot{A}_r = \left(\frac{K_m}{K_n}\right)^\beta \cdot A_r^\mu \quad (0 < \beta < 1, \ 0 < \mu < 1) \qquad (5-26)$$

其中，$\dot{A}_r$ 代表 dA_r/dt。该式意味着，相对劳动生产率的增长率是相对资本规模的增函数，而且随着相对劳动生产率的提高，相对劳动生产率的

201

增长率呈递减趋势。为讨论方便，记 $\dot{A}_r/A_r = \Lambda$，那么由式（5-26）可得：

$$g_\Lambda = \beta(g_m - g_n) - (1-\mu)\Lambda \qquad (5-27)$$

其中，g_Λ 代表的是 Λ 的增长率。该式表明，当 $\Lambda < \dfrac{\beta}{1-\mu}(g_m - g_n)$ 时，$g_\Lambda > 0$，即 Λ 将上升；当 $\Lambda > \dfrac{\beta}{1-\mu}(g_m - g_n)$ 时，Λ 将下降。因此，相对劳动生产率变动的稳定条件是：

$$\Lambda = \frac{\beta}{1-\mu}(g_m - g_n) \qquad (5-28)$$

将式（5-25）即 $\Lambda = g_{Ar} = (g_m - g_n) + g_{lr}$ 代入式（5-28）可得：

$$g_{lr} = \frac{\beta + \mu - 1}{1-\mu}(g_m - g_n) \qquad (5-29)$$

结合式（5-15）和式（5-16）可得非工业部门与工业部门相对就业量 l_r 的短期调整方程：

$$\mathrm{d}l_r/\mathrm{d}t = \sigma\{s_m[1-(1-s_n)\pi/A_r] - s_n\pi\}l_r \qquad (5-30)$$

其中 $\sigma = \dfrac{\beta + \mu - 1}{1-\mu}\varphi$。满足 $\mathrm{d}\pi/\mathrm{d}t = 0$ 和 $\mathrm{d}l_r/\mathrm{d}t = 0$ 的均衡点为：

$$\begin{cases} \pi^e = 1\Big/\left[\dfrac{s_n}{s_m} + \dfrac{1-s_n}{A_r}\right] & (5-18') \\[4mm] l_r^e = \dfrac{1}{\lambda_n}\left[(1-\lambda_m)\dfrac{s_n}{s_m}A_r + (1-s_n)(1-a)\right] & (5-31) \end{cases}$$

由此，我们可以进一步求出微分方程（5-24）和方程（5-30）的雅可比行列式：

$$|\mathbf{J}_E| = \begin{vmatrix} -\rho(1-s_m)\left[\dfrac{s_n}{s_m}A_r + (1-a)(1-s_n)\right] & -\rho[a(1-s_n) + s_n]\pi^e \\[4mm] -\sigma\dfrac{s_m}{\pi^e} & 0 \end{vmatrix}$$

$$(5-32)$$

此时，π 和 l_r 的动态调整可分三种情况来讨论。

（1）当 $\beta+\mu>1$ 时，$\mathrm{tr}\mathbf{J}_E<0$，$\mid\mathbf{J}_E\mid<0$，相对贸易条件 π 和相对就业量 l_r 的动态调整将产生鞍点均衡，即只存在一条均衡路径（见图 5－14）。

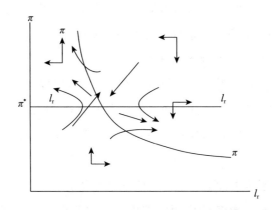

图 5－14　$\beta+\mu>1$ 时的相对贸易条件 π 和相对就业量 l_r 的动态

（2）当 $\beta+\mu<1$ 时，$\mathrm{tr}\mathbf{J}_E<0$，$\mid\mathbf{J}_E\mid>0$，相对贸易条件 π 和相对就业量 l_r 的动态调整将产生稳态均衡（见图 5－15）。

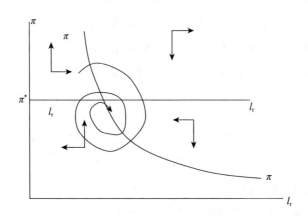

图 5－15　$\beta+\mu<1$ 时的相对贸易条件 π 和相对就业量 l_r 的动态

（3）当 $\beta+\mu=1$ 时，l_r 不发生变动，但相对贸易条件 π 在市场机制的作用下将趋于均衡。在本节的分析框架中，均衡增长意味着 $g_m=$

g_n，从而有 $\Lambda = 0$，$g_{lr} = 0$，即有 A_r 和 l_r 为常数①。进而根据式（5 - 17）、式（5 - 18）可知，相对贸易条件、均衡增长率为常数，此时即为新古典式的稳定状态。

但如果工业部门的技术进步打破了稳态均衡，即出现 $\Lambda > 0$，导致 g_m 相对 g_n 的较快增长，将出现非均衡。下面我们将分析，在相对贸易条件 π 保持不变的条件，这种非均衡将导致相对劳动生产率的提高。

2. 工业化进程中的非均衡增长

非均衡增长可以是经济系统内生所致的，也可以是外部因素作用的结果。如上文所述，工业部门较快的技术进步将导致工业部门较快的增长，从而打破均衡状态；政府干预、自然条件的恶化等都可能导致非均衡增长。

就相对贸易条件而言，低于均衡水平可以是工业部门较快增长所造成的，也可以是外界条件作用的结果，如国际市场对农产品价格的牵制、政府的限价等。当然，市场机制本身可能具有使相对贸易条件趋于均衡的稳定器作用。但一般而言，市场机制的调节滞后于工业化发展，使得经济往往处于非均衡状态。本部分主要讨论非均衡增长条件下积累、技术进步与增长之间的相互作用机制及其就业含义。

（1）非均衡增长条件下的技术进步与就业动态。如果工业部门的增长快于非工业部门的增长，出现了非均衡：

$$g_m > g_n \qquad\qquad (5 - 33)$$

且相对贸易条件不能及时调整，此时非工业部门相对工业部门的贸易条件将低于均衡水平。根据式（5 - 28）、式（5 - 29），相对劳动生产率和相对就业量将呈累积增长趋势，并表现出类似的哈罗德"刃锋式"增长特征，即一旦离开均衡，只会偏离均衡越来越远。

---

① 当然，这并不意味着均衡增长条件下，相对劳动生产率不发生变化。如果工业部门出现技术革新，就会导致相对劳动生产率提高，根据式（5 - 31），两个部门的相对就业量也会发生变化。但随着相对劳动生产率的提高，式（5 - 27）将发生作用，相对劳动生产率增长的速度将趋于下降，最后趋于稳定，即体现技术进步的扩散作用。

就相对劳动生产率的变动趋势而言，综合式（5 – 15）、式（5 – 16）和式（5 – 28），可以得到 A_r 累积增长的动态方程：

$$g_{Ar} = \frac{\beta\varphi}{1-\mu}\left[s_m - s_m(1-s_n)\pi/A_r - s_n\pi \right] \tag{5 – 34}$$

即可得：

$$A_r(t) = \frac{s_m(1-s_n)\pi}{s_m - s_n\pi} + \left[A_r(0) - \frac{s_m(1-s_n)\pi}{s_m - s_n\pi} \right] e^{\frac{\beta\varphi}{1-\mu}(s_m - s_n\pi)t} \tag{5 – 35}$$

当相对贸易条件低于均衡水平时，有 $g_m > g_n$，即有 $s_m > s_n\pi$ 和 $A_r(0) > \frac{s_m(1-s_n)\pi}{s_m - s_n\pi}$，根据式（5 – 35），则有 $A_r(t)$ 不断增大。而 g_{Ar} 是 $A_r(t)$ 的增函数，$A_r(t)$ 不断的增大意味着 g_{Ar} 也在不断增大，根据式（5 – 28），这意味着工业部门与非工业部门的增长缺口将不断扩大。从式（5 – 35）还可以得出，只有相对贸易条件高于均衡水平，且满足 $s_m < s_n\pi$，$A_r(t)$ 的动态调整才能够最后趋于稳态。

就相对劳动生产率的变动对就业的影响而言，根据式（5 – 28）和式（5 – 29），有：

$$g_{lr} = \frac{\beta + \mu - 1}{\beta} g_{Ar} \tag{5 – 36}$$

这里需要分三种情况来讨论：（1）当 $\beta + \mu > 1$ 时，g_{lr} 的变动与 g_{Ar} 的变动正相关，即工业部门相对较快的技术进步将导致非工业部门就业所占比重不断上升，工业部门就业所占比重不断下降，意味着工业部门技术进步对就业的挤出效应大于对就业的促进效应，从而不利工业部门就业的扩张；（2）当 $\beta + \mu < 1$ 时，g_{lr} 的变动与 g_{Ar} 的变动负相关，意味着工业部门相对较快的技术进步对就业的促进效应大于挤出效应，工业部门的发展能够创造更多的就业；（3）当 $\beta + \mu = 1$ 时，g_{lr} 的变动与 g_{Ar} 的变动不相关，意味着工业部门技术进步对就业的影响是中性的。

（2）非均衡增长条件下消费的相对不足与投资的过度扩张。在非均衡增长条件下，与工业部门相对劳动生产率累积增长相对应的是，投资需求相对消费需求不断增加，而工资收入相对利润收入不断减少。下面我们就根据本节的分析框架对此做一简单论述。我们先来考察工业部门产品的需求构成。为讨论方便，可将式（5-20）转化为：

$$P_m X_m = a W_m L_m + \lambda_n X_n P_n + \lambda_m (P_m X_m - W_m L_m) \tag{5-37}$$

根据 a、λ_m 和 λ_n 的界定可知，$a W_m L_m$ 表示的是工业部门工资收入对工业部门消费品的需求；$\lambda_m (P_m X_m - W_m L_m)$ 代表的是工业部门的利润收入对工业部门消费品和投资品的需求；$\lambda_n X_n P_n$ 为非工业部门对工业部门消费品和投资品的需求。各需求占工业部门总产出的比重可表示为：

$$\frac{a W_m L_m}{P_m X_m} = \frac{a\pi(1-s_n)}{A_r} \tag{5-38}$$

$$\frac{\lambda_m (P_m X_m - W_m L_m)}{P_m X_m} = \lambda_m \left[1 - \frac{\pi(1-s_n)}{A_r} \right] \tag{5-39}$$

$$\frac{\lambda_n X_n P_n}{P_m X_m} = \frac{(1-\lambda_m)P_m X_m + (\lambda_m - a) W_m L_m}{P_m X_m} = (1-\lambda_m) + (1-a)s_m \frac{\pi(1-s_n)}{A_r} \tag{5-40}$$

当既定的相对贸易条件 π 低于均衡水平时，根据式（5-35），A_r 呈不断上升趋势。因此，由以上式子可知，就社会对工业部门产品的需求而言，非工业部门对工业部门产品需求的相对量将不断下降，工业部门对工业部门产品需求的相对量将不断上升；在工业部门内部，工资收入对工业部门产品需求（消费需求）的相对量不断下降，利润收入对工业部门产品需求（包括消费需求和投资需求）的相对量将不断上升。

从工业部门内部需求类型看，将工业部门对工业部门产品的需求分为消费需求和投资需求，它们占总需求的比重可分别表示为：

$$\frac{E}{AD} = \frac{a W_m L_m + a(1-s_m)(P_m X_m - W_m L_m)}{P_m X_m} = a(1-s_m) + as_m \pi \frac{1-s_n}{A_r} \tag{5-41}$$

$$\frac{I}{AD} = \frac{s_n (P_m X_m - W_m L_m)}{P_m X_m} = s_n \left[1 - \frac{\pi(1-s_n)}{A_r} \right] \tag{5-42}$$

其中，E 代表工业部门对工业部门产品的消费需求；I 代表工业部门对工业部门产品的投资需求；AD 为总需求，即为工业部门的总产出。从式（5-41）和式（5-42）可以看出，在相对贸易条件低于均衡水平的情况下，由于 A_r 不断上升，$\dfrac{E}{AD}$ 将不断下降，$\dfrac{I}{AD}$ 将不断上升。

这说明：一方面，如果相对贸易条件低于均衡水平，工业部门的增长就超过非工业部门的增长；另一方面，在工业部门内部，投资品的增长将相对上升，消费品的增长将相对下降。

从收入分配的角度来看，工业部门工资收入占总收入的比重可表示为：

$$z = \frac{W_m L_m}{P_m X_m} = \frac{\pi(1 - s_n)}{A_r} \qquad (5-43)$$

式（5-43）表明，在相对贸易条件低于均衡水平时，随着 A_r 的不断上升，工资收入占比将不断下降，利润收入占比将不断上升。

投资需求不断扩张、消费需求相对不足，这种增长模式就是相关文献中所概括的"生产投资品以生产投资品"增长模式，其意是，整体经济的增长主要靠工业部门的增长来拉动，而工业部门的增长又主要依赖投资品生产的增长来实现。

从本节分析框架来看，这种增长模式形成的原因在于，非工业部门相对工业部门的贸易条件的改善有利于工业部门产品的生产，而不利于非工业部门产品的生产。因此，如果要改变这种增长模式，途径之一就是提高非工业部门产品（主要是农产品）的价格，增加工资收入，以压缩投资促进消费。

（3）劳动压榨、就业转移和劳动报酬。此外，本节分析框架还可以用于微观层面的经济分析。此框架可引入劳动压榨变量，即将"L_m"用"eL_m"替代，其他不变，可以分析劳动压榨与产业后备军规模及工资收入之间的关系。这里 e 代表劳动压榨，含义则为，e 越大，劳动压榨程度越高。相应地，式（5-36）变为：

$$g_e = g_{lr} - \frac{\beta + \mu - 1}{\beta} g_{Ar} \qquad (5-36')$$

工业部门工资收入占总收入的比重 z 则满足：

$$z = \frac{W_m L_m}{P_m X_m} = \frac{\pi(1 - s_n)}{eA_r} \qquad (5 - 43')$$

由式（5 - 36'）可知，在其他条件不变的情形下，非工业部门就业人口相对工业部门就业人口的增长率（g_{lr}）越高，产业后备军规模扩大的速度就越高，产业工人的工作压力就越大，此时工人付出的努力就越大，从而压榨程度就越高。反过来，e 越大，即工业部门压榨程度越高，从以农业部门为主的传统部门向以制造业为主的工业部门转移的劳动力就越少，也就是工业部门对劳动力的吸纳能力越弱。

而由（5 - 43'）可知，工业部门压榨程度越高即 e 越大，意味着工资收入份额相对越低。从这里可以看出，劳动压榨不仅延长了工人的劳动时间，也相应降低了劳动的收入份额，这大致是因为，劳动压榨所导致的利润收入增长超过工资收入的增长。

概括而言，根据模型分析我们可以得到以下主要结论。

（1）工业部门相对非工业部门的贸易条件，对两个部门的供求条件起着重要的调节作用。当工业部门的增长超过非工业部门的增长时，相对贸易条件将改善，反之则恶化。

（2）工业部门和非工业部门的储蓄对经济增长都起着重要的作用。工业部门储蓄率和工业部门相对非工业部门的劳动生产率的提高，不仅能提高两个部门的均衡增长率，还能改善非工业部门相对工业部门的贸易条件，这说明工业部门的增长能够带动非工业部门的增长。这一结果与后凯恩斯主义的"卡尔多 - 维尔敦定律"是基本相符的。

（3）在工业与非工业部门达到均衡增长的条件下，即两部门的增长率保持一致，工业部门相对非工业部门的劳动生产率、相对就业量、相对贸易条件皆为常数，这一结论与新古典经济学的结论基本一致。

（4）如果工业部门相对非工业部门较快增长或其他外部因素的作用使得经济出现非均衡，工业部门的相对劳动生产率将累积增长，工业部门与非工业部门的增长缺口将不断扩大。后果是，从收入分配来看，在工业部门内部，工资收入所占的比重不断下降，利润收入所占的比重不断上升；从对工业部门产品的需求构成看，消费需求所占的比重不断下降，投资需求所占的比重不断上升。此时的经济增长表现为投资驱动。对就业造成的影响是，投资驱动的增长模式将导致工业部门相对劳动生产率累积性增长，对应的工业部门吸纳就业的能力也将不断减弱。

（5）在其他条件不变的情形下，非工业部门相对工业部门就业量的增长越快，产业后备军规模越大，工人竞争越激烈，此时产业工人付出的努力就越大，从而压榨程度就越高。反过来，工业部门压榨程度越高，从非工业向工业部门转移的劳动力就越少。同时，工业部门压榨程度越高，工业部门的工资收入份额就相对越低。

就现实而言，自20世纪90年代末以来，包括中国在内的大多数发展中国家都经历了较快增长，进入发展的"黄金时期"，但结构失衡现象也极为严重，具备投资过度消费疲软、失业率上升等"非均衡"特征。从本节分析框架得出的启示是，要处理好这些结构问题，在促进经济增长的同时，必须改善非工业部门相对工业部门的贸易条件，增加劳动报酬，提高社会保障水平，以及从更广泛的社会经济发展等方面考虑，来促进经济和社会的和谐发展。

四　中国经济变革中的工业化：理论阐释

毫无疑问，中国经济持续快速增长背后的直接推动力是快速的工业化进程。从国际比较视角来看，中国的工业化进程远远超过了同期的其他发展中国家。在20世纪80年代，中国工业增加值的实际增长率达到年均11.1%，在90年代更上升至13.7%，不仅远高于同期低收入经济体的平均水平即分别为5.5%和2.7%，以及中等收入经济体的3.6%和3.9%，而且超过包括中国在内的东亚地区平均水平9.3%和9.5%。[①]进入21世纪后，世界经济遭受金融危机重创，增长率直接下滑，而中

---

① 数据来源：世界银行数据库。

国经济仍保持较快增长，2000~2019 年工业增加值的实际增长率仍在 9% 以上。

在相关理论文献上，结构主义发展经济学倾向认为，工业部门（或制造业部门）有较强的动态规模效应。这也正是"卡尔多—维尔敦定律"所概括的。对此的理论解释是，生产率的提高取决于技术条件与有利需求因素的相互作用。需求带动生产率提高，表现为边干边学效应、诱导更新和创新投资以及整体经济的专业分工深化，概言之，就是集体学习效应。前文从工业与非工业两个部门的相互需求出发，构建了工业部门的相对劳动生产率与经济增长之间的动态关系模型，对集体学习效应做了理论概括。并分析了在相对劳动生产率的变动达到稳定条件下，工业部门的相对劳动生产率与两个部门相对增长之间的相互促进机制，这个相互促进机制可以在下述联立方程组中得到反映：

$$g_{Ar} = \frac{\beta}{1-\mu}(g_m - g_n) \qquad\qquad (5-28)$$

$$g_m - g_n = \varphi[s_m - s_m(1-s_n)\pi/A_r - s_n\pi] \qquad\qquad (5-28')$$

第二个方程即式（5-15）与式（5-16）的差，记作（5-28'）。从这个联立方程组可以看出，工业部门的较快增长将促进工业部门相对劳动生产率的提高，工业部门较高的相对劳动生产率反过来将促进工业部门更快的增长，即形成一个相互推动机制，因而短期呈累积趋势。然而，当两个部门间的相互需求发生作用时，工业部门需求的增加促使非工业部门相对工业部门的贸易条件改善，从而拉动非工业部门产出与就业的增长，促使工业部门与非工业部门的增长趋于均衡，实现整体经济的相对协调发展。从这里可以看到，需求是促进经济整体增长的最终决定因素。下面将分别讨论需求各构成部分在经济发展中的作用。

1. 中国工业化发展的内部动力：消费与投资

揭示经济增长的直接动因，这只是探讨"中国模式"的第一步，必须揭示有关动因的深层的体制和结构性成因，这些成因有可能正是中国特有的。卢获认为，根据"卡尔多典型事实"的讨论，生产率提高的根源在于需求因素与特定体制的配合。① 因此，进一步的探讨可以从下列问题开始：世界范围的后进发展从黄金时代转入全球化年代的停滞和衰退，主要原因之一是工业化所面对的需求制约，那么，支撑着体制改革下中国工业化进程的需求来源是什么？就中国本身的角度看，提出这个问题，是因为早在 20 世纪 70 年代末期即改革开放的起始时候，中国的工业产出占国内生产总值的比重已属于世界最高的行列，在随后的 30 多年工业增长还持续不断甚至趋于加速，同一比重至 2003 年竟达世界各国中最高的 52% 水平，使得中国变成名副其实的"世界工厂"。显然，需求来源问题对于揭示"中国模式"的特性是至关重要的。

从图 5 – 16 可以看到，中国经济的总需求构成呈现一个重要转折，这就是 1980～1991 年消费需求的比重明显高于 1992～2019 年，而投资需求的比重则是 1980～1991 年明显低于 1992～2019 年。与此相对应是图 5 – 4 所示的相对劳动生产率曲线的变化。在改革开放的后半阶段，中国的经济增长路径呈现明显的"资本深化"特征，表现为工业部门相对非工业部门的劳动生产率加速度提升；这种趋势刚好与前半阶段相反，在 1978～1992 年，工业发展乃至整体经济增长的主要动力之一是，规模巨大的农村剩余劳动力向工业部门转移，从而工业部门相对整体经济的劳动生产率显著下降。

从需求结构来看，20 世纪 90 年代以后，消费增长让位于投资增长，后者变成支撑经济增长的主要需求因素。而在 20 世纪 90 年代以前的中国，经济增长在下面的因果纽带中实现：消费诱导投资，带动整体需求增长，因此既能吸纳来自农业的劳动力又能通过动态规模效应进一步提升工业部门的劳动生产率，形成生产与消费、工业与整体经济增长的良性循环。这种良性循环机制正是式（5 – 28）与式（5 – 28′）联立的方程组所反映的。

从式（5 – 28）可以看出，农业部门劳动生产率的提高，一方面将

---

① 卢荻：《面对全球化的制度变革和后进发展》，《政治经济学评论》2005 年第 2 辑。

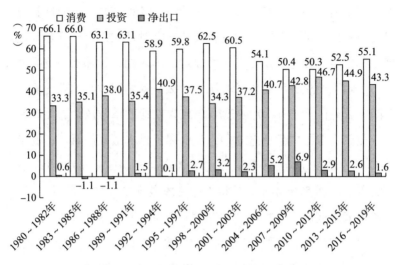

图 5 – 16　中国的总需求构成：1980 ~ 2019 年

数据来源：《中国统计年鉴》。

提高农业部门的增长率；另一方面，在工业部门增长保持相对稳定的条件下，将出现农业部门的增长速度超过工业部门的增长速度，导致 A_r 下降，从式（5 – 28′）可以得出，相对贸易条件 π 将会上升。根据模型的基本假定，这两个方面的作用，将促进劳动报酬的增长。劳动报酬的增长，将必然带动消费的增长，从而产生良性循环。从现实观察来看，这种良性循环得以实现的关键在于两个方面。一是工业在整体经济中的比重上升，以及工业内部一系列新兴的、耐用消费品产业的兴起。前者对应的是劳动力从农业向工业转移的趋向，因而提高了资源配置效率；后者对应的是通过动态规模效应提高了工业部门劳动生产率。二是平均化的收入分配格局。这种收入分配格局使得大规模消费能够配合大规模生产，起到诱导投资的作用。

随着市场化改革的深入，平均化的收入分配格局被彻底打破。就中国的基尼系数来看，虽不是理想指标，其数值的变动还是在相当程度上反映出收入分配恶化的趋向。1978 年，城镇居民家庭和农户的基尼系数分别是 0.16 和 0.21，就国际比较而言，都是相当低的水平；至 1992 年，城镇居民家庭的基尼系数上升至 0.25，但仍属中等水平，农户的基尼系数却已达高水平的 0.31①；再至 2000 年，有关数值更分别达 0.32 和 0.35，都已是国际公认的偏高水平，而其后仍在继续上升。据世界银行测算，欧洲国家和日本的总体基尼系数大多在 0.24 和 0.36 之间，而 2019 年中国的基尼系数高达 0.47，接近拉丁美洲和非洲国家水平，远高于改革开放初期 1981 年的 0.29。

正是收入分配的恶化构成了 20 世纪 90 年代中国经济增长路径转变的关键。从 20 世纪 90 年代起，以消费为主导的增长模式开始让位于以投资为主导的增长模式，后者变成支撑经济增长的主要需求因素。与此对应，劳动力转移对经济增长的贡献趋于减少，工业部门的动态规模效应对经济增长的贡献愈趋增多。

2. 中国工业化外部动力的实质与限度

针对需求来源问题，来自"华盛顿共识"或主流系统的一个解答，强调同期快速增长的外贸出口的作用。换言之，改革开放以来中国经济发展所依循的，是主流系统向来所推介的劳动密集、出口导向型工业化模式。如果将出口增长的动力，归结为依循中国的禀赋国际比较优势即大量廉价劳动力的利用，那么按照西方主流经济发展理论，这是容易或自然的事。然而，为什么这样被认为是容易或自然而然的事，却没有在这个全球化年代在世界范围内普遍出现，这值得做深入讨论。

就中国的现实情况看，将在此期间的经济增长概括为出口导向，并进而将之说成自然或容易的过程，也是难以令人信服的断言。一方面，根据国民收入核算的恒等式，可以构成总需求的是净出口，而非总出口。从图 5–16 可以见到，在 1980~2003 年的 24 年间，最高时期的净出口占比也不超过 4%，而且在这 24 年间还有 6 年出现外贸逆差。因此，将出口作为需求的主要来源，或者说是需求方面的主要支撑力量，显然是夸大事实。即使考虑到出口增长对消费和投资需求的增长可能有诱导效应，也是如此。

---

① 李实等：《中国城镇居民的财产分配》，《经济研究》2000 年第 3 期。

另一方面，中国的外贸出口是否符合所谓的禀赋国际比较优势，即是否为劳动密集型产品所主导，也是存疑的。表 5-8 所显示的就并非简单如是，以高科技产品占全部出口制造品的比重来看，在中国加入世贸组织之初，如 2003 年，中国的这一指标为 27%，不仅远高于发展水平相近的印度（5%），而且超过巴西（12%）、俄罗斯（19%）以及低收入及中等收入经济体的平均数（20%），反而接近于公认的已臻成熟的工业国家韩国（32%）；而除了印度外，这些国家的人均收入水平都远高于中国，从而它们的"劳动力丰裕"或"资本匮乏"程度都应该远低于中国，即便至 2019 年，某些国家在发展模式和资源禀赋特征上，在一定程度上发生了变化——例如中国，随着资本深化模式的不断推进和劳动力市场结构的不断演变，用"劳动密集"已不能很好地概括中国当前的资源禀赋特征，但这种贸易特征没有发生实质性的改变，即大部分国家或地区的这一指标变化不大。这也就意味着中国在上述指标上的表现不是禀赋国际比较优势理论所能轻易解释的。

表 5-8　工业化水平的国际比较

单位：%

国家或地区	工业增加值占国内生产总值的比重				制造品占全部出口产品的比重	高科技产品占全部出口制造品的比重		
	1980 年	2000 年	2003 年	2019 年	2001 年	2000 年	2003 年	2019 年
中国	48	46	46	39	89	19	27	31
印度	25	27	27	24	77	5	5	10
韩国	32	35	35	33	91	35	32	32
巴西	40	23	23	18	54	19	12	13
苏联/俄罗斯	54	34	34	32	22	14	19	13
低收入及中等收入经济体	38	36	35	31	—	17	20	22
东亚及太平洋地区	46	44	44	40	80	31	33	32
欧洲及中亚地区	—	31	28	30	56	10	12	10

续表

国家或地区	工业增加值占国内生产总值的比重				制造品占全部出口产品的比重	高科技产品占全部出口制造品的比重		
	1980 年	2000 年	2003 年	2019 年	2001 年	2000 年	2003 年	2019 年
拉丁美洲及加勒比海地区	36	28	29	24	49	15	14	14
中东及北非地区	55	44	45	39	14	2	—	
南亚地区	24	26	26	24	78	4	4	
撒哈拉以南非洲地区	34	31	27	28	33	4	—	14
高收入经济体	37	26	25	21	82	25	18	20

数据来源：世界银行的《世界发展报告》和《世界发展指标》。

中国高科技产品出口的主要部分是电子信息产品，就生产技术特征而言，电子信息工业在中国只能归类为资本密集型产业：其劳动生产率相比制造业平均水平，在大多数年份都达两倍，而按照贸易分析文献的惯用标准，相对劳动生产率高于 1 的产业一般归类为资本和技术密集型产业。换言之，在整体外贸出口持续快速增长的同时，出口产品中的相当一部分而且是比重持续大幅度上升的，并不符合禀赋国际比较优势理论。从这个观察可以得出的判断是，中国的外贸出口表现，不应该被归结为市场调节下的自然而然的结果，外贸出口表现应该是中国工业化的结果，而非原因。因此，促进"中国模式"发展的动力源泉还是来自内部。

3. 中国工业化进程中的体制效率

现在转到体制方面。上面提及的改革开放前半阶段平均化的收入分配格局无疑建立在特定的条件基础之上，即中国经济基本上仍是公有制部门占主导，特别是在国有企业，平均化的收入分配模式始终起着主导作用。概念上，直至 20 世纪 90 年代的所有制改革之前，中国的企业改革通常被描绘成这样一个过程，政府通过多种途径激励公司管理层的创新活动。但值得注意的是，这一过程又是在这样特定的环境中进行的，即企业内外的各种利益相关者，包括地方政府、职工、所在地社区、金融机构和其他业务相关部门等构成一种规范企业发展的制衡机制。这种特征不仅存在于国有企业，同样可见于其他公有制经济部门，如集体所有制企业和乡镇企业。

改革开放以来，对于国有企业以及其他公有制企业的经济表现，相关文献一直存有争议。但有两个典型事实大致是公认的：第一，国有企业在20世纪80年代（和2001～2009年）需求扩张时期的表现要比在20世纪90年代需求停滞时期的表现好得多；第二，整个改革开放时期大型国有企业的表现要比中小型国有企业，甚至可能比包括私营企业在内的其他所有企业的表现都要好得多。根据这两点我们可以设定，在改革开放的前半阶段，中国经济在宏观层面的大规模消费与微观层面企业的长期导向行为特征基本是配合的，即平均化的收入分配格局与企业的利害相关者的问责体制的配合。然而需求的扩张和结构－制度安排的这种联结关系与市场化的改革是不相容的。市场化改革必然强化经济发展的微观激励机制，从而冲击了上述宏观环境与微观机制的配合。在宏观层面，这种改革倾向势必减少职工的工资收入和社会保障，从而压低了整体经济的收入分配格局的平均化程度，导致消费需求增长率下降。在微观层面，这种改革弱化了企业各利益相关者对企业的忠诚或长期职责。结果是，在1995～1997年中国的企业经历了一个制度结构调整、规模收缩和所有制转变的痛苦过程。兼之1997～1998年亚洲金融危机的影响，中国经济出现严重的宏观需求不足和通货紧缩。

对此，中国政府采取了一系列的反危机政策，如凯恩斯式的积极财政政策、福利政策，恢复国有企业活力和扶持国有银行的政策，并且暂时搁置对外金融自由化改革，这样才使得中国经济增长在危机四伏的1998～2001年得以持续。但这种政策反向并没有导致劳动密集型增长模式的复归，而是出现了类似东亚经济体的增长模式，即资本深化的工业化增长路径，而且资本深化步伐趋于加速。

以上分析表明，中国经济增长率的提升是结构－制度安排与需求环境共同作用的结果。根据前文分析，工业部门的较快增长，将促进工业部门劳动生产率相对加速提升。而这种相对劳动生产率的提升，又反过来促进工业部门的更快增长。结果是，消费需求所占的比重不断下降，投资需求所占的比重不断上升。而工业部门的较快增长，又是工业部门"资本深化"趋向的产物。因此，中国经济增长率的提升与结构－制度安排和需求环境之间是一种互动的关系，它们之间互为因果、相互强化。亦即资本深化的增长模式既是制度、需求环境的产物，又在不断地创造和强化这种环境。从社会效应来看，这种增长模式一方面获得了投资的递增回报，即动态规模效应；另一方面导致生产过程的劳动力吸纳能力减弱和农村剩余劳动力转移困难。

中国工业化的体制效率特征可以应用"卡尔多－维尔敦定律"，从实证角度做进一步验证。根据卡尔多理论，如果存在动态规模效应，劳动生产率增长与产出增长之间存在正相关关系——尤其是在制造业中，因此有：

$$p_t = \alpha + \beta q_{t-1} \tag{5-44}$$

$$\Delta p_t = a - b(p_{t-1} - p_{t-1}^*) + c\Delta q_t \tag{5-45}$$

其中，p_t 是工业部门在 t 时期的劳动生产率的实际增长率，q_t 是工业部门在 $t-1$ 时期的产出的实际增长率，Δ 代表增量。使用产出增长率的一期滞后数据作为解释变量，意味着这里的预期是产出增长对劳动生产率增长的影响（即生产性效率）具有累积效应，同时又有利于下文所要分析的情况，即不同类型企业对短期偏离累积效应状况的不同的反应和调整，也就是企业的落后程度以及相应的资源配置效率。

将式（5－44）用于分析 1978～2016 年中国工业部门（以第二产业来近似）和非工业部门，以及工业部门内国有企业和非国有企业的数据，结果见表 5－9 的上半部分。可以发现，对于这四个"部门"，系数 β 的值是显著为正的，这意味着在部门层面可能存在动态规模效应。此外，工业部门的 β 值小于非工业部门的 β 值，这并不完全符合工业化是中国经济增长的引擎的预期。可能的解释是，自 2007 年以来，中国经济出现了一定程度的金融化倾向，挤出了生产性投资，削弱了工业部门的动态规模效应，与此同时提高了非工业部门的收益；而国企的 β 值大于非国企的 β 值，意味着国有企业比非国有企业更有能力提高生产性效率，这跟预期一致。

表 5 – 9 经济增长的结构和制度特征：1978～2016 年

方程（5 – 44）：$p_t = \alpha + \beta\, q_{t-1}$			
类型	α	β	Adjusted – R^2
工业	4.635	0.384 *** (1.961)	0.077
非工业	1.821	0.620 *** (3.733)	0.275
国企	6.756	0.435 *** (1.801)	0.043
非国企	5.523	0.323 ** (2.214)	0.102

方程（5 – 45）：$\Delta p_t = a - b\,(p_{t-1} - p_{t-1}^*) + c\Delta q_t$				
类型	a	b	c	Adjusted – R^2
国企	0.187	0.382 ** (2.148)	0.337 (1.452)	0.076
非国企	– 0.342	– 1.343 ** （– 2.510）	– 0.228 * （– 1.710）	0.167

注：***、** 和 * 分别表示 1%、5% 和 10% 的显著性水平。
数据来源：《中国统计年鉴》。

根据表 5 – 10 中单位根检验结果可知，工业和非工业部门劳动生产率和产出的实际增长率数据序列是平稳的，因此分析结果是可靠的。国企和非国企的相关数据序列虽不平稳，但存在同阶单整关系，即存在协整关系。因而，可运用式（5 – 45）进一步对国企和非国企的短期调整能力做对比分析。从表 5 – 9 下半部分的分析结果可知，国企短期调整能力要弱于非国企，这是因为国企规模相对较大，很难根据市场变化做出及时调整，这也符合现实的直接判断。

表 5 – 10　单位根与协整检验：1978 ~ 2016 年

类型	变量	ADF（未带趋势）
工业部门	p_t	– 3.388 **
	q_t	– 3.251 **
非工业部门	p_t	– 3.478 **
	q_t	– 3.839 ***
国企	p_t	– 2.311
	q_t	0.195
	Δp_t	– 5.389 ***
	Δq_t	– 2.827 ***
	EG	– 2.762 ***
非国企	p_t	– 2.407
	q_t	0.142
	Δp_t	– 4.412 ***
	Δq_t	– 4.212 ***
	EG	– 2.873 ***

注：*** 、** 和 * 分别表示 1% 、5% 和 10% 的显著性水平；EG 表示两个变量协整检验残差的 ADF 值。

数据来源：《中国统计年鉴》。

4. 中国工业化的可持续性与经济新常态

中国自改革开放以来，经济呈现持续快速增长，直接成因无疑是工业化的快速发展。然而从 20 世纪 90 年代起，以消费为主导的工业化模式开始让位于以投资为主导的工业化模式，即呈现"资本深化"的工业化特征。

当前"资本深化"的工业化有其特定历史背景下的可行性和合理性。就可行性而言，自 20 世纪 90 年代以来，中国消费需求增长放缓使得经济增长必须转而依赖投资需求。而消费需求增长放缓是长期趋势而非短期波动，这是因为，正如前文分析的，收入分配格局的愈趋不平均，归根到底是因为公有制部门在整体经济中的比重大幅度下降。就合理性而言，早在改革开放的前半阶段，以国有工业企业为核心的中国经济体制就具备集体学习效应和动态规模效应所需的能力。市场化改革并没有消除这种体制特征，作为国有工业企业核心部分的大型企业，与政府、在岗职工和银行等利益相关者的长期导向关系依然存在，在此期间成长起来的非国有大型企业也趋于显现近似的体制特性。因此，大型工业企业成为"资本深化"的工业化的主要承载者，并在1998年之后迅猛扩张。

自2008年全球性经济金融危机以来，中国经济增速有所回落，中国经济开始步入"新常态"。经济增速的回落，自然容易引发学术界对当前模式的可持续性的质疑。要探讨由20世纪90年代确立的、当前仍在维系的"资本深化"工业化模式是否具有可持续性，就必须从决定这种模式的内生因素和这种模式所面对的外部环境两个方面来考察。

在内生因素方面，这种"资本深化"的工业化模式是否具有可持续性，取决于它是否能够充分利用动态规模效应，而这又有赖于需求因素与长期导向的经济体制是否配合。从迄今为止的发展来看，这两者基本是配合的，但没有证据显示这种配合在未来一定能维持下去。因而，从内生因素来看，这种模式是否具有可持续性的关键还在于，中国本土工业企业是否能够在愈趋激烈的国际竞争中提升自身的技术创新能力，以克服内部的需求约束。

从外部环境来看，这种"资本深化"的工业化模式确实存在不少问题。一方面，具有"资本深化"特征的一般工业企业的生产能力表现相对过剩，而资本密集和技术密集型等工业企业却发展相对不足，大量的资本密集型和技术密集型机械设备和运输设备依赖进口。另一方面，改革开放以来中国的工业化获得了长足进步，中国经济的持续快速增长堪称世界经济奇迹，然而近年来中国经济增长的资源消耗也是震惊世界的，并已成为中国经济发展的瓶颈。克服这两个方面的外部环境制约，都依赖于本国工业企业技术自主创新能力的提升。既需依靠技术创新摆脱技术依附，又需依靠技术创新实现技术升级以淘汰落后产能。

因此，实现技术自主创新是突破当前工业化内外部约束的关键。在当今知识经济时代，技术自主创新更是企业生存的保障。世界主要发达国家都将提高技术自主创新能力作为提升竞争力的战略选择。当前中国要突破"资本深化"工业化发展的内外瓶颈，也唯有实现自主创新，走新型工业化道路。

然而，随着经济体制市场化改革的不断推进，工业部门原有的以国有企业为主导的、具有相对固定特征的积累体系趋于瓦解，并逐步向符合市场原则的灵活性的积累体系迈进。新的积累体系的构建，是在原来的积累体系中引入了市场调节因素，因而，在宏观上，必然打破原来相对平均化的分配格局，抑制消费需求的增长；在微观上，则势必破坏原来企业利益相关者长期导向的问责机制。可见，新的积累体系的构建，必然冲击原有宏观环境与微观体制的配合，造成中国 20 世纪 90 年代中期经济发展困难。这一时期出现的失业加剧、企业经济效益恶化等经济停滞征兆，可以说是中国经济体制转轨中微观机制与宏观环境不相协调的一个直接反映。

至 21 世纪初，经济困难由于政府的一系列政策得以缓解，外部环境也大为改善。然而，21 世纪显现的以"资本深化"为特征的经济增长路径所对应的积累体系，是以国有控制的大型企业为主导、具有长期导向特征的利益相关者问责机制的相对固定的积累体系。这种积累体系既没有回到改革开放前以国有部门为主导的固定性积累模式，也没有转向新自由主义所推介的以企业私有化、金融自由化为特征的灵活性的积累体系。这种积累体系的形成，既来自需求来源变动的诱导和国家政策的促成，也是社会各方力量博弈所共同塑造的结果。

这种积累体系早在 20 世纪 90 年代中期已现端倪，而在 21 世纪得到巩固。这种积累体系由于以大型企业为主导，且利益相关者的问责机制具有长期导向特征，因而具有较强的集体学习效应和动态规模效应，但这种积累体系缺乏灵活性，因而在某种程度上牺牲了资源配置效率。而总体效应如何，则取决于何者占主导。本书认为，这种固定性的积累体系所获得的动态规模效应，足以弥补在资源配置效率上的损失，从而推动经济发展。这就是自 20 世纪 90 年代中期以来，中国经济依然保持较快增长的重要原因。

这种积累体系也有内在的脆弱性。它在需求方面的重要特征之一是，投资需求增长相对较快，而消费需求增长相对不足，即内需结构上呈现一定程度的失衡特征。这种不平衡的需求结构是否具有现实可行性，即是否能维持宏观经济平稳运转，还必须看宏观环境与微观机制是否相匹配。当前的积累体系尽管与政府期望构建的符合市场原则的灵活性体制不是十分相符，但从目前宏观经济的运行状况来看，总体上，宏观需求环境与微观激励机制是配合的。不过这种需求结构是否具有可持续性，关键取决于这种模式是否能够持续地利用动态规模效应，以阻止由于投资边际报酬递减而导致的效率的下降。

但从投资报酬的影响因素来看，当前劳动力供给的相对减少（导致工资增加，从而劳动报酬份额上升），和过度金融化（挤占生产性投资），均进一步导致投资收益率的下降。

这种积累体系的另一重要特征是它的出口导向性，换言之，外部需求是支撑这种积累体系的重要方面。正因如此，这种积累体系也易于受到外部需求的冲击。1997～1998年的亚洲金融危机就是一个较好的例证。2008年的危机也在一定程度上对中国经济产生了影响。这种影响不是短暂的，而是长期的。可见，中国经济将从高速增长阶段，转向一个较长时期的中速增长阶段，这就是2014年以来备受学术界关注的"新常态"。

概言之，从积累体系的需求因素来看，"新常态"是内需结构失衡与外需不足共同作用的结果。而这种积累体系是否具有可持续性，关键取决于是否能够克服积累体系的内外部约束，即中国企业是否具有足够的技术创新速度，以利用动态规模效应来维持较高水平的投资收益，和赢得更大的外部市场空间。从另一角度来看，"新常态"同时也说明中国经济开始步入增长质量不断提高、经济结构不断优化、增长由创新驱动的新的历史发展阶段。因此，提升企业的科技自主创新能力，则是"新常态"下的紧迫任务。

第三节　金融化对经济增长和就业的影响：
作用机理与经验分析

自 2008 年全球性经济金融危机至今，金融化对经济增长的影响问题受到社会各界的广泛关注。虽学界对"何为金融化""金融化对经济有何实质影响"等问题还没有形成统一认识，但"金融化"的一般表现为学界所普遍接受。一方面，非金融部门的金融利润占其总利润的比重不断上升，以及金融业增加值占 GDP 的比重不断上升[①]；另一方面，家庭债务相对 GDP 不断增长，以及非金融企业债务相对 GDP 不断增长[②]。

"金融化"始于 20 世纪 80 年代资本主义正走出经济滞涨、处于复苏时期，在此后的 20 余年里，金融化趋向与世界经济相对平稳增长并行不悖。然而，自 2008 年以来，全球经济增长出现明显滑坡，但世界金融化日益深化的总体趋向并未由此发生改变。

本节试图运用马克思资本循环理论，借鉴斯科特（Peter Skott）等的"存量—流量"货币分析框架（Stock-Flow Monetary Framework）[③]，以及泰勒和达茨等两部门结构模型框架[④]，构建"生产性部门—金融部门"两部门结构模型，试图分析金融资本循环在社会再生产中的促进作用，以及过度金融化对生产性投资的挤出效应所发生的微观机理，并运用该模型框架来探讨经济金融化趋向对中国经济增长和就业的影响。

---

① Crotty, J., "The Neoliberal Paradox: The Impact of Destructive Product Market Competition and 'Modern' Financial Markets on Nonfinancial Corporation Performance in the Neoliberal Era," *Review of Radical Political Economy*, 35 (2005); Krippner, G., "The Financialization of the American Economy," *Socia-Economic Review*, 3 (2005).

② Foster, J., "Financialization of Capitalism," *Monthly Review*, 58 (2007).

③ Skott, P. and S. Ryoo, "Macroeconomic Implications of Financialisation," *Cambridge Journal of Economics*, 32 (2008).

④ Taylor, L., *Reconstructing Macroeconomics: Structuralist Proposals and Critiques of the Mainstream* (Cambridge: Harvard University Press, 2004), pp. 147 – 156; Dutt, A. K., "Growth and Distribution in Heterodox Models with Manager and Financiers," *Metroeconomica*, 67 (2016).

一 生产性部门与金融部门的两部门结构模型

本节主要运用马克思资本循环理论，按照斯科特等的方法，将封闭经济条件下的社会再生产部门分为两大部门即生产性部门与金融部门，进而构建"生产性部门—金融部门"两部门结构模型，通过分析生产企业雇用工人组织生产实现资本增殖这一货币资本循环过程（G—M—$G + \Delta G$），来考察金融化对经济增长的影响。

这里的金融部门是指服务于生产性部门的所有金融市场主体，包括银行、保险公司、证券公司（投资银行）、财务公司等。它们主要通过借贷资本的形式参与金融活动，即向生产性部门雇主提供投资信贷，完成金融资本向生产资本的转化（G_f—M_f），与此同时也向生产性部门的工人提供消费信贷。金融部门将从这两种信贷中获得的利息收入的一部分用于消费，其余用于金融资本的积累（ΔG_f），形成增殖的借贷资本（$G_f + \Delta G_f$）。

生产性部门由雇主和工人两个阶层组成。雇主运用自身积累的货币资本（G_p）和从金融部门借入的信贷资本（G_f）雇用工人、购买生产资料组织生产活动，从而完成货币资本向生产资本的转化 [G（$= G_p + G_f$）—M]，并通过商品生产和商品出售使生产资本转化为货币资本，实现资本增殖（M—$G + \Delta G$）。生产性部门雇主将利润的一部分用于支付借入资本的利息和消费，其余形成自身新增的货币资本（ΔG_p）。由此，可列出封闭经济条件下简化的有金融资本参与循环的社会再生产平衡增长的基本框架：

$$Y = C + I \qquad\qquad (5-46)$$

$$pY = W + \varPi \qquad\qquad (5-47)$$

$$pI = s(\varPi - iM) + \dot{M} \qquad\qquad (5-48)$$

$$pC = W + (1-s)(\varPi - iM) + (1-\beta)iM \qquad\qquad (5-49)$$

式（5-46）反映的是生产性部门实物上的补偿即实物供求平衡关系，左边代表的是供给，右边代表的是需求，其中 C 为经济系统的总消费需求，I 为总投资。式（5-47）反映的是工人总工资 W 与雇主总利润 Π（即新增价值 ΔG）在总收入 pY 中的对立关系，p 为生产性部门产品的总体价格水平。式（5-46）和式（5-47）的组合反映的是生产性部门总收入与总支出的平衡问题，即生产性部门的价值补偿问题。

式（5-48）是"生产性部门—金融部门"两部门结构模型框架的核心方程：该式从动态看，反映的是金融资本向生产资本的转化过程；而从静态看，反映的则是生产性部门总支出中总投资（pI）的价值构成。这里，$\dot{M}(=\mathrm{d}M/\mathrm{d}t)$ 代表净金融负债增量。该式右边为新增生产资本的来源，即表明新增的生产资本由雇主的自身积累 $\Delta G_{\mathrm{p}}[=s(\Pi-iM)]$ 和新增的净金融负债 $\Delta G_{\mathrm{f}}(=\dot{M})$ 组成；该式左边为新增生产资本的使用，即形成的新增投资量 pI。① 为简化讨论，这里假定折旧率和就业的增长率均为 0，这就意味着：$I=\dot{K}(=\mathrm{d}K/\mathrm{d}t)$，且新增的生产资本全用于固定资本的形成，而不用于新增雇佣工人。②

式（5-49）代表的是生产资本的一种"漏出"：该式从动态看，反映的是生产主体（包括工人、资本家和金融部门）的再生产问题；而从静态看，反映的则是经济系统（即生产性部门和金融部门）总消费（pC）的价值构成。该表达式假定：生产性部门的工人工资收入（W）均用于消费；雇主将支付净金融负债利息后的利润按"$1-s$"的比例用于消费；金融部门将利息收入（iM）按"$1-\beta$"的比例用于消

---

① 对于新增货币资本，本节分析参考了斯科特等的考察方法。只不过，斯科特等的新增货币资本由雇主利润、银行信贷和股权融资组成，对应的使用则为投资、银行利息支付和股权分红。本节为简化讨论，鉴于股权融资本质上也是企业的一种负债，这里将银行信贷和股权融资都归为企业金融负债，因此，对应的使用仅为投资和对银行的利息支付。此外，值得指出的是，雇主用于追加投资的并非所有利润。马克思在《资本论》第一卷中指出，剩余价值的资本化，是资本家将扣除个人消费后的剩余价值转化为资本，用于扩大再生产。因而，本节的投资来源是将斯科特等分析中的利润 $s\Pi$ 替代为 $s(\Pi-iM)$。

② 一般而言，生产性部门追加的资本，除用于固定资本投资以外，通常还会按有机构成相应比例增雇工人。由于本节不讨论就业问题，这里假设就业增长率为 0，可简化模型表达形式，但不影响分析结果。

费，剩余部分进入货币资本循环"$G—M—G+\Delta G$"，参与生产性部门的再生产。其中，s 和 β 分别为生产性部门和金融部门的储蓄率（$0<s<1，0<\beta<1$）；M 为净金融负债存量（即生产性部门借入的金融资本与金融投资的差额），i 为金融负债名义利率，满足：$i=r_M+\hat{p}$，其中，r_M 为金融资本的实际回报率（即实际利率），$\hat{p}$ 为通货膨胀率。

为考察金融资本对生产性投资的影响，还需对经济系统一些主要变量之间的关系做一些基本假定。

（1）假定生产性部门的资本存量的价值 pK 与总收入 pY 之比 u（$=K/Y$）为常数。u 在一定时期内相对稳定，是"卡尔多典型事实"[①] 之一。更有许多后凯恩斯主义文献将 u 作为产能利用率的衡量指标，并认为它短期内基本不变。在马克思《资本论》中，$u=\lambda/(e+1)$，其中 e 为剩余价值率，λ 为资本有机构成，这两者短期内也是相对稳定的。由此，本节将 u 假设为常数。根据这一假设，可以得到产出增长率等于资本的增长率，令该增长率为 g，从而有：$I/K=\dot{y}/y=g$。

（2）假定生产性部门的净金融负债存量 M 与总收入 pY 之比 k（$=M/pY$）为常数。斯科特等曾运用"存量—流量"货币分析框架分析金融资本在经济增长中的作用，在他们的分析框架中假定企业净金融负债存量与 GDP 之比在短期内保持相对稳定。这里为简化讨论，假定 k 为常数。[②] 根据这一假定可得：$\hat{M}=\hat{p}+g$，这里，$\hat{M}=\dot{M}/M$。

（3）进一步假定：$u>k$。由于在本节分析框架中，资本积累除来源于借入的金融资本外，还来源于自身的储蓄。因此，在理论上可假定生产企业积累的资本存量（pK）大于借入的净金融资本存量（M），亦

---

① Kaldor, N., "Capital Accumulation and Economic Growth," in Lutz, E. A. and D. C. Hague (eds.), *The Theory of Capital* (New York: St Matin Press, 1961), pp. 38 – 42.

② 由于全球经济呈现金融化倾向，私营企业借入的金融资本（即信贷与债券之和）与 GDP 之比总体保持上升趋势，但与此同时，作为金融化另一重要特征的企业金融投资也在增长，而本节所界定的生产企业的净金融负债存量（M）为企业借入的金融资本与其金融投资之差，这两者之差虽随着金融化程度的提高而增长，但为方便讨论，这里假定其增长率与收入增长率保持一致，即也假定 k（$=M/pY$）为常数。

即：$u > k$。

下面对模型进行拓展，主要分析金融资本循环在社会再生产中的作用，以及分析在不同金融化程度下，金融化影响经济增长的内在机制。由于金融资本实际回报率（r_M）的上升既是金融化最为重要的标志性特征之一，也是其他许多重要金融化指标影响经济增长的主要媒介，下文就着重将它作为金融化代理指标来进行考察。[①]

二　金融化与经济的平衡和非平衡增长：作用机理

由前文分析可知，式（5 – 46）~ 式（5 – 49）的组合构成了关于"生产性部门—金融部门"两部门结构的一个封闭的社会再生产平衡增长的经济运行系统。式（5 – 46）两边同乘以 p，并将式（5 – 47）~ 式（5 – 49）代入，可推出：

$$\hat{M} = \beta i \qquad\qquad (5-50)$$

根据前文分析结果：$i = r_M + \hat{p}$，$\hat{M} = \hat{p} + g$，将它们代入式（5 – 50），可得：

$$(1 - \beta)\ \hat{M} = \beta(r_M - g) \qquad\qquad (5-51)$$

1. 金融化程度相对较低，经济系统不存在消费信贷情形

此时，可假定金融部门的边际储蓄倾向相对稳定，即 β 为常数。将式（5 – 50）或式（5 – 51）代入式（5 – 49），再两边同除以 pY，将 $u = K/Y$ 代入，整理可得：

$$g = \frac{1}{(1-\beta)u + (\beta-s)k}[(1-\beta)s\pi + (\beta-s)kr_M] \qquad (5-52)$$

这里，$\pi = \Pi/pY$。

由式（5 – 52）有：$\dfrac{\partial g}{\partial r_M} = \dfrac{(\beta-s)\ k}{(1-\beta)\ u + (\beta-s)\ k}$。由于 $u > k$，则有：

---

① 根据前文分析，M 与 pY 两者的增长率相同，因此，这里采用金融资本实际回报率（r_M）作为金融化代理指标比采用 M 更为合适。

$(1-\beta)\ u+(\beta-s)\ k>0$，从而有：

$$\begin{cases} 当\ \beta>s\ 时，\dfrac{\partial g}{\partial r_M}>0 \\[2mm] 当\ \beta<s\ 时，\dfrac{\partial g}{\partial r_M}<0 \end{cases} \qquad (5-53)$$

式（5-53）说明，当 $\beta>s$ 时，随着 r_M 上升，g 将上升；当 $\beta=s$ 时，$g=\dfrac{s\pi}{u}$，g 与 r_M 不相关；而当 $\beta<s$ 时，随着 r_M 上升，g 将下降。此外，由式（5-52）可得①：

$$\frac{\partial g}{\partial \pi}=\frac{(1-\beta)s}{(1-\beta)u+(\beta-s)k}>0,\frac{\partial g}{\partial s}=\frac{(1-\beta)\pi+(g-r_M)k}{(1-\beta)u+(\beta-s)k}>0 \qquad (5-54)$$

这说明经济增长率（g）和利润份额（π）与储蓄率（s）均呈正相关关系。

2. 金融化程度相对较高，经济系统出现消费信贷情形

如果考虑到消费信贷情况，由于随着金融资本实际回报率（r_M）的提高，工人阶层消费信贷日趋增加。在模型中即体现为，金融部门收入（$r_M M$）除本部门用于消费，形成对生产性部门的消费需求外，还通过消费信贷的形式转化为生产性部门工人阶层的消费需求。这样，消费信贷的增加在一定程度上对投资信贷造成实际挤出。

假设金融部门从消费信贷中获得的收益全用于消费，那么全社会的总消费就变为：

$$pC=(W-iD+D)+(1-s)(\varPi-iM)+[(1-\beta)iM+iD] \qquad (5-55)$$

其中，D 为生产性部门工人的消费信贷，$\dot{D}=\mathrm{d}D/\mathrm{d}t$。式（5-55）右边第一部分为生产性部门工人的消费需求；第二部分为生产性部门雇主的

---

① 根据隐含假定——$\varPi>iM$（如生产性部门利润不足以支付利息，将停止生产），则有 $\pi>ki$，再根据式（5-50）和式（5-51）有 $(1-\beta)i=r_M-g$，从而有 $(1-\beta)\pi+(g-r_M)k>0$，则有 $\dfrac{\partial g}{\partial s}>0$。

消费需求；第三部分为金融部门的消费需求。

假定金融部门将自身收入的 δ 比例用于消费信贷，那么则有：

$$\dot{D} = \delta iM \qquad (5-56)$$

将式（5-56）代入式（5-55），令 $\beta' = \beta - \delta$，则有：

$$pC = W + (1-s)(\Pi - iM) + (1-\beta')iM \qquad (5-49')$$

由此，可以将 β' 视为在存在消费信贷情形下对 β 的一个修正。那么，根据式（5-46）~式（5-49）所推导出的式（5-50）~式（5-52）在形式上仍保持不变，仅需将 β 换为 β'，从而有：

$$\hat{M} = \beta'i \qquad (5-50')$$

$$(1-\beta')\hat{M} = \beta'(r_M - g) \qquad (5-51')$$

$$g = \frac{1}{(1-\beta')u + (\beta'-s)k}\left[(1-\beta')s\pi + (\beta'-s)kr_M\right] \qquad (5-52')$$

不过，这里 β' 不再为常数，而由于 $\partial\delta/\partial r_M > 0$，从而满足 $\partial\beta'/\partial r_M < 0$。那么，根据式（5-52'）可得：

$$\frac{\partial g}{\partial r_M} = \frac{(1-s)k(ur_M - s\pi)}{\left[(1-\beta')u + (\beta'-s)k\right]^2}\frac{\partial\beta'}{\partial r_M} + \frac{k}{(1-\beta')u + (\beta'-s)k}(\beta'-s) \qquad (5-57)$$

令 $r_1 = \dfrac{s\pi}{u}$，$r_2 = \beta'^{-1}(s)$ ［即满足 $\beta'(r_2) = s$］，则有：当 $r_M < \min\{r_1, r_2\}$ 时，有 $\dfrac{\partial g}{\partial r_M} > 0$；当 $r_M > \max\{r_1, r_2\}$ 时，有 $\dfrac{\partial g}{\partial r_M} < 0$。这意味着经济增长率（$g$）随着金融资本实际回报率（$r_M$）的增长将呈现近似的倒 U 形变化趋势。而对应的式（5-54）形式上也未发生变化（即仅是 β 换为 β'），从而经济增长率（g）与利润份额（π）和储蓄率（s）的正相关关系未发生变化。

3. 过度金融化与经济的非平衡增长

当金融化程度很高时，一方面越来越多的经济系统的金融资本漏出社会再生产循环系统，另一方面金融系统所创造的越来越多的金融资本流向生产性部门。此时经济系统中式（5－46）所确定的生产性部门实物的供求平衡关系被破坏，金融化所产生的消费对生产性投资的挤出已不成为主要影响因素。此时，生产性部门金融资本来源，即金融约束式（5－48）成为影响经济增长的核心方程。

现对式（5－48）两边同除以 pY，并将 g（$= \dot{K}/K$）$= I/K$，$u = K/Y$，$k = M/pY$ 代入，可得：

$$gu = s（\pi - ik）+ k\hat{M} \qquad\qquad (5-58)$$

再将 $i = r_M + \hat{p}$、$\hat{M} = \hat{p} + g$ 代入式（5－58），整理可得：

$$(u - sk) g = s\pi - skr_M +（1 - s）k\hat{M} \qquad (5-59)$$

正如前文所述，在过度金融化时代，金融资本实际回报率（r_M）的上升，一方面，诱导越来越多的金融资本进入金融市场，进行"G—G'"的内部交易循环；另一方面，也诱导金融部门向生产性部门发放更多的信贷和债券，使之进入"G—M—G + ΔG"的货币资本循环而转化为生产资本。由此，尽管经济系统存在金融资本的漏出，但生产性部门的净金融负债存量（M）仍保持增长。因此，此时可假定 $\hat{M}$ 为 r_M 的增函数，不过，随着金融资本实际回报率（r_M）的上升，其增速是递减的。[①] 因而可设定：

$$\hat{M} = m(r_M) \qquad\qquad (5-60)$$

该表达式满足：$m'(r_M) > 0$，$m''(r_M) < 0$。根据前文假定有：$u - sk > 0$。那么，根据式（5－59）可以得到：

$$\frac{\partial g}{\partial r_M} = \frac{(1-s)k}{u-sk}\left[m'(r_M) - \frac{s}{1-s} \right] \qquad (5-61)$$

---

① 值得注意的是，如 M 的增长率随着 r_M 上升而大幅提高，一般会产生一定程度的经济泡沫，即会引起价格水平 p 的上升，虽然 Y 增长开始减缓，但 k（$= M/pY$）的变化并不显著。因此，这里为简化讨论，仍假定 k 为常数。

令 $m'(r_M^*) = s/(1-s)$，则当 $r_M < r_M^*$ 时，$\frac{\partial g}{\partial r_M} > 0$，而当 $r_M > r_M^*$ 时，

$\frac{\partial g}{\partial r_M} < 0$。这就说明，当金融资本实际回报率（$r_M$）越过某一临界值时，随着金融资本实际回报率（$r_M$）的上升，金融资本漏出的挤出效应必将超过金融资本的创造效应，从而导致经济增长率（g）不断下降。此外，根据式（5–59）有：

$$\partial g/\partial \pi = s/(u - sk) > 0,\ \frac{\partial g}{\partial s} = (\pi - ki)/(u - sk) > 0 \qquad (5-62)$$

这说明，即使出现过度金融化，利润份额 π 和储蓄率 s 的提高也都有利于提高经济增长速度 g。根据前文分析结论，可提出封闭经济条件下有关金融化挤出效应机制的 3 个基本命题。

命题 1 在金融化程度相对较低，还未产生消费信贷的平衡增长情形下，如果金融部门的储蓄率（β）低于生产性部门的储蓄率（s），经济增长率（g）是金融资本实际回报率（r_M）的减函数，这就是利息支出的挤出效应[①]；如果金融部门的储蓄率（β）高于生产性部门的储蓄率（s），经济增长率（g）则是金融资本实际回报率（r_M）的增函数。

命题 2 在金融化程度相对较高，并已出现消费信贷的平衡增长情形下，消费信贷随着金融资本实际回报率（r_M）的提高而不断增加，最终必将对生产性投资产生挤出作用，削弱生产资本的循环周转，从而降低生产效率，抑制经济增长，这就是消费信贷的挤出效应。

命题 3 在经济处于过度金融化，导致非平衡增长的情形下，随着金融资本实际回报率（r_M）的提高，漏出生产体系的金融资本的增长速度，将快于金融部门通过杠杆效应输入生产性部门的金融

---

① $\beta < s$ 意味着生产性部门借入的金融负债小于其利息支出，从而产生利息支出挤出效应。

资本的增长速度，从而降低了积累水平，形成对生产性投资的挤出，抑制经济增长，这就是金融虚拟化的挤出效应。

三　金融化对中国经济增长和就业的影响：经验分析

从以上模型分析可推断出，随着金融全球化进程的推进，亦即随着金融化程度的不断提高，金融化与经济增长之间的关系总体呈现为"倒U形"特征。下面主要分析中国金融化与其经济增长之间的关系，以此验证模型分析的基本结论，并据此提出相关的政策启示。

1. 金融化影响中国经济增长和就业的典型事实

经济金融化始于20世纪70年代处于"滞涨"时期的英美等发达资本主义国家，而后逐渐蔓延至拉丁美洲、欧洲大陆、日本，然后传递至泰国、新加坡等。如用私营企业国内信贷占GDP的比重（PSDC）这一指标来反映金融化变动趋势，在1980~2017年，中国金融化与全球金融化的总体趋势基本保持一致。

然而，中国的金融化与大多数市场经济国家由垄断资本主导的金融化不同，是伴随着中国金融体制市场化改革的进程而不断演变的。在金融化的早期，随着金融市场化程度的提高，金融配置资源的效率必然有所提高。由此可推断，这一时期的金融化必然能够促进经济增长。图5-17显示，在1979~2007年，中国经济增长虽呈现较大的波动性，但总体趋势还是与反映金融化趋向的PSDC指标保持基本相同。在此期间的就业增长率，虽自20世纪90年代以来呈现下降趋势——这主要由资本深化的工业化模式所主导，但维持在0.4%以上的适度水平。

然而，自2008年以来，中国经济的金融化趋势更加明显。2008~2017年，PSDC指标的均值已接近高收入国家水平，对应的金融业增加值占GDP的比重也已超过同期美国等金融化程度较高的发达经济体。①

---

① 杜勇、张欢、陈建英：《金融化对实体企业未来主义发展的影响：促进还是抑制》，《中国工业经济》2017年第12期。

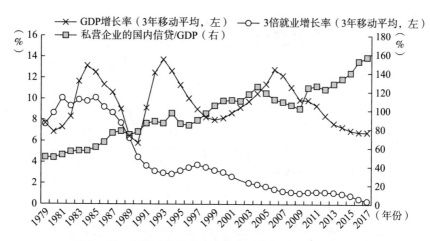

图 5 – 17　改革开放以来中国的金融化与经济增长和就业

数据来源：GDP 增长率以及就业增长率数据来自《中国统计年鉴》；私营企业
国内信贷占 GDP 的比重数据来自世界银行数据库。

这一时期金融化对中国经济的影响比前一时期更为深刻广泛，中国经济已呈现高度金融化迹象①，即非金融企业的金融投资倾向更加明显，并伴随着越来越多的居民家庭被卷入金融化旋涡。图 5 – 18 显示，中国非金融房地产类上市公司的金融投资收益率以及居民住户消费信贷余额占 GDP 的比重，自 2008 年以来均呈现显著上升趋势。

根据前文分析，非金融企业金融投资的增加和消费信贷规模的扩大，最终都必然挤出生产性投资，从而削弱资本循环周转，降低生产效率，影响经济增长。图 5 – 17 显示，自 2008 年以来，中国经济增长呈现明显的下滑趋势。由此，我们可以推断，这一时期的金融化抑制了中国的经济增长，进而恶化了就业增长，导致这一时期就业增长率急剧下滑。当然，以上分析仅是经验判断，尽管这些判断得到现实直观观察数据的支持，但对于这些判断是否合理，还需做进一步的实证检验。

---

① 马慎萧：《劳动力再生产的金融化——资本的金融掠夺》，《政治经济学评论》2019 年第 12 期。

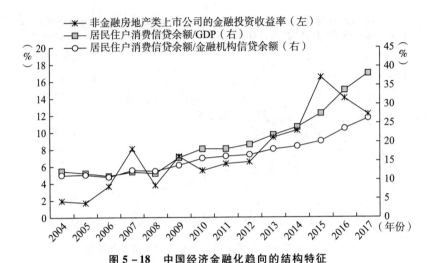

图 5-18   中国经济金融化趋向的结构特征

注：金融投资收益率 =（投资净收益 + 公允价值变动净收益 + 汇兑净收益 -
对联营企业和合资企业的投资收益）/营业利润，参见张成思、张步昙《中国实
业投资率下降之谜：经济金融化视角》，《经济研究》2016 年第 12 期；信贷余额
为短期信贷余额与长期信贷余额之和。

数据来源：Wind 数据库。

2. 金融化对中国经济增长的倒 U 形影响：实证检验

金融化对经济增长的影响，也间接地影响就业。金融化促进了经济
增长也就带动了就业的增加，抑制了经济增长也就抑制了就业增长，因
此这里主要分析金融化对经济增长的影响，不就金融化对就业的影响做
专门讨论。这里主要以 1998～2016 年各地区规模以上工业企业作为对
象，考察金融化对增长的影响，主要在于考察对增长效率的影响。因
此，本节选取全要素生产率的增长率作为被解释变量。根据已有的经验
研究[1]，可构建如下动态面板模型：

$$\Delta \ln A_{i,t} = \sum_{k=1}^{d} \alpha_k \Delta \ln A_{i,t-k} + \beta_1 finz_{i,t} + \beta_2 dum \times finz_{i,t} + \gamma con_{i,t} + \varphi_i + \delta_t + \varepsilon_{i,t}$$

$$(5-63)$$

---

[1] Guariglia, A. and S. Ponce, "Could Financial Distortions be no Impediment to Economic
Growth After All?: Evidence from China," *Journal of Comparative Economics*, 36（2008）；
李青原、李江冰、江春：《金融发展与地区实体经济资本效率——来自省级工业行业
数据的证据》，《经济学（季刊）》2013 年第 1 期。

其中，下标 i 代表地区，t 代表年份，A 代表全要素生产率，则 $\Delta\ln A_{i,t}$ 近似反映第 t 年 i 地区全要素生产率的增长率；$finz_{i,t}$ 为主要解释变量金融化；$con_{i,t}$ 为控制变量；φ_i 为地区效应，δ_t 为年度效应，$\varepsilon_{i,t}$ 为异质冲击项。鉴于前文分析，自 2008 年危机以来，中国金融化特征发生了显著变化，因此，在该模型中引入了虚拟变量 dum，并令它在 1998～2007 年取值为 0，2008～2016 年取值为 1。

现对模型的被解释变量、主要解释变量以及控制变量的具体含义和度量方法做简要说明。

（1）被解释变量 $\Delta\ln A_{i,t}$ 的度量。被解释变量 $\Delta\ln A_{i,t}$ 的度量主要在于对全要素生产率的测算。这里采用学术界通用的索洛剩余法对全要素生产率进行估算。全要素生产率的对数值可表示为：

$$\ln A_i(t) = \ln Y_i(t) - \rho_L \ln L_i(t) - \rho_K \ln K_i(t) \tag{5-64}$$

这里，Y_i、L_i、K_i 分别代表各地区规模以上工业企业的增加值、就业量和资本存量。

各地区规模以上工业企业增加值数据，1998～2008 年来自《中国统计年鉴》，2008 年以后根据各地区统计年鉴或统计公报的增加值增长率推算得出，各数据均根据 1998 年不变价格折算。各地区规模以上工业企业就业量数据，1998～2003 年根据对应工业增加值和劳动生产率数据推算得出，2003 年以后来自中经网和各地区统计年鉴。各地区规模以上工业企业资本存量数据根据永续盘存法[①]估算得出，其计算表达式如下：

$$k_i(t+1) = 0.97 k_i(t) + [K_i(t+1) - 0.97 K_i(t)]/p(t+1) \tag{5-65}$$

其中，$k_i(t)$ 代表 i 地区 t 时期的资本存量，$K_i(t)$ 代表 i 地区 t 时期年末固定资产净值，$p(t+1)$ 为工业品出厂价格指数，并令 $p(1998)=1$。为讨论方便，这里令 $k_i(1998) = K_i(1998)$。[②]

---

① 张军：《中国省际物质资本存量估算：1952—2000》，《经济研究》2004 年第 10 期。

② 国内许多学者采用我国法定残值率（3%～5%）作为重置率或折旧率，本节将该数值选为 3%。

式（5-64）中的 ρ_L 和 ρ_K 分别为劳动和资本的产出弹性，可根据式（5-64）对应的柯布—道格拉斯生产函数进行估算。对柯布—道格拉斯生产函数分别采用随机效应模型和固定效应模型进行估算，回归结果见表5-11。

表 5-11 劳动产出弹性和资本产出弹性的估算

模型	c	ρ_L	ρ_K	R^2	Hausman
FE	-2.811*** (-6.66)	0.211 (1.44)	1.150*** (17.74)	0.968	13.18 (0.004)
RE	-2.425*** (-10.88)	0.119*** (2.31)	1.159*** (21.28)	0.969	

注：括号中的值为 t 统计量；Hausman 检验中括号中数值为 P 值。

从表5-11可以看到，虽采用固定效应模型和随机效应模型两者进行回归差别不大，但根据 Hausman 检验的结果显示，由固定效应模型来确定劳动产出弹性和资本产出弹性会更佳。根据表5-11中的回归结果确定的各地区规模以上工业生产函数的劳动产出弹性和资本产出弹性，从而根据式（5-64）可算出相应的全要素生产率的对数值 $\ln A_i$，进而可算出 $\Delta \ln A_{i,t}$。

（2）解释变量的含义与度量。其一，主要解释变量即金融化（fin-$z_{i,t}$）。金融化通常用金融市场规模，如银行信贷占地区 GDP 的比重（cre）、股票流通市值占地区 GDP 的比重（$stoc$）、金融与房地产业增加值占地区 GDP 的比重（$fres$）等指标来表示。[1] 第一个指标反映的是金融体制特性，是衡量金融化的重要指标[2]；后两个指标反映的是金融市场化程度，能反映出中国金融市场化程度对经济增长效率的影响。

其二，控制变量。为更好地揭示金融化对增长效率的影响，本节选

---

[1] Christer, L. and J. Li, "Financial Sector Development, FDI and Economic Growth in China," China Center for Economic Research Working Paper E2007005, 2007；张慕濒、诸葛恒中：《全球化背景下中国经济的金融化：涵义与实证检验》，《世界经济与政治论坛》2013 年第 1 期。

[2] World Bank, *China: Financial Sector Assessment* (Washington: World bank, 2011).

取如下控制变量：技术进步（*tech*），以科技支出与规模以上工业增加值之比来度量，反映技术进步的作用；地方政府支出（*gov*），以地方政府支出与地区 GDP 之比来度量，反映地方政府的作用[1]；外商直接投资（*fdi*），以实际利用外资金额与地区 GDP 之比来度量，反映技术溢出效应对增长效率的影响[2]；资本深化率（*cap*），以实际资本存量与地区 GDP 之比来度量，反映增长的规模效应[3]；所有制结构（*struc*），以地区规模以上工业企业增加值中国有及国有控股工业所占份额来度量，反映增长的体制效率特征[4]；基础设施（*infra*），以每平方公里相对应的铁路、公路和水路里程来度量，反映基础设施建设对增长效率的影响[5]。

这里，主要解释变量和控制变量的数据来自《中国统计年鉴》、各地区统计年鉴及统计公报、《中国金融年鉴》、中国人民银行网站，以及证券会所提供的相关资料。主要变量的描述性统计见表 5 - 12。

表 5 - 12　主要变量的描述性统计

变量	样本量（个）	中位数	标准差	最大值	最小值
$\Delta \ln A$	558	0.0770	0.1269	0.8919	- 0.5920
cre	558	1.0595	0.3749	2.6477	0.5472
stoc	558	0.2743	1.2392	19.0605	0.0410
fres	558	0.0766	0.0385	0.2515	0.0235
tech	558	0.0062	0.1567	0.1188	0.0005
gov	558	0.1739	0.1713	1.3896	0.0023
fdi	558	0.0178	0.0239	0.1465	0.0004

[1]　Weil, D., *Economic Growth* (3rd ed.) (New York: Pearson Education, Inc., 2012), p. 330.

[2]　Billington, N., "The Location of Foreign Direct Investment: An Empirical Analysis," *Applied Economics*, 31 (1999).

[3]　Dixon, R. and A. P. Thirlwall, "A Model of Regional Growth-rate Differences on Kaldorian Lines," *Oxford Economic Papers*, 27 (1975).

[4]　世界银行：《1993 年世界发展报告》，中国财政经济出版社，1993，第47页。

[5]　世界银行：《1994 年世界发展报告》，中国财政经济出版社，1994，第15~18页。

续表

变量	样本量（个）	中位数	标准差	最大值	最小值
cap	558	0.1800	0.9630	8.0158	0.8177
struc	558	0.5384	0.2987	1.3270	0.1071
infra	558	0.5432	0.5355	3.0482	0.0183

注：由于各地区差异性较大，存在少数极端变量值，故采用中位数比采用均值分析更为合适。

由于回归模型中包含滞后期的被解释变量，而它们与误差项相关，本节采用两步系统 GMM 估计方法来进行回归分析：一是可克服由 OLS 估计所导致的回归有偏和不一致性[1]；二是能回避差分 GMM 估计方法的弱工具变量问题[2]，还能通过一次差分形式控制地区固定效应。为了控制变量的内生性问题，本节在原始方程中使用被解释变量和控制变量技术进步（*tech*）的滞后项作为工具变量。为判断工具变量是否有效和扰动项是否存在自相关，本节进一步进行了 Sargan 检验和 Hansen 检验。检验结果显示，本节的模型设计是合理的。回归结果见表 5 – 13。

表 5 – 13　金融化对经济增长的影响：基于省级动态面板数据的
两步系统 GMM 回归

变量	被解释变量：$\Delta \ln A$		
	finz = cre	*finz = fres*	*finz = stoc*
$\Delta \ln A_{-1}$	– 0.074 （– 0.86）	– 0.105 * （– 1.74）	– 0.160 *** （– 2.58）
$\Delta \ln A_{-2}$	– 0.058 （– 1.04）	– 0.084 （– 0.05）	– 0.068 （– 1.30）
finz	0.155 *** （4.31）	1.949 * （1.88）	0.016 *** （5.22）
Dum × finz	– 0.072 *** （– 3.51）	– 0.879 *** （– 4.29）	– 0.021 *** （– 4.11）

---

[1]　Boyreau-Debray, G., "Financial Intermediation and Growth: Chinese Style," World Bank Policy Research Working Paper, No. 3027, 2003.

[2]　Roodman, D., "How to do Xtabond2: An Introduction to Difference and System GMM in Stata," *The Stata Journal: Promoting communications on statistics and Stata*, 9 (2009).

变量	被解释变量：$\Delta \ln A$		
	finz = cre	finz = fres	finz = stoc
tech	-2.600	-4.155 *	-3.064 ***
	(-1.06)	(-1.84)	(-2.18)
$tech_{-1}$	2.499	2.792	1.983
	(0.92)	(1.14)	(0.90)
gov	1.117 ***	1.242 ***	1.270 ***
	(4.45)	(4.28)	(-5.00)
fdi	0.311	1.283	-0.246
	(0.11)	(0.75)	(-0.16)
struc	0.378 ***	0.423 ***	0.406 ***
	(5.86)	(6.05)	(7.71)
cap	-0.295 ***	-0.282 ***	-0.279 ***
	(-9.20)	(-9.24)	(-8.44)
infra	0.042	0.064	0.033
	(0.67)	(0.97)	(0.79)
_cons	-0.075 *	-0.182	0.008
	(-0.83)	(-1.46)	(0.10)
Wald	604.16 ***	143.57 ***	301.70 ***
AR（1）	-3.128 ***	-3.121 ***	-2.832 ***
AR（2）	1.091	1.031	1.269
Sargan	18.126	19.851	17.370
Obs（个）	496	496	496

注：*、**、***分别表示在10%、5%和1%的水平上显著，括号中数值及AR（1）和AR（2）数值为t统计量。

由于控制变量不是本节考虑的内容，这里不对它们做深入讨论，主要讨论主要解释变量的作用。从表5-13的回归结果来看，对于金融化及其与虚拟变量的交叉项，不论金融化是以 cre 作为代理指标，还是以 fres 或 stoc 作为代理指标，回归系数的符号始终都保持一致，说明本节关于金融化对经济增长影响的分析是稳健的。

就回归结果而言，1998～2007年，这三个指标的回归系数都显著为正，说明这一时期由中国金融体制改革和相应的金融发展所推动的金融化，能够提高资源配置能力，促进生产效率的提高。这一结果符合**命题1**。其中，*cre* 对全要素生产率增长的促进作用显著强于其他两个金融化指标，而 *stoc* 的作用最弱。这说明，这一时期中国的金融体制能够有效通过银行信贷将金融资产投向生产领域，且在中国金融体系中对经济发展起主要作用的仍然是银行系统而非资本市场。*fres* 的作用居中，说明金融和房地产在这一时期对整体经济增长有较强的拉动作用。①

而在 2008～2016 年，三个金融化指标与虚拟变量交叉项（*dum* × *finz*）的回归系数均显著为负，说明这一时期呈现高度金融化特征，此时金融化对整体经济生产效率的作用显著为负。这一中国经验分析，基本符合本节模型所阐述的高度金融化的两个效应。一是消费信贷的挤出效应。金融化代理指标 *cre* 的回归系数在该时期显著下降，说明该时期以消费信贷比重不断上升为特征的信贷的增加（见图 5-18）②，产生了一定程度的挤出，这在一定程度上反映了**命题2**阐释的内容。二是金融虚拟化的挤出效应。金融化代理指标 *stoc* 的回归系数从前期的正值转为负值，说明随着股票流通市值的增加，越来越的金融资本流向资本市场，产生金融虚拟化的挤出效应。这一分析结果同时也说明，在高度金融化时期，虚拟化挤出对经济增长的制约作用比消费信贷挤出更为严重。③ 这也正是**命题3**分析的结论。

此外，被解释变量滞后项的回归系数为负，且滞后 1 期的系数在统计上较为显著，说明全要素生产率的增长存在一定的收敛趋势。

3. 金融资本实际回报率的中介效应考察

本节模型主要以金融资本实际回报率为中介来考察金融化对经济增

---

① 根据中位数和回归系数可推算，在 1998～2007 年，如 *cre*、*stoc* 和 *fres* 分别提高 1%，ΔlnA 则分别在中位数水平上提高 2.13、0.06 和 1.94 个百分点，说明 *cre* 对 ΔlnA 的影响最强、*stoc* 的影响最弱、*fres* 的影响居中。

② 由于各省份居民消费信贷缺乏完整数据，而在 2004～2017 年，居民住户消费信贷余额与金融机构信贷余额保持同步上升，具有一定的正相关性，以各省份金融机构信贷余额作为解释变量可在一定程度上反映消费信贷的增加对 ΔlnA 的影响。

③ 根据中位数和回归系数可推算，在 2008～2016 年，如 *cre*、*stoc* 和 *fres* 分别提高 1%，对 ΔlnA 的影响则比前期即 1998～2007 年分别减少了 0.99、0.07、0.87 个百分点，其中 *stoc* 的下降幅度最大。

长的影响，因此，本节接下来有必要讨论金融资本实际回报率在中国金
融化对经济增长影响传导机制中的中介效应的显著性。

根据相关文献[①]，为验证该中介效应，在基础模型主要解释变量回
归系数显著的基础上，还需进一步考察加入中介变量后的基础模型（即
中介效应模型）的中介变量和主要解释变量回归系数（分别记为 λ_1 和
λ_3）的显著性，以及考察中介变量对主要解释变量回归模型（即中介
关系模型）的主要解释变量回归系数（记为 λ_2）的显著性。如 λ_1 和 λ_2
显著，则中介效应显著，如进一步满足 λ_3 不显著，则完全中介效应显
著，否则，则存在部分中介；如 λ_1 和 λ_2 至少有一不显著，则还需进一步
做 Sobel 检验。

根据本节分析得出，基础模型即式（5 – 63）中金融化所有代理变
量及其与虚拟变量交叉项的回归系数均显著，下面还需构建中介效应模
型和中介关系模型，以考察所对应的主要解释变量和中介变量回归系数
的显著性：

$$\Delta \ln A_{i,t} = \sum_{k=1}^{d} \alpha_k \Delta \ln A_{i,t-k} + \lambda_1 r_{i,t} + \lambda_1' dum \times r_{i,t} \tag{5-66}$$
$$+ \lambda_3 finz_{i,t} + \lambda_3' dum \times finz_{i,t} + \gamma con_{i,t} + \varphi_i + \delta_t + \varepsilon_{i,t}$$

$$r_{i,t} = \lambda_2 finz_{i,t} + \mu r_{i,t-1} + \eta_i + \zeta_t + \upsilon_{i,t} \tag{5-67}$$

其中，变量 r 为金融资本实际回报率，以各地区 A 股上市公司非
金融房地产企业的金融投资收益率作为代理指标，与图 5 – 18 对应指
标的度量方式相同，数据来自 Wind 数据库。η_i、ζ_t、$\upsilon_{i,t}$ 分别为中介
关系模型的地区效应、年度效应和异质冲击项。考虑该数据的可得
性，两模型的考察期选为 2004 ~ 2016 年，同样采用两步系统 GMM 估
计方法进行回归，选择合适相关变量的滞后项作为工具变量以控制内
生性问题。

---

① 柏培文、杨志才：《劳动力议价能力与劳动收入占比——兼析金融危机后的影响》，
《管理世界》2019 年第 5 期。

由表 5 – 14 与表 5 – 15 的回归结果可知，不论是中介效应模型的中介变量和主要解释变量，还是中介关系模型的主要解释变量，回归系数总体都是显著的①，说明在金融化对经济增长效率影响的机制中，金融资本的实际回报率具有显著的部分中介效应。换言之，金融化以金融资本实际回报率为中介对经济增长效率产生实质影响。从表 5 – 14 中的校验模型回归结果进一步可看到，直接将金融资本实际回报率作为金融化的代理指标，同样符合中国金融化与经济增长的关系特征，说明中介效应分析结果是可靠的。

表 5 – 14　金融化对经济增长影响的中介效应

变量	被解释变量：$\Delta \ln A$			
	中介效应模型			校验模型
	$finz = cre$	$finz = fres$	$finz = stoc$	$finz = r$
$\Delta \ln A_{-1}$	– 0.192 *** (– 4.86)	– 0.128 *** (– 3.29)	– 0.087 * (– 1.79)	– 0.089 ** (– 2.02)
$\Delta \ln A_{-2}$	– 0.145 *** (– 2.80)	– 0.088 * (– 1.75)	– 0.019 (– 0.45)	– 0.011 (– 0.27)
$finz$	0.184 *** (4.01)	2.157 ** (2.27)	0.018 *** (6.39)	0.313 *** (3.80)
$Dum \times finz$	– 0.138 *** (– 8.07)	– 1.337 *** (– 4.66)	– 0.015 *** (– 2.77)	– 0.294 *** (– 2.88)
r	– 0.250 *** (– 2.60)	– 0.236 * (– 1.93)	0.188 * (1.87)	—
$Dum \times r$	0.287 *** (2.89)	0.306 ** (2.53)	– 0.158 (– 1.46)	—
$tech$	– 2.312 (– 1.14)	– 5.244 *** (– 2.65)	– 5.678 *** (– 3.95)	– 3.878 ** (– 4.03)
$tech_{-1}$	3.466 (1.60)	1.751 (0.85)	2.685 (1.34)	1.851 (1.38)
gov	1.275 *** (8.80)	1.433 *** (11.47)	1.320 *** (9.35)	1.189 *** (9.69)

① 仅中介效应模型的 $dum \times r$ 的回归系数 t 值稍小，但 p 值近似为 0.1，将之视为显著也是可接受的。

续表

变量	被解释变量：ΔlnA			
	中介效应模型			校验模型
	finz = cre	*finz = fres*	*finz = stoc*	*finz = r*
fdi	− 2.488 * (− 1.65)	− 0.878 (− 0.53)	2.103 (1.55)	2.258 * (1.84)
struc	0.331 *** (7.95)	0.356 (8.39)	0.347 *** (7.75)	0.348 *** (8.16)
cap	− 0.333 *** (− 13.91)	− 0.294 *** (− 15.81)	− 0.281 *** (− 14.13)	− 0.257 *** (− 14.26)
infra	0.033 (0.99)	0.056 (1.64)	0.021 (0.69)	0.019 (0.69)
_cons	0.065 (1.00)	− 0.068 (− 1.60)	− 0.022 (− 0.49)	− 0.040 (− 0.86)
Wald	1937.39 ***	1870.50 ***	3188.32 ***	1822.81 ***
AR（1）	− 3.777 ***	− 3.898 ***	− 3.973 ***	− 4.035 ***
AR（2）	0.766	0.210	− 0.192	− 0.510
Sargan	16.832	16.355	16.687	17.970
Obs（个）	403	403	403	403

注：*、**、*** 分别表示在 10%、5% 和 1% 的水平上显著，括号中数值及 AR（1）和 AR（2）数值为 t 统计量。

表 5 − 15　金融化与金融资本的实际回报率

变量	被解释变量：*r*		
	finz = cre	*finz = fres*	*finz = stoc*
r−1	0.017 *** (4.49)	− 0.002 (− 0.42)	0.040 *** (5.75)
finz	0.059 *** (29.71)	1.236 *** (29.18)	0.056 *** (5.09)
_cons	0.009 *** (3.21)	− 0.039 *** (− 12.85)	0.069 *** (32.69)
Year effect	Yes	Yes	Yes
Wald	5985.83 ***	3712.32 ***	52.71 ***
AR（1）	− 2.764 ***	− 2.808 ***	− 2.803 ***
AR（2）	− 0.271	− 0.643	− 0.037

续表

变量	被解释变量：r		
	$finz = cre$	$finz = fres$	$finz = stoc$
Sargan	30.083	30.747	30.215
Obs（个）	372	372	372

注：*、**、*** 分别表示在 10%、5% 和 1% 水平上显著，括号中数值及 AR（1）和 AR（2）数值为 t 统计量。

4. 金融是经济发展的"双刃剑"

自 20 世纪 80 年代以来，金融化对经济增长的影响受到学界的广泛关注。从现实观察，在 2008 年以前，金融化基本表现出与经济增长同向的变动趋势。但自 2008 年以来，全球经济普遍低迷，金融化并未由此而有所收敛。面对 2008 年前后截然不同的两种金融化表现，学界普遍认为，适度的金融化有利于经济增长，而过度的金融化将抑制经济增长，并从不同的理论视角给出了不同的解释。然而，现有文献更多侧重经验考察或纯理论的阐释，在微观机理的分析方面还有待深入。

本节则运用马克思资本循环理论，借鉴相关文献的"存量—流量"货币分析框架，构建"生产性部门—金融部门"两部门结构模型，分析了金融化对经济增长影响的微观机理，分析得出：金融化以金融资本实际回报率为中介对经济增长产生影响；适度的金融化可促进资本循环周转，提高经济增长效率；过度的金融化将削弱资本的循环周转，降低经济增长效率。就中国经验而言，2008 年以前，随着中国金融体制市场化改革的推进，金融化提升了经济增长效率；但自 2008 年以来，过度金融化趋向抑制了资本的循环周转，降低了经济增长效率。

由此得出的政策启示是，金融是经济发展的"双刃剑"，金融运用得当则能提高经济增长效率，反之，则有损于经济增长。目前，中国的金融发展与经济增长已表现出一定程度的脱节，因此，当前的中国金融体制改革，需加强对金融资本流动方向和金融收益的监测和调节，抑制金融资本投机的倾向，引导更多的金融资本流向生产性部门，以提高金融资本的循环周转效率，强化金融服务于实体经济的功能，推动社会资本的良性运转。

第六章 当代马克思主义失业理论的价值与启示

失业问题是不同社会形态都存在的普遍问题，也是备受理论界密切关注的问题，从亚当·斯密等古典主义经济学家到马克思主义经典作家，再到当代经济学各理论研究传统，都对失业问题进行过深入探讨。本著作试图较为系统地梳理当代西方马克思主义失业理论文献，探讨这些文献与马克思主义经典作家失业理论的渊源关系，分析当代西方马克思主义失业理论与其他理论传统的共识与分歧，并试图分析当代西方马克思主义失业理论对中国经济发展的启发意义。现将主要研究结论概括如下。

第一节 西方马克思主义失业理论的洞见与局限

马克思主义经典作家对失业问题的讨论散见于他们的各种经济学论著中。本书首先从整体上对马克思关于失业问题的论述进行系统梳理，以便作为进一步探讨西方马克思主义失业理论渊源的分析基础。通过文献梳理可以看出，相对过剩人口理论是马克思失业理论的核心。根据马克思的分析，相对过剩人口是资本主义积累的必然产物，而剩余价值则是产生相对过剩人口的根本原因。在这里，作为马克思的相对过剩人口理论基础的是资本积累理论和剩余价值理论，后者是前者的前提和基础。换言之，正是剩余价值生产这个根本目的，促使资本家提高生产技术水平，从而导致资本有机构成的提高和相应减少资本对劳动力的相对需求，产生相对过剩人口。马克思经济学和西方马克思主义经济学与其他理论传统的区别如下。

第一，马克思和西方马克思主义的劳动过程理论是其他理论研究传统所不可比拟的。马克思经济学相较于其他经济理论传统而言，开拓性地分析了资本主义劳动过程，揭示了资本主义剩余价值来源的秘密，阐释了劳动在资本主义生产过程中成为工人异化力量的原因，揭露了资本主义剥削本质。马克思指出，导致劳动异化的根本原因在于：其一，劳动者不占有生产资料；其二，劳动者与生产过程相分离。由此衍生出的结果是，工人客体化和"去技能化"，以及劳动过程的资本控制和工作碎片化。

西方马克思主义者继承了马克思的分析范式，发展出以"劳动压榨"为核心，以"去技能化"和"劳动力市场分割"为主要内容的当代西方马克思主义微观失业理论。这一思想和研究范式是马克思经济学和西方马克思主义经济学所独有的，换言之，是新古典主义和凯恩斯主义所不愿承认的或不敢直面的，因而也是它们所不能比拟的和不可替代的。

第二，马克思和西方马克思主义的宏观失业理论与新古典主义失业理论在方法论上是不相容的。在宏观方面，与剩余价值生产和资本积累相关的就是"一般利润率下降趋势规律"理论和经济危机理论。当代西方马克思主义宏观失业理论以马克思的资本积累理论为分析基础，从技术变革和经济危机两个角度对当代资本主义失业问题进行了深入分析。这些理论大多倾向认为，生存工资率下具有无限弹性的产业后备军，支撑了资本主义工业经济的高积累，这种高积累机制必将导致失业的加剧和危机的爆发。这些理论较好地反映了马克思失业理论的基本思想，是对马克思经济学思想较好的当代阐释。

以新自由主义为理论特征的当代新古典主义虽也讨论失业问题，但它们认为，如果劳动市场存在失业，那是因为工资未能按照价格水平变化。只要工资具有完全弹性，市场就能发挥自发调节作用，实现充分就业。很显然，这种以牛顿力学作为分析基础的古典主义的失业理论，只承认劳动市场短期会围绕均衡波动，这种罔顾资本主义失业现实，从"虚拟世界"角度来分析所谓的"纯经济问题"的研究方法，很显然不具有现实解释力，因而是非科学的。而西方马克思主义宏观失业理论大多强调，研究资本主义失业问题，必须将之置于特定的历史背景下，不能忽视历史情境下特定的社会经济力量。因而，不论是在理论基础和方法上，还是在理论倾向上，西方马克思主义失业理论与新古典主义都是不相容的，是完全对立的。

第三，马克思和西方马克思主义的宏观失业理论，比缺乏历史和制度视角的凯恩斯主义更具解释力。凯恩斯经济学和当代的凯恩斯主义能够承认资本主义存在失业现实，这比古典主义和新古典主义前进了一大步。凯恩斯和凯恩斯主义者的失业理论大多倾向从需求角度来分析资本主义失业和危机产生的原因，这一点虽没有当代西方马克思主义者认识得深刻，但也比新古典主义者更具洞察力。不过，也有相当一批打着凯恩斯旗号的修正主义者，如新古典综合派和新凯恩斯主义者，从工资价格刚性或者黏性角度来分析劳动市场不能出清，从而论证市场失业的存在。这些理论换个角度看就是，只要政府进行工资价格干预，劳动市场还是能够实现充分就业的，这些理论采用仍是均衡的分析方法，运用的是纯形式逻辑的推演，缺乏历史和制度视角，因而在方法论上与新古典主义并无二致。

第四，理论界包括部分国内非马克思主义者，对马克思经济学和西方马克思主义理论的排斥和否定，除了其基本世界观与马克思主义相抵触外，主要在于不理解马克思经济学的方法论。而对于强调需求分析的凯恩斯主义失业理论而言，由于具体讨论了失业的不同特征、失业的不同原因以及失业问题的其他差异性，表面看来，似乎比西方马克思主义失业理论，甚至比马克思主义经典作家的失业理论更能说明一定时期的实际失业水平。理论界有学者据此来批评马克思经济学，认为马克思经济学忽视有效需求问题。

国内也有部分非马克思主义学者接受了凯恩斯主义和古典庸俗经济学的一些观点，认为马克思经济学没有考虑"失业现象的复杂性"，没有对"失业现象及其成因做全面考察"，并认为"不是所有的失业现象及其成因在马克思那里都能找到答案"，马克思的失业理论是残缺的，需要用"西方主流经济学失业理论来弥补"，并进而直接否定马克思的阶级分析方法和剩余价值理论，认为"失业是市场经济的必然现象"，"不能把什么问题的分析都直接与剩余价值理论、与阶级剥削联系起来"，从而变相地否定马克思主义理论。

实际上，马克思从未忽视有效需求问题。只不过，马克思不是把有效需求不足作为产生失业的主因，而是认为需求不足与供给过剩——由资本积累所引起的盲目扩张所导致——是同一过程的两个侧面。生产无限扩大的趋势与劳动人民购买力相对缩小的矛盾，在一定条件下会导致危机、引起失业。但凯恩斯和凯恩斯主义者显然没有认识到（或有意回避）资本主义的基本矛盾，认为扩大投资规模就会消除危机、增加就业。殊不知，扩大投资规模只会暂时缓解和推迟矛盾的爆发，不能最终消除而只会加剧矛盾。

而且，凯恩斯和部分凯恩斯主义的经济分析立足于心理因素，缺乏制度和历史视野，不知失业是资本主义的顽病痼疾，是资本主义制度的必然。而大多数西方马克思主义失业理论继承了马克思的制度和历史的分析方法和矛盾的分析方法，能够将资本主义失业置于特定的资本主义历史和制度背景下进行研究，因此，相较于凯恩斯和凯恩斯主义，在方法论上更具合理性。

至于非马克思主义者对马克思经济学的其他非难，还有"没有全面考察决定失业量的各种经济因素""没有考虑季节性问题""没有考虑结构性问题"等。这些因素在一定条件下的确会影响劳动力供给和劳动力需求的相对量，但这些非马克思主义者并没有真正理解马克思经济学的研究意图。马克思经济学和大部分的西方马克思主义失业理论研究的目的，不是在于确定失业量的大小，也不是在于区分失业的具体形态，而是在于揭示失业存在的根源和趋势。同样地，这些失业的外在表现，也不是本书所要讨论的内容。

第五，不能将西方马克思主义经济学简单等同于马克思经济学，必须认识到西方马克思主义失业理论的局限性。当然，西方马克思主义经济学不同于马克思经济学，在分析失业问题时存在简单化倾向。例如，在论证利润率下降趋势方面，置盐信雄的"资本有机构成提高论"，用"最大限度利润率"来论证"实际利润率"下降，这一解释显然不具有合理性。因为，最大限度利润率的下降，并不必然意味着实际利润率的下降。而"利润挤压论"把利润率下降归因于工资率的变动明显过于简单化。根据马克思的观点，利润率下降是资本主义积累的必然结果，而剩余价值规律和竞争规律才是资本积累的根本推动力，工资率的变动只不过是积累过程的派生物。很显然，"利润挤压论"是倒因为果。

再例如，在阐述剩余价值实现方面，"比例失调论"仅从流通领域来分析危机产生的原因，而没有意识到生产领域即剩余价值生产规律才是导致危机和失业的决定性因素。而"消费需求不足论"则侧重从资本主义分配角度来论证消费需求的成因，而忽视了资本主义生产对分配的支配作用。

而现在的金融化理论从货币角度来分析危机产生的根源，同样也缺乏马克思经济学的整体性思想。总之，西方马克思主义者单纯从生产、流通、分配、消费的某一过程或某几个过程来分析危机产生的原因，不能从联系的角度来看问题，在方法论犯了形而上学的错误。而且没有理解生产过程是其他过程的决定性因素，因而犯了倒果为因的逻辑错误。

第二节　西方马克思主义失业理论的现实启迪

尽管西方马克思主义失业理论存在诸多方法论上的局限性，但这些理论能够从阶级视角和资本主义制度固有特性来分析资本主义失业原因，与回避资本主义制度缺陷的西方主流经济学相比，更具全局观和洞察力。

宏观失业理论的共同点是：从马克思失业理论的某一方面，如从资本有机构成提高、一般利润率下降、宏观比例失调等方面，来阐释资本主义失业和危机产生的原因；而且大部分理论都认识到资本主义积累是导致资本主义危机和失业的根源。并且，从这些理论的分析中可以看出，资本积累所推动的技术进步，是以节省劳动为目的的，这就意味着，资本利润的增长以牺牲劳动收入为代价。可见，资本积累不仅产生了相对过剩人口，而且加剧了资本主义的收入分配不均。这些理论有着重要的现实意义。

第一，有机构成提高不仅是造成资本主义国家失业的经常性原因，而且是造成所有市场经济国家失业的普遍原因。从西方马克思主义宏观失业理论所引申的一个现实问题是，不论经济体制如何，只要资源配置是按市场规则运行，那么，科技进步都必然导致资本有机构成提高，由不断提高的资本有机构成来组织生产，必将产生资本替代劳动现象。因此，有机构成提高不仅是资本主义积累的基本规律，是资本主义相对过剩人口产生的经常性原因，也是造成所有市场经济国家失业的经常性原因。

自"二战"以来，发达资本主义国家都已深陷资本有机构成不断提高所导致的水平居高不下的失业困扰中。而不少发展中国家为实现快速增长，也采用了高积累水平的工业化发展模式，导致资本有机构成不断提高。当今世界，科技进步的迅猛发展使资本有机构成不断提高变得更为明显。马克思曾说过："资产阶级在它的不到一百年的阶级统治中所创造的生产力，比过去一切世代创造的全部生产力还要多，还要大。"[1] 当前科技进步更是呈现加速态势，目前很多领域还出现了机器人替代工人现象，由有机构成提高所导致的失业变得更为普遍。

---

[1]《马克思恩格斯选集》（第 1 卷），人民出版社，2012，第 405 页。

第二，自 20 世纪 90 年代以来，中国经济增长呈现显著的"资本深化"特征。这一增长模式能够促成较快的经济增长，但创造就业的能力趋于减弱。在 20 世纪 90 年代初期，中国经济增长开始从"劳动密集型"模式转向"资本深化"模式，资本替代劳动的现象日趋明显。这说明，资本有机提高也是造成中国失业率不断攀升的重要原因。

中国经济增长与就业的关系呈现阶段性特征。一是 20 世纪 90 年代以来"资本深化"的工业化与之前的劳动密集型的工业化相比，创造就业的能力相对较弱。1992～2004 年工业化的劳动力吸收能力比 1978～1992 年的要弱得多。二是由于"资本深化"工业化出现实质性的变化，后期的工业化对就业的影响出现逆转。2004～2019 年"资本深化"的加速趋向于增强而不是减弱工业的劳动力吸收能力，但服务业等第三产业的扩张不足以吸纳从农业转移出的劳动力，导致就业供求缺口扩大。三是，工业劳动生产率增长的收益转移有助于促进服务业的增长及其劳动力吸收能力提升，尽管这种关系不一定是线性的。

第三，中国的改革开放年代也是新自由主义全球化年代。新自由主义的全球扩张，导致大批的中国劳动力被卷入世界市场，每年都有大批中国劳动力加入全球产业后备军队伍。据推算，中国被卷入世界市场的工人，在最高峰的 2007 年达 2.66 亿人，占新兴经济体的 65.1%，占全球的 35.7%，此后虽有下降，但在 2015 年，中国进入世界市场的工人仍占全球的 22.0%。

第四，金融化是新自由主义全球化的一个重要特征，身处新自由主义全球化浪潮中的中国经济不可避免地受到金融全球化的影响。这种影响不仅体现为中国经济受到国际金融垄断资本全球化的冲击，而且体现为中国也存在日趋金融化的趋向。经济金融化始于 20 世纪 70 年代处于"滞涨"时期的英美等发达资本主义国家，而后逐渐蔓延至拉丁美洲、欧洲大陆、日本，然后传递至泰国、新加坡等国家和地区。而在同期，中国也出现了金融化倾向。

不过，中国的金融化与西方由垄断资本主导的资本主义的金融化不同，是随着中国市场化改革进程不断演变的。在金融化早期，即在1980～2007年，随着金融市场化程度的提高，金融配置资源的效率相应提高。但自2008年以来，中国经济金融化趋势更加明显，这一时期金融化很显然抑制了经济增长。而在整个金融化进程中，就业增长率均呈现下降趋势。本书分析认为，就业增长率下降，在金融化前半期主要是资本深化程度进一步加深的体现；在金融化后半期则是金融化挤出了生产性投资，从而削弱了资本循环周转，减弱了生产能力，从而抑制了经济增长的结果。

第五，中国失业规模的扩大，与中国劳动就业模式的变革有着重要关联。中国劳动就业模式的变革，虽在宏观上有利于生产效率的提升，但在微观上恶化了工人的劳动条件，扩大了收入分配差距，损害了经济增长的微观基础。随着市场化改革的推进和融入全球化进程的加速，资本雇用劳动关系日渐普遍化，资本压榨劳动的现象也日益普遍。以利润为导向的生产组织形式，在一定程度上能提高经济增长效率，但恶化了收入分配状况，产生了大规模的产业后备军。

中国目前仍处于工业化和城镇化不断推进时期，大量的农村剩余劳动力涌入城镇加入就业大军，同时也有大量的农村转移人口被解雇成为城镇产业后备军。

总之，中国失业的成因是多方面的，既有科技技术带来的资本有机构成提高所引起的资本对劳动的替代等方面的原因，也有新自由主义全球化给中国经济发展所带来的冲击等方面的原因，还有中国市场化改革所引起的劳动就业模式变革等方面的因素。因此，马克思经济学对中国失业问题有很强的解释力，继承马克思经济学研究传统的西方马克思主义失业理论对分析中国经济问题有很强的启发意义。

根据本书分析，对于失业问题，在宏观方面，当前中国需谨防金融"脱实向虚"，抑制金融资本投机，引导更多的金融资本流向生产性部门，强化金融服务于实体经济的功能，更好地发展实体经济，以创造更多就业。当然，鉴于中国制造业呈现资本有机构成不断提高趋向，加快技术创新、发展新兴产业以创造更多就业，是当前的迫切任务。

在微观层面，需完善劳动就业制度，完善劳动保护相关法律法规，加强对私营经济的管理和调节，加强劳动保障制度的建设，以保障劳动者的相关权益，提高劳动者的工资福利待遇水平，缩小城乡收入分配差距、行业收入分配差距，提高劳动报酬在初次分配中的份额，为经济增长打下更坚实的微观基础，这样才能更好地促进经济发展、创造更多的就业岗位。

图书在版编目（CIP）数据

当代西方马克思主义失业理论：渊源·内核·启示 /
黎贵才，王碧英著. -- 北京：社会科学文献出版社，
2022.8

（清华·政治经济学研究丛书）

ISBN 978 - 7 - 5228 - 0278 - 7

Ⅰ.①当…　Ⅱ.①黎…②王…　Ⅲ.①西方马克思主
义 - 失业 - 理论研究　Ⅳ.①B089.1②F241.4

中国版本图书馆 CIP 数据核字（2022）第 111849 号

清华·政治经济学研究丛书

当代西方马克思主义失业理论

渊源·内核·启示

著　　者／黎贵才　王碧英

出 版 人／王利民
组稿编辑／陈凤玲
责任编辑／田　康
责任印制／王京美

出　　版／社会科学文献出版社·经济与管理分社（010）59367226
　　　　　地址：北京市北三环中路甲 29 号院华龙大厦　邮编：100029
　　　　　网址：www.ssap.com.cn
发　　行／社会科学文献出版社（010）59367028
印　　装／三河市龙林印务有限公司

规　　格／开　本：787mm × 1092mm　1/16
　　　　　印　张：16.75　字　数：237 千字
版　　次／2022 年 8 月第 1 版　2022 年 8 月第 1 次印刷
书　　号／ISBN 978 - 7 - 5228 - 0278 - 7
定　　价／98.00 元

读者服务电话：4008918866